T Biehler

Über Gemmenkunde

Mit Angabe der berühmtesten Künstler und der vorzüglichsten Sammlungen

T Biehler

Über Gemmenkunde
Mit Angabe der berühmtesten Künstler und der vorzüglichsten Sammlungen

ISBN/EAN: 9783743415218

Hergestellt in Europa, USA, Kanada, Australien, Japan

Cover: Foto ©Thomas Meinert / pixelio.de

Weitere Bücher finden Sie auf **www.hansebooks.com**

ÜBER

GEMMENKUNDE.

VON

T. BIEHLER,

INHABER DES CHIFFRE-RINGES SR. MAJESTÄT DES KAISERS VON RUSSLAND, DES HERZOGL. LUCCA'SCHEN ST. LUDWIG-ORDENS III. CLASSE, DER KÖNIGL. GRIECHISCHEN MEDAILLE FÜR KUNST UND WISSENSCHAFT ETC.

(Mit Angabe der berühmtesten Künstler und der vorzüglichsten Sammlungen.)

WIEN.

DRUCK VON JACOB & HOLZHAUSEN.

1860.

Vorwort.

Da ich mich während eines Zeitraumes von mehr als zwanzig Jahren vergeblich nach einem Buche umsah, aus welchem man sich in Kürze über die Gemmenkunde im Allgemeinen unterrichten könne, da ferner die vorhandenen Werke grösstentheils nur einzelne Kabinete behandeln, auch zu kostspielig und zu umfangreich sind, und sie nur sehr wenig über die neuen Gemmenschneider enthalten, so fasste ich endlich den Entschluss, meine eigenen Erfahrungen über diesen Gegenstand zu Papier zu bringen, indem ich mit Fleiss und Vertrauen die besten hierauf bezüglichen Werke zu Rathe zog, die ich an den betreffenden Stellen auch überall anführe.

Ich bin kein Gelehrter, aber begeistert für ein Studium, welches uns mit der antiken und modernen Kunst in so interessante Berührung bringt. Mögen daher die Mängel, die sich allenfalls gegen meinen Willen in meinen Zeilen finden, durch die Liebe ausgeglichen werden, mit welcher ich diesen Gegenstand erfasste.

Ich habe hier nur noch zwei Punkte zu berühren, welche sich vorzüglich auf meine eigene Sammlung beziehen. Erstens nämlich, dass ich es bei Beschreibung meiner Gemmen mit allem Ernste vermied, mit einer

Reihe berühmter Künstlernamen zu prunken, da der Kenner ihrer ohnediess nicht bedarf, und der Laie dadurch nur auf Abwege geführt werden kann, wie sich unter anderm — um ein historisches Beispiel anzuführen — in der Sammlung des Fürsten Stanislaus Poniatowsky, unter 2600 geschnittenen Steinen nicht weniger als 1737 mit Namen fanden, unter denen jener des Pyrgoteles allein so oft vorkam, als in allen übrigen Kabineten Europa's zusammen. Der kenntnissreiche Dr. Toelken deckte den Trug dieses prahlerischen Verzeichnisses in den Jahrbüchern für wissenschaftliche Kritik (1832 Seite 309 bis 320) zur Befriedigung jedes Kunstfreundes vollkommen auf.

Das Zweite, was ich noch zu bemerken habe, ist die Stelle, an welcher meine Sammlung zum erstenmal erwähnt wird, nämlich bei der Aufzählung der bedeutendsten Sammlungen von geschnittenen Steinen. Es ist diess aus Versehen geschehen und konnte nicht mehr geändert werden, da der Bogen bei Entdeckung desselben schon gedruckt war. Möge der freundliche Leser meine Arbeit mit Nachsicht beurtheilen, da ich gewiss keine Mühe sparte, seinen Wünschen entgegen zu kommen.

Wien, im Jänner 1860.

Inhalts-Verzeichniss.

A. Allgemeines.

Einleitung.

Unter allen Kunstsammlungen kann es keine schönere und anmuthigere geben, als eine Sammlung von geschnittenen Steinen. Eine Gemäldesammlung, eine Sammlung von Bildhauerwerken, ja selbst eine Collection von Kupferstichen erfordert einen grossen Raum, ja zuweilen ein ganzes Gebäude. Eine Gemmensammlung hingegen, und zwar eine von sehr bedeutendem Werthe, kann in einer einzigen grösseren Schatulle bewahrt werden. Zudem zeichnet sie sich noch dadurch vor allen anderen aus, dass, abgesehen von der Kunst, schon das Materiale einen bedeutenden Werth besitzt. Kupferstiche sind streng genommen nur Papier, Gemälde nur Leinwand oder Holz. Hier handelt es sich aber um das kostbarste, unvergänglichste Materiale, nämlich um Edelsteine, und eben dieses Letztere mag auch die Ursache sein, wesshalb die Steinschneidekunst in Epochen, in denen Geschmack und Reichthum vorherrschten, einen so grossen Aufschwung nahm und so volle Anerkennung fand. Die Steinschneidekunst (Daktyliographie, Gemmoglyptik) ist uralt und wurde auf zweierlei Weise geübt; indem man nämlich vertieft, in den Stein, oder erhoben, aus dem Stein, schnitt. Die Arbeiten der ersteren Art werden daher Intagliata (Intaglii), die der zweiten Art hingegen Cameen genannt. Die erste Art, die des Intaglio, ist unzweifelhaft älter als die zweite, und soll, nach einigen Autoren, bei den Babyloniern den Anfang genommen haben, welche daran gewohnt waren Talismane bei sich zu tragen, auf denen Zeichen eingegraben waren, welche an die

Macht der Gestirne erinnern sollten. Von den Babyloniern ging dann diese Kunst auf die Juden über. Auch die Aethiopier schnitten in Stein, indem sie sich dazu noch härterer Steine bedienten. Nach anderen Schriftstellern stammt die Steinschneidekunst aus Indien und ging von da nach Aegypten, wo vertiefte Arbeiten in die härtesten Steine (mit Ausnahme des Diamants) geschnitten wurden. Bei den Griechen finden sich schon zur Zeit Solon's Spuren von geschnittenen Steinen, die als Siegelringe getragen wurden und daher Tiefschnitte (Intaglii) sein mussten, da sie sonst nicht zu diesem Zwecke benützt werden konnten. Interessant ist es, dass die Griechen anfänglich mit einem Stücke Holz gesiegelt haben sollen, welches vom Wurm zerfressen war, sie ahmten diese Wurmgänge später sogar in Stein nach, und ein solcher geschnittener Stein befand sich in der berühmten Stosch'schen Sammlung (V. Cab. v. Stosch. Class. 5. Abth. 4. Nr. 214). Die Sammlungen von geschnittenen Steinen waren natürlicher Weise immer seltener als andere Kunstsammlungen, und zwar theils, weil die geschnittenen Steine an und für sich nicht sehr häufig sind, theils weil gewiss eine grössere Kenntniss und grössere Kritik zu ihrer Beurtheilung gehört als zu anderen Kunstgegenständen. Eine Hauptursache ihrer minderen Verbreitung, so zu sagen ihres Verfalles, war aber auch die, dass sich bisher kein practisches Buch über diesen Gegenstand vorfindet, welches dem Liebhaber von geschnittenen Steinen als Führer dienen konnte. Demgemäss habe ich es, nach mehr als zwanzigjährigem Studium, unternommen, die nachfolgenden Blätter dem kunstliebenden Publikum zu übergeben.

Gebrauch der geschnittenen Steine.

Es ist schon bemerkt worden, dass die Intaglien zum Siegeln gebraucht wurden; sie wurden daher auch als kostbare Schaustücke in Ringe gefasst und am Finger getragen. Sie gehörten mehr der Männerwelt an. Die Cameen hingegen dienten mehr zum Schmuck der Frauen, welche dieselben als Agraffen zum Zusammenhalten des Mantels oder Oberkleides, oder zur Verzierung ihrer Armbänder, Gürtel, Halsbänder, Ohrringe, Diademe, ja sogar ihrer

Gewandsäume und Sandalen benützten. Erst unter den letzten römischen Kaisern wurden sie auch von Männern getragen und zwar hauptsächlich als Mantelschliessen oder auf Prunkwaffen. Nach dem Verfall des ost- und weströmischen Reiches trat eine gänzliche Auflösung aller Kunstzustände ein und Jahrhunderte vergingen, bis die Steinschneidekunst wieder aufblühte, und das war zuerst in Italien unter Lorenzo de' Medici der Fall. Man begann damit, dass sehr reiche Leute ihre Gallakleider anstatt mit Knöpfen mit Cameen besetzten, und trug endlich sogar Medaillen, die von geschnittenen Steinen umgeben waren, auf den Hüten. Des weiteren benützte man die Cameen auch zur Verzierung von goldenen und silbernen Trinkgefässen (vasa gemmata), wo man sie oft so reichlich anwandte, dass das ganze Gefäss aus geschnittenen Steinen zusammengesetzt erschien, so z. B. das mantuanische Gefäss im Museum zu Braunschweig und die Vase des Mithridates im kais. Kabinet zu Paris. Wie ungemein zahlreich bei den Antiken die daktyliographischen Arbeiten waren, geht schon daraus hervor, dass Pompejus (66 J. vor Chr.) nach der Besiegung des Mithridates nicht weniger als zweitausend Edelsteine und Trinkgefässe nach Rom brachte. Der häufigere Gebrauch der Cameen brachte es auch mit sich, dass weit mehr derselben aus dem Alterthum zu uns kamen, als Intaglien, doch mussten einst auch diese sehr häufig gewesen sein, da man noch keine Schlösser an den Thören anbrachte, und daher das Petschaft anstatt des Schlosses dienen musste.

Gemmensammlungen (Daktyliotheken).

Dass man mit der wachsenden Vorliebe für geschnittene Steine endlich eigentliche Sammlungen davon anlegte, war ganz natürlich, und die erste dieser Sammlungen von sowohl gefassten als ungefassten Edelsteinen besass Scaurus, der Stiefsohn des Sulla, 112 Jahre vor Chr. zu Rom. Eine zweite kam 69 Jahre vor Chr. durch Lucullus, und eine dritte (66 J. vor Chr.) durch Pompejus in das Capitol von Rom; beide gehörten früher dem besiegten Mithridates. Julius Cäsar besass (63 J. v. Chr.) sechs Gemmensammlungen, die er in dem Tempel der Venus genitrix aufbewahren liess, und Marcellus, der Schwiegersohn August's (30 J. v. Chr.) stellte seine Daktyliothek in dem Tempel des palatinischen Apollo auf, weil solche Sammlungen in geweihten Gebäuden am sichersten waren. Man blieb in späteren Zeiten übrigens nicht bloss bei Cameen und Intaglien, sondern sammelte auch andere, nicht von Künstlerhänden bearbeitete Edelsteine, namentlich Diamanten, Smaragde, Saphire, Chrysoberylle u. s. w., durch welche man jene Sammlungen vergrösserte. Mit dem Verfall des Römerreichs wurden auch alle jene Daktyliotheken zerstreut und erst in der schon zuvor erwähnten Epoche der Mediciäer begann ein neues Sammeln, das nach und nach mehr um sich griff, so dass es endlich an allen Höfen Gebrauch wurde, Cameen und Intaglien anzukaufen und zu bewahren. Zu den berühmtesten Sammlungen der Jetztzeit gehören:

Wien. K. K. Antiken-Cabinet. (Cabinet Biehler).
Petersburg. Kais. Eremitage.
Paris. Kais. Bibliothek.
Berlin. Königl. Museum.
Neapel. Königl. Museum.
Florenz. Grossherzogliches Museum.
Copenhagen. Königl. Museum.
Haag. Königl. Museum.
Cassel. Churfürstl. Museum.
Rom. Herzog von Blacas.

Von der Methode in Stein zu schneiden.

Diese Technik ist sehr einfach. Die Edelsteine (gemmae) wurden zuerst von dem Steinschleifer (Politor) so hergerichtet, dass sie, je nachdem es der Künstler (Daktyliograph, Sculptor) bedurfte, eine gerade Fläche oder eine sanfte Wölbung bildeten, in beiden Fällen musste die Oberfläche vollkommen glatt und glänzend polirt sein. Der Künstler (vergl. Plinius 37, 10) bediente sich dann, wie noch heut zu Tage, eines kupfernen Rädchens, welches an dem Schleifkasten befestigt wurde. Der Dactyliograph hatte den Stein mittelst eines sehr hart werdenden Kittes an ein Stäbchen angemacht und hielt ihn nun mit freier Hand gegen das sich drehende Rädchen, welches in die Oberfläche des Steines einzuschneiden begann. Um schneller gewisse Tiefen hervorzubringen, hatte man auch eigene, stets mit Oel befeuchtete Bohrer und zum Poliren verwendete man das Naxium, eine Art von Schmirgel oder das Ostrakion, nämlich das Pulver eines Steines von grösserer Härte als der Achat. Die Anwendung des Diamantpulvers war den antiken Künstlern nicht bekannt*) und eben so wenig wussten sie etwas von den Vergrösserungsgläsern und es ist daher nur um so mehr zu verwundern wie sie so kleine Kunstwerke mit solcher tadellosen Vollendung liefern konnten, dass diese jetzt mit dem Vergrösserungsglase betrachtet, wirklich nichts zu wünschen übrig lassen. Bei den Cameen fand dieselbe Technik statt, nur dass hier der Künstler zugleich sah was er arbeitete, während er bei den Intaglien stets schwarzes Wachs zur Hand haben musste, um von Zeit zu Zeit den Fortgang seiner Arbeit durch Abdrücke beobachten zu können. Natter zieht die tiefgeschnittenen Steine den Cameen vor, weil die Arbeit an ersteren schwieriger ist. Mariette gibt ebenfalls zu, dass die Arbeit an Cameen nicht so schwierig zu sein scheine. Er behauptet aber doch, dass es, um Cameen zu schneiden, nicht genug sei, ein guter Zeichner zu sein, und eine gute Hand zu haben, sondern dass man auch viel Verstand haben müsse, besonders um von den Farben der Steine einen solchen Gebrauch machen zu können, dass es scheine, als ob die Natur selbst das Werk zu Stande gebracht habe. Das Schneiden erhobener Figuren erfordere also eben so viel Zeit, sei auch fast eben so schwer, als das Schneiden tiefer Figuren und wird in unserer Zeit besser bezahlt. Wahrscheinlich benützten die Alten anstatt der eigentlichen Vergrösserungsgläser reine gläserne mit klarem Wasser angefüllte Kugel, von Seneca (quaest. nat. I. 1. c. b.) pila genannt, welche sie zwischen das Licht und die zu erhellenden, oder zu vergrössernden Gegenstände stellten, wie auch einige Handwerker das noch heute zu thun pflegen. Die antiken Steinschneider pflegten, nach

---

*) Heut zu Tage wirft man Diamantenstaub mit Oel angefeuchtet auf das kupferne oder stählerne Rad (Baillau. Mém. 174). Mariette in seinem Traité des pierres gravées (Fol. II. p. 1750) spricht ausführlich über die Methoden in Stein zu schneiden. Sieh auch Lessing's Briefe antiquarischen Inhalts. 27.—34. Brief.

Plinius (s. I 37. c. 5. sect. 16), wenn ihre Augen durch Anstrengungen erblödet waren, dieselben auf einen Smaragd zu richten und also zu stärken, weil das sanfte Grün müde Augen erquickt. Dass die Alten die Wirkungen der gläsernen Kugeln zum Beleuchten gekannt, erhellt aus Plinius (I 37. c. 2), aber die Brillen waren ihnen wohl unbekannt, theils weil sie das Glas nur in Kugeln geblasen, theils weil sie solche Forschungen, zu denen wir unsere Augen bewaffnen müssen, entweder gar nicht angestellt, oder weil, wenn sie es thaten und wenn ihre Künstler und Handwerker sehr kleine und feine Arbeiten unternahmen, es vermöge ihrer ganzen Lebensart wahrscheinlich ist, dass sie sich mit der natürlichen Stärke und Schärfe ihrer Augen behalfen, und sich auch leichter behelfen konnten als wir, da sie alle Sinne zu einem höheren Grade der Vollkommenheit ausbildeten.

Steine, welche von den antiken Künstlern benützt wurden.

Die Egypter schnitten schon nicht allein Intaglien, sondern auch Cameen, aber letztere auf eine ganz eigene Weise, nämlich vertieft und in der Vertiefung erhoben (relief en creux) und bedienten sich dazu des Onyx. Zu den Intaglien aber nahmen sie häufig folgende Steine: als, Carneol, Sarder, Achatonyx, Jaspis, Achat, Bergkrystall, Magnet-Eisenstein, Lapis-Lazuli und orientalischen Granat. Die Phönizier, Perser etc. arbeiteten ebenfalls häufig in Carneol, Chalcedon, Onyx und Magnet-Eisenstein. Die Griechen und Römer nahmen häufig den Carneol, Sarder, Chalcedon, Achat, Amethyst, den syrischen und indischen Granat, den Smaragd, Plasma, Sardonyx, Heliotrop, Obsidian, Achatonyx, Bergkrystall und den Onyx. — Diese Steine wurden am frühesten bearbeitet, sind verwandter Gattung und blieben besonders zu Siegeln vor allen andern sogenannten Halbedelsteinen beliebt. Ihnen folgt der Jaspis, welcher erst später in Gebrauch kam, worunter der rothe und demnächst der grüne und der schwarze am häufigsten sind. Nicht selten begegnet man ferner dem Plasma, das erst nach den Zeiten Alexanders den Griechen bekannt wurde, sich bald dem Chalcedon, bald dem Jaspis nähert und oft durch sein schönes, tiefes Grün den Namen Smaragd-Plasma verdient. Ebenso bemerkt man häufig den Heliotrop, seltener den Nephrit, den grünen Quarz, den edlen Serpentin und Türkis. Ferner den Hornstein, den Bergkrystall, den silberglänzenden edlen Magnet-Eisenstein und andere, so wie den Lapis-Lazuli, den am öftesten benützten Liebling antiker Glyptik, der bis tief ins Mittelalter in vorzüglicher Gunst blieb, und in Egypten und dem Orient von uralter Zeit her in Gebrauch war. Seltener kommt der orientalische Feldspath-Opal oder Mondstein, der Aquamarin und der Chrysoberyll vor. Dass die Griechen den Aquamarin schon unter Phidias kannten, sieht man bei Pausanias (I I. c. 140). Aus den obgenannten Steinen ist zu ersehen, dass von den antiken Künstlern grösstentheils in minder kostbare Steine, nämlich in die sogenannten Halbedelsteine, geschnitten wurde; die eigentlichen Edelsteine aber (pierres fines) hatten schon als Edelsteine an und für sich so eifrige Bewunderer, dass diese es für ein Unrecht hielten, dergleichen Kleinode, in welchen die Natur schon alle ihre Herrlichkeit zeigte, durch die Kunst noch verschönern zu wollen. Unter 3640 antiken Intaglien des königl. Museums zu Berlin*), der grössten Sammlung der Welt von vertieft geschnittenen Steinen, befinden sich nach den Verzeichnissen Toelken's nur vier Smaragde, ein Rubin, zwei Saphire und ein Chrysoberyll, und diess mag als bester Beweis dafür dienen, wie selten die Alten in „pierres fines" geschnitten haben. — Der Seltenheit wegen sind hier die Vorstellungen, welche auf jenen Steinen vorkommen, nach Toelken's Angaben aufgezeichnet. Auf dem ersten Smaragd: ein erotisches Symplegma (III Cl. Nr. 180, S. 213). Auf dem zweiten Smaragd, eine geflügelt einherschreitende Victoria. Ein Meisterwerk antiker Glyptik (III Cl. Nr. 1215, S. 218). Auf dem dritten Smaragd (der unrein und mit Blättchen durchzogen ist), der Kopf des Antonius Pius (V. Cl. Nr. 175, S. 331). Auf dem vierten Smaragd, der auf vier Seiten geschliffen ist, eine Cicade, ein Papagei, ein Weinblatt und ein Delphin (VIII. Cl. Nr. 332, S. 425). Der Smaragd wurde bei den Alten (nach Plinius) dem Rubin vorgezogen, in neuerer Zeit

---

*) Nach einer freundlichen Zuschrift des Herrn geheimen Regierungsrathes Dr. E. H. Toelken (d. d. 3. Nov. 1859) hat sich diese Sammlung mit Einschluss der Cameen auf 5365 geschnittene Steine, wozu noch 2379 antike Pasten kommen, vermehrt.

steht aber der Rubin im Werthe viel höher. Der Rubin scheint dem Plinius überhaupt wenig bekannt zu sein, und die Griechen wissen weder von ihrem „Ἄνθραξ," noch die Römer von ihrem Carbunculus etwas zu sagen, was dem Smaragde im geringsten den Vorzug streitig machen könnte. Der Rubin behauptet jetzt die nächste Stelle nach dem Diamant. Auf dem einzigen geschnittenen antiken Rubin zu Berlin ist das Brustbild des mit Lorbeer bekränzten Aesculap dargestellt, vor ihm die um einen Stab sich windende epidaurische Schlange (III. Cl. Nr. 1189, S. 214). Indessen weiss man, dass auch neuere Künstler in Rubin geschnitten haben, z. B. Domenico Compagni († zu Mailand 1490), der das Bildniss des Herzogs Ludovico Sforza (Moro), welches sich im Museum zu Florenz befindet, in einem solchen Stein ausführte, und noch mehrere andere. Die beiden Saphire im Museum zu Berlin, zeigen die Köpfe zweier römischer Kaiser, nämlich des Cajus Caesar Caligula (V. Cl. Nr. 148, S. 328) und des Commodus mit einem Lorbeerkranz (V. Cl. Nr. 185, S. 332). — Auf dem Chrysoberyll sind die drei Grazien vorgestellt (VI. Cl. Nr. 1304, S. 227). Ein bedeutendes Denkmal des guten Geschmacks aus Constantin's Zeiten (324—337 n. Ch.) haben wir an dem berühmten vertieft geschnittenen Saphir von ausserordentlicher Reinheit (53 Carat an Gewicht), welchen der Marchese Rinuccini zu Florenz besitzt. Auf demselben ist eine Jagd des Kaisers Constantius zu Caesarea vorgestellt, wo wahrscheinlich auch die Gemme gearbeitet wurde. Constantius ist darauf abgebildet, als tödte er mit einem langen Speer ein grosses Wildschwein, ober welchem das Wort (*ΞΙΦΙΑC*) eingegraben ist. Zur Seite des Kaisers, dessen Name mit lateinischen Buchstaben gegeben ist, sieht man eine andere Figur ebenfalls mit dem Speer in der Hand, welche Freher für eine Diana hielt; im Vordergrunde ist eine, nach Art eines Flussgottes liegende Figur, mit einem Füllhorn in der Rechten, und unten liest man: *KECAPIA KAΠΠΑΔΟΚΙΑ*. Im Felde sind verschiedene Pflanzen angedeutet. Diese Gemme wurde erläutert von Freher, und bekannt gemacht von Du Fresne am Ende des Glossarii mediae et infimae latinitatis; und später mit einer viel besseren Zeichnung wiederholt in dessen Werk: De Imperatorum Constantinopolitanorum etc., Romae 1755. 4.

Diamant.

Wie Fiorillo sagt, erfand Clemens Birago, Edelsteinschneider aus Mailand, im Jahre 1560, die Kunst in Diamant zu graben. Es findet sich aber schon ein im fünfzehnten Jahrhundert gegrabener Diamant vor. Derselbe wurde unter Papst Julius II. (1503 bis 1513) von Ambrosius Charadosus von Pavia gearbeitet und zeigt das Bildniss eines Kirchenvaters. Julius II. kaufte ihn um 22,500 Kronen. — Ferner schnitt Clemens Birago (1560 zu Madrid) das Bildniss des Infanten Don Carlos, so wie dessen Siegelring in Diamant. Aber diese Werke wurden mehr der Neuheit der Erfindung als der Kunst wegen geschätzt. Eben so grub Jacopo da Trezzo, ein Mailänder, der um 1550 blühte, das Wappen für König Philipp II. von Spanien (1556—1598). Dann Giovanni Constanzi das Bildniss seines Sohnes und das Bildniss des Nero. Ferner Carlo Constanzi zu Rom für Johann V. von Portugal (1706—1750), eine Leda und den Kopf des Antinous, und für einen nordischen Hof, in einen 38 Gran wiegenden Diamant die Victoria, auf einem von zwei Pferden gezogenen Wagen.

Reihenfolge der Steine nach ihrem Härtegrad.

I. Diamant. II. Saphir, Rubin, orientalischer Topas, orient. Amethyst, orient. Aquamarin, orient. Smaragd. III. Chrysoberyll. IV. Zirkon, Hyacinth. V. Spinell. VI. Smaragd. VII. Beryll und Aquamarin. VIII. Euklas. IX. Occidentalischer Topas. X. Granat. XI. Turmalin. XII. Hyacinth-Canell. XIII. Wassersaphir. XIV. Bergkrystall, Amethyst, Zitrin, Rauchtopas und XV. Chrysolith, Peridot.

Als Kennzeichen für die Echtheit eines Steines dienen folgende Merkmale:

1. Die Camee oder das Intaglio darf an keiner Stelle irgend ein Luftbläschen zeigen. 2. Der Stein muss, wenn er unter die Zunge gebracht wird, mindestens so kalt als Bergkrystall sein.

3. Der Stein darf von keiner Feile angegriffen werden. Bewähren sich diese Merkmale nicht, so hat man ohne allen Zweifel keinen ächten Stein, sondern eine Paste vor sich, von denen später das Nöthige gesagt wird. Die antiken Steinschneider benützten aber auch noch minder edle Steine als die in diesem Abschnitte genannten, die aber alle die Eigenschaft haben, von der Foile nicht angegriffen zu werden, am Stahle Feuer zu geben und in Berührung mit Säuren nicht aufzubrausen. Sie sind folgende: Mondstein, Katzenauge, Chalcedon, Saphirin, Sarder, Carneol, Chrysopras, Plasma, Nephrit, Jaspis, Heliotrop, Türkis, Sardonyx, Nicolo, Chalcedon-Achat, Jaspis-Achat, Lagen-Achat, Band-Achat und Aventurin.

Die geschnittenen Steine bilden nach den Gegenständen, welche auf ihnen dargestellt sind, drei Reihen. Die grösste derselben enthält figuralische Vorstellungen, die zweite Schriften und die dritte mystische Darstellungen (Abraxassteine). Die **Schriftsteine** sind nicht häufig. Sie enthalten meist Apostrophen (Anrufungen) oder kurze Sinnsprüche und sind gewöhnlich in einen zweifarbigen Onyx geschnitten, so dass die Buchstaben eine andere Farbe haben als der Grund und erhoben stehen. Die älteren Schriftsteine haben meist kleinere und meistentheils griechische Buchstaben, welche sich zuweilen durch grosse Genauigkeit auszeichnen. Ich besitze zwei solche erhoben geschnittene Steine in Achat-Onyx; der eine trägt das Wort *ΕΛΠΙΔΙ* (Hoffnung), und der zweite die Aufschrift *ΚΕΙΝ ΑΘΕΝ* (In Athen will ich ruhen). Die weitere Beschreibung derselben wird später folgen. Es finden sich auch orientalische Inschriften in griechischen Buchstaben, welche ebenso die volle Aufmerksamkeit der Sprachforscher, als die phönizischen, welche mit gemischten Schriftzeichen vorkommen und die sogenannten Monogramme, das Interesse der Archaeologen erregen müssen. Auch Steine mit dem „Urim und Thumim" (Licht und Recht) kommen zuweilen vor. Die mit arabischer Schrift geschnittenen Steine sind alle aus neuerer Zeit. Sie theilen sich in zwei Arten, nämlich in solche von religiösem

Inhalt, Talismane, die schon auf dem Stein lesbar sind, und in die sogenannten Siegel, welche Namen oder Sprüche enthalten, und erst im Abdruck gelesen werden können.

Die Pasten.

Die Pasten sind Flüsse, Compositionen oder farbige Gläser, welche öfter als Edelsteine verkauft wurden Sie haben minderen Glanz, sind beim Gebrauch an hervorragenden Stellen bald abgerieben (granirt), und lassen im Innern oft Luftbläschen bemerken. Sie sind, wenn man sie mit einem echten Steine zugleich in's kalte Wasser und dann unter die Zunge bringt, minder kalt als die Steine. Haucht man sie an, so wird an ihnen, da sie langsame Wärmeleiter sind, der Hauch länger als an den echten Steinen, sichtbar bleiben. Sie werden von der Feile, der Ecke am Rücken eines Federmessers oder einer Scheere, von Krystall oder einem Feuersteine leicht angegriffen, und zeigen einen weissen Strich, während an der scharfen Kante eines Edelsteines, der geritzt wird, die Späne des Stahles, der Feile oder des Messers hängen bleiben. Beim Durchsehen zeigen Gläser fast immer Ränder von allen Farben des Regenbogens, selbst von den ihrer eigenthümlichen Farbe entgegengesetzten und geben uns beim Vorhalten einer Stecknadel nie ein doppeltes Bild, d. h. sie haben immer einfache Strahlenbrechung. Schon die ältesten Nationen, die Aegypter, Griechen und Römer, verstanden die Kunst, täuschende Glasflüsse zu verfertigen und so ihre Gemmen zu verfälschen. In neuerer Zeit erlaubt man sich auch noch andere Täuschungen. Man setzt z. B. auf violettes Glas oben ein Blatt Krystall, wodurch das Ganze das Aussehen des Amethyst und beim Poliren der Oberfläche auch seine Härte zeigt. Diesen Betrug, den man Doublirung nennt, erkennt man leicht, wenn man den Stein nach seinen Seiten vor das Auge hält, oder wenn er gefasst ist, schief auf seine Tafel hinsicht, wo sich bald eine falsche Spiegelung zeigt. Auch zur Verschönerung der Steine trägt man oft durch Unterlegung farbiger Folien bei und gibt bei einem Steine, dessen Färbung nicht an allen Stellen gleich stark ist, am lichteren Theile eine dunklere Unterlage. Da Gleichheit der Farbe eine der vorzüglichsten Schönheiten eines Steines ausmacht, so wäre zu rathen, Steine von grösserem Werthe nur in Fassung à jour oder ungefasst zu kaufen. Die alten Pasten sind meistens braunweiss, viele grünweiss, blau gestreift, und viele andere blau wie Türkis, grün violett und hellgrün. Das Glas wurde bei den Antiken überhaupt weit mannigfacher verwendet, als dieses in neuerer Zeit geschieht. Es diente ausser zu gewöhnlichen Gefässen, deren sich eine Menge in dem herkulanischen Museum befinden, auch zur Verwahrung der Asche der Vorstorbenen und von diesen Gefässen besass Mr. Hamilton, grossbrittanischer Minister zu Neapel, die zwei grössten der bisher unversehrt aufgefundenen. Das eine über dritthalb Palmen hoch, fand sich in einem Grabe bei Pozzuoli. Das kleinere Gefäss wurde im Monate October 1767 bei Cumä, mit Asche angefüllt, in eine bleierne Capsel eingesetzt gefunden; das Blei aber wurde von dem, der es fand, zerschlagen und verkauft. — „Von einigen hundert Zentnern zerbrochener Stücke gewöhnlicher Gefässe,“ so erzählt Winckelmann, „die in der sogenannten farnesischen Insel (neun Miglien ausser Rom, auf dem Wege nach Viterbo) ausgegraben und an die römischen Glasfabriken verkauft wurden, sind mir einige Stücke von Trinkschalen zu Gesicht gekommen, die auf dem Drehstuhle gearbeitet sein müssen; denn es haben dieselben hoch hervorstehende und gleichsam angelöthete Zierathen, an denen die Spur des Rades, mit welchem ihnen die Ecken und Schärfen angeschliffen worden, deutlich zu erkennen ist *).

*) Ein Stück von solchen Trinkschalen, wie sie Winckelmann hier erwähnt, und welches auch denjenigen ähnlich war, wovon gleich nachher die Rede sein wird, befand sich sonst in der Sammlung des Hofraths Reiffenstein in Rom. Von der Art und Weise der hier angezeigten Glasarbeit und von der Geschicklichkeit der alten Künstler darin, kann die herrliche Schale ein Zeugniss geben, welche um das Jahr 1725 im Novarresischen gefunden wurde, und ehemals dem Herrn Everardo Visconti, nachher dem reichen Museum des Herrn D. Carlo de Marchesi Trivulzi angehörte. Die Schale ist netzförmig und das Netz ist wohl drei Linien vom Becher entfernt, mit welchem es vermittelst feiner Fäden oder Stäbchen von Glas, die in fast gleicher Entfernung vertheilt sind, verbunden ist. Unter dem Rande zieht sich in hervorstehenden Buchstaben, die wie das Netz durch Hülfe erwähnter Stäbchen etwa zwei Linien weit von dem eigentlichen Becher getrennt sind, folgende Inschrift herum: BIBE, VIVAS MULTIS ANNIS, ein gewöhnlicher Toast, welchen nach Buonarroti (Osservazioni sopra alcuni frammenti, tav. 15, p. 98, tav. 19, p. 212) die Alten auf solche Glasschalen zu setzen

Ausser diesen Gefässen wurde das Glas auch gebraucht, die Fussböden der Zimmer damit zu belegen, und hierzu wurde nicht allein Glas von einer einzigen Farbe genommen, sondern buntes und nach Art der Mosaik zusammengesetzt. Von der ersteren, einfarbigen Art von Fussböden haben sich in gedachter farnesischer Insel die Spuren von Glastafeln gefunden, die von grüner Farbe, und in der Dicke mittelmässiger Ziegeln waren. (Plin. I. 36, c. 25, sect. 64, et Harduin: ad. h. I. Seneca, epist. 86. Statius Sylv. I. 1, c. 5, v. 42). In zusammengesetzten vielfärbigem Glase geht die Kunst bis zur Verwunderung in zwei kleinen Stücken, die vor wenigen Jahren in Rom zum Vorschein kamen: beide Stücke haben nicht völlig einen Zoll in der Länge, und ein Drittheil desselben in der Breite. Auf dem einen erscheinet auf einem dunkeln, vielfärbigen Grunde ein bunter Vogel, welcher einer Ente ähnlich ist, und an eine chinesische Malerei errinnert. Der Umriss ist sicher und scharf, die Farben schön und rein und von so lebhafterer Wirkung, als der Künstler nach Erforderniss der Stellen, bald durchsichtiges, bald undurchsichtiges Glas anbrachte. Der feinste Pinsel eines Miniaturmalers hätte den Zirkel des Augapfels sowohl als die scheinbar schuppigen Federn an der Brust und den Flügeln (hinter deren Anfang dieses Stück abgebrochen ist) nicht genauer ausdrücken können. Die grösste Verwunderung aber erweckt diese Arbeit dadurch, dass man auf der umgekehrten Seite derselben den Vogel eben so schön erblickt, ohne in dem geringsten Pünktchen einen Unterschied wahrzunehmen, woraus sich schliessen lässt, dass dieses Bild durch die ganze Dicke des

---

pflegten. Die gedachte Schale hat weder Fuss noch Basis, wie bei vielen alten Schalen der Fall ist; um sie hinzustellen, war daher ein in der Mitte hohles Gestelle nöthig, welches man (ἐγγυθήκη) nannte (Buonarroti I. c. p. 212). Bei Pausanias X, 16, 1, heisst es ὑποθῆμα κρατῆρος. Die Buchstaben der Inschrift sind von grüner Farbe, das Netz ist himmelblau, beide ziemlich glänzend. Der Becher hat die Farbe des Opals, d. h. eine Mischung von Roth, Weiss, Gelb und Himmelblau, wie die lange Zeit unter der Erde gelegenen Gläser zu sein pflegen. Es wäre indessen möglich, dass der Künstler selbst dem Glase diese Farbe gegeben hätte, wie es zuweilen geschah, um aus Glas falsche Edelsteine zu machen (Plin. I. 37. c. 6. sect. 22. I. 36. c. 16. sect. 67). Zuverlässig sind an dieser Schale weder die Buchstaben noch das Netz auf irgend eine Weise angelöthet, sondern das Ganze ist mit dem Rade aus einer festen Masse Glas auf dieselbe Weise wie bei den Cameen gearbeitet. Die Spur des Rades nimmt man deutlich wahr. Von dieser Art, das Glas zu bearbeiten, redet Plinius (I. 36. c. 26. sect. 66). Die Stadt Sidon machte sich vorzüglich durch solche Arbeiten berühmt.

Stückes fortgesetzt sei *). Die Malerei erscheint auf beiden Seiten körnicht, und aus einzelnen Stücken, nach Art musaischer Arbeiten, aber so genau zusammengesetzt, dass auch ein scharfes Vergrösserungsglas keine Fugen daran entdecken könnte. Diese Beschaffenheit und das durch das ganze Stück fortgesetzte Gemälde machten es schwer, sich sogleich einen Begriff von der Ausführung solcher Arbeiten zu machen, und die Sache wäre auch noch lange Zeit ein Räthsel geblieben, wenn man nicht da, wo dieses Stück abgebrochen ist, alle, die ganze Dicke durchlaufenden Striche von eben denselben Farben als auf der Oberfläche entdeckt hätte, woraus man schliessen konnte, dass diese Malerei aus verschiedenen gefärbten Glasfäden gebildet und dann im Feuer zusammengeschmolzen worden sei. Es ist nicht zu vermuthen, dass man so viele Mühe angewendet haben würde, dieses Bild nur in der unbeträchtlichen Dicke eines Sechstelzolles auszuführen, da in derselben Zeit mit längeren Fäden, und in einer Dicke von vielen Zollen ein langer Stab hergestellt werden konnte, der dann nur zerschnitten werden durfte, wodurch man eine bedeutende Zahl solcher Bilder erhielt. Das zweite leider zerbrochene Stück, ohngefähr von derselben Grösse, ist auf eben diese Weise verfertigt. Es sind auf demselben Zierathen von grünen, gelben und weissen Farben, auf einem blauen Grunde vorgestellt, die aus Schnörkeln, Perlenschnüren und Blümchen bestehen, und mit den Spitzen pyramidalisch zusammenlaufen. Alles dieses ist sehr deutlich und unverworren, aber so unendlich klein, dass auch ein scharfes Auge Mühe hat, den feinsten Endungen, in welchen sich die Schnörkel verlieren, nachzufolgen und demungeachtet sind alle diese Zieraten ununterbrochen durch die ganze Dicke

---

*) Ein Alterthumsforscher und Sammler zu Cortona, der Canonicus Sellari, besass um 1790 ein ähnliches antikes Werk als Ringstein gefasst. — Auf blauem Grunde war ein bunt gefiederter Vogel dargestellt, die Zeichnung an demselben war ebenfalls sehr genau bis in's Kleinste. Auf der Oberfläche konnte das schärfste Auge kaum die Fügungen der verschiedenen Glasfäden entdecken. Indessen zeigte eine kleine Beschädigung, dass sie durch die ganze Dicke des Stückes, welche etwa eine oder anderthalb Linien betragen mochte, durchliefen und also die Figur auch auf der anderen Seite zu sehen sein musste. (Ueber dieses merkwürdige Stück und ein anderes ähnliches lese man des Hofraths Reiffenstein Sendschreiben an Winckelmann über die Glasarbeiten der Alten. Der Cardinal Alexander Albani hat Versuche anstellen lassen, um diese Art von Glasarbeiten zu erneuern, wie Winckelmann am 14. Juli 1766 an Desmarest nach Paris schrieb.

des Stückes fortgesetzt. Die Verfertigung solcher Glasarbeiten zeigt sich ebenfalls deutlich an einem in dem Museum des genannten Mr. Hamilton befindlichen Stab von einer Spanne Länge, dessen äussere Lage blau ist, dass Innere aber eine Rosette von sehr verschiedenen Farben vorstellt, die in der gleichen Lage und Wendung durch den ganzen Stab hindurch gehen. Da sich nun das Glas in beliebig lange unendlich dünne Fäden ziehen oder zu Glasröhren bilden lässt, welche die ihnen gegebene Lage behalten, so wird daraus wahrscheinlich, dass man zu gedachten Glasarbeiten grössere Röhren durch das Ziehen in unendlich Kleine ausdehnte. Das Interessanteste aber, was von alten Glasarbeiten bekannt wurde, sind für den Gemmensammler immer die Glaspasten von tief- oder erhoben-geschnittenen Steinen oder von plastischen Arbeiten grösserer Form, (Basreliefs) von welcher letzteren Art sich auch ein ganzes, mit Figuren geziertes Gefäss im Glasabguss findet. Die Glaspasten tiefgeschnittener Steine ahmen vielmals die verschiedenen Adern und Streifen nach, die sich in den Original-Steinen fanden, und auf vielen Pasten erhoben geschnittener Steine sind eben die Farben gesetzt, die der Cameo selbst hatte*). In einem Paar sehr seltener Stücke dieser Art ist das erhoben Figurirte mit starken Goldblättern belegt; das eine dieser Stücke zeigt den Kopf des Tiberius, und ist in den Händen des Herrn Byres, Bauverständigen in Rom. Diesen Pasten haben wir zu verdanken, dass viele seltene Bilder, die sich auf verloren gegangenen geschnittenen Steinen befanden, bis auf uns gekommen sind; wie unter andern der Zweikampf des Pittakus mit dem Phrynos über das Vorgebirge Sigeum, bei welchem der Erstere dem Phrynos ein Netz über den Kopf warf, worin er ihn so verwickelte, dass er ihn überwältigen konnte**).

---

*) Plinius erzählt an vielen Stellen, man habe alle Arten Edelsteine so geschickt nachgeahmt, dass die falschen schwer von den echten zu unterscheiden gewesen, wie z. B. den Opal (L. 32. c. 6. sect. 22), den Karfunkel (L. 37. c. 7. sect. 26), den Jaspis (c. 8. sect. 37), den Saphir, Hyacinth und so von allen Farben (L. 36. c. 26. sect 67). Man sehe darüber Galeotti (Museum §. 20, p. 22) und Buonarroti (Osservaz. istor. sopra alcuni medagl. prefaz. p. 16).

**) Die Abbildung und weitere Erklärung dieser Paste eines tiefgeschnittenen Steines findet sich in Winkelm.: Denkmälern Nr. 166. Auch besass Winckelmann unter anderen Glaspasten einen erhoben gearbeiteten Hercules mit der Iole, der nach seiner Behauptung nicht minder schön sein soll, als derselbe, von dem alten Künstler Teukros geschnittene Gegenstand.

Von grösseren erhoben gearbeiteten Bildern in Glas finden sich insgemein nur zerbrochene Stücke. Es wurden mehrere derselben entweder in Marmor gefasst, oder zwischen gemaltem Laubwerke, und unter Arabesken als Zierathen an den Wänden der Paläste angebracht *). Das beträchtlichste von diesen grösseren erhobenen Arbeiten ist ein von Buonarroti beschriebener Cameo, in dem Museum der venetianischen Bibliothek **), welcher aus einer länglich viereckigen Tafel besteht, die mehr als einen Palm lang, und zwei Drittheile desselben breit ist. Es ist auf demselben in flach erhobenen, weissen Figuren, auf einem dunkelbraunen Grunde, Bacchus in dem Schoosse der Ariadne liegend nebst zwei Satyren abgebildet ***). Die grössten Leistungen in dieser Kunst waren aber Prachtgefässe, auf welchen halberhobene, helle oder vielfärbige Figuren, auf einem dunklen Grunde (so wie auf ächtem aus Sardonyx geschnittenen Gefässen) erscheinen. Von diesen Gefässen ist vielleicht nur ein einziges völlig erhaltenes in der Welt, welches sich in der irrig sogenannten Begräbnissurne des Kaiser Alexander Severus fand, und unter den Seltenheiten des barberinischen Palastes verwahrt wird. Die Höhe desselben beträgt beiläufig anderthalb Palmen †). Wie gross die Schönheit dieses Gefässes sein muss, kann man daraus beurtheilen, dass es bis in die neueste Zeit, als aus ächtem Sardonyx gearbeitet, beschrieben wurde ††).

---

*) Plin. I. 36. c. 15. sect. 64. spricht offenbar an jener Stelle nicht von erhoben gearbeiteten Bildern in Glas, sondern von Mosaiken.

**) Buonarroti, Osservaz. sopra alcuni medagl. antichi p. 437.

***) Merkwürdig ist ein Basrelief, das ebenfalls mehr als einen Palm lang ist und aus drei Fächern besteht, in welchen man die Bildnisse des Apollo und zweier Musen sieht. Passeri (Lucernae fictiles tab. 76) schreibt auch von einem ihm angehörigen ähnlichen Basrelief, das beinahe drei Fuss lang sei und ein Stieropfer vorstelle.

†) Dieses Gefäss befindet sich schon seit mehreren Jahren nicht mehr im Palaste Barberini, sondern in England, wo es unter dem Namen der Portlandvase bekannt ist. Gefunden wurde es in einer der grössten marmornen Graburnen, die noch jetzt im Capitol aufbewahrt wird und lange für das Begräbniss des Kaisers Alexander Severus und dessen Mutter Mammäa galten. Abbildungen sowohl vom erwähntem Gefässe als von der Graburne mit ihren Reliefs finden sich im vierten Theil des Musei Capitolini (tav. 1, 2, 3, 4, p. 1), sodann in Piranesis Antichità romana (t. 2. tav. 33—35) vom Gefäss allein auch bei la Chausse (Mus. Rom. t. 1. sect. 1. tab. 60—62, p. 42).

††) La Chausse, Mus. Rom. t. 1. sect. 1. tab. 60. p. 42. Dasselbe ist der Fall mit dem bekannten, vortrefflich gearbeiteten Kopf des Tiberius in der Gemmensammlung der florentinischen Gallerie (abgebildet im Mus. Florent. t. 1, tab. 3).

Wie unendlich prächtiger müssen nicht solche Geschirre von Kennern des wahren Geschmacks geachtet werden, als alle so sehr beliebten Porzellaingefässe, deren schönes Materiale bisher noch zu keiner ächten Kunstarbeit benützt wurde. Das mehrste Porzellain ist zu lächerlichen Puppen verwendet! Die Alten bedienten sich auch noch einer besonderen Art von Trinkgläsern, in deren Boden das Bildniss irgend eines ihrer Vorfahren angebracht wurde (s. Buonarott. Osservaz. p. 150). Nero hatte Gläser, in deren Grund Verse des Homer zu lesen waren (Sueton. Nero c. 7). Pasten werden noch jetzt fortwährend erzeugt, und Bentley, Tassie, die Fabrik zu Trapani in Sizilien und das archäologische Museum zu Mailand lieferten vortreffliche Arbeiten dieser Gattung. Die schönsten neueren Glaspasten verfertigte vor beiläufig vierzig Jahren der Steinschneider Pichler, der, von Kaiser Franz I. von Oesterreich beauftragt, die schönsten Steine des k. k. Antikenkabinetes mit den Farben der Originale nachahmte. Mit diesen Pasten machte der Kaiser dem Papst Pius VII. ein Geschenk, welches Pichler 1821 persönlich zu überreichen die Ehre hatte.

Bemerkenswerthe antike Pasten des k. Museums zu Berlin *).

A. Antiker, den braunen Sarder nachahmender Glasfluss. Der Tod der Semele. Jupiter bekleidet, mit gesenkten Händen und langen Schwingen, senkt sich, umgeben von Blitzen, vom Olymp herab. Einer der Donnerkeile trifft die niedergesunkene Semele. Ein etruskisches Kunstwerk ersten Ranges.

B. Grüne antike Paste. Mercur mit der Chlamys, geflügeltem Petasus und Schlangenstab, übergiebt den neugeborenen Bacchus einer bis auf den Schooss entblössten und auf einem Felsen sitzenden Nymphe, welche das Kind mit beiden Händen in Empfang nimmt. Ein bewundernswerthes Denkmal. — C. Blaue antike Paste. Eine in drei Felder getheilte Darstellung. Im obersten Felde die kabirische Ceres (*Δ. Καβιίρια*), mit verschleiertem Haupt auf einem Throne sitzend und von vorn

*) S. Toelken's Verz.

gesehen mit klagend ausgebreiteten Händen. Auf beiden Seiten eine der „Kabiren" ihre Söhne, zu Pferde und mit einem Drachen in Gestalt des bei den spätern Römern gebräuchlichen Feldzeichens; zu den Füssen der Ceres liegt der von seinen Brüdern erschlagene dritte Kabir todt ausgestreckt. Im mittleren Felde, nach dem Zusammenhange das erste, sind alle drei Kabiren auf einem Triclinium zum Mahle gelagert, zwei von ihnen bewaffnet, der dritte, wie es scheint, nicht; vor den Brüdern steht ein Tisch, und umher sieht man vielerlei Symbole, zur Linken neben dem Tisch zuerst einen Hahn, dann einen liegenden und brüllenden Löwen, über diesem einen Fisch und noch weiter oben ein Trinkgefäss. Auf der rechten Seite neben dem Tisch eine sich aufrichtende Schlange, dann eine sogenannte cista mystica und über dieser eine Amphora. Im untersten Felde erscheint wieder die verschleierte Ceres Cabiria, stehend und vor ihr eine männliche Gestalt mit der Maske eines Widders, hinter dieser das auf Vasen so häufige Symbol des Webekammes, und hinter Ceres die mystica vannus Jacchi, die Getreideschwinge, welche ebenfalls in den Mysterien vorkam. Zwischen beiden noch einige unkenntliche Zeichen. Dieses Denkmal ist von allen auf die Mysterien der Alten Bezug habenden das reichste und merkwürdigste. D. Hellgrüne antike Paste. Adonis ruht auf einem Felsen sitzend aus von der Jagd, in der aufgestützten rechten Hand hält er hinter sich einen erlegten Hasen, in der Linken den Jagdspiess, und zwei Liebesgötter bemühen sich, ihn zur Rückkehr zu bewegen, indem ihn einer mit dem Händchen die Wangen streichelt und der andere ihn mit beiden Händen am Arme zieht, während ein dritter Liebesgott von einem als entfernt zu denkenden hohen Felsen, den Kopf auf die Hand gestützt, besorgt nach ihm ausblickt. Eine Composition von höchster poetischer Anmuth. E. Grüne antike Paste. Amor auf einem gezäumten Hippokampos reitend; Amor trägt einen Schild. Ein Denkmal von ungemeiner Schönheit. F. Gelbe antike Paste. Die drei Horen als Vorsteherinnen der Jahreszeiten. Die Hore des Herbstes hält vor sich ein Rehböckchen an den Vorderfüssen und trägt auf der rechten Hand eine grosse Schale mit Früchten; die Hore des Sommers hat den Schooss ihres Gewandes mit dem

Segen der Ernte beschwert, und hält in der Rechten zwei hohe Aehren und einen Mohnstengel; die Hore des Frühlings, als die jugendlichste, trägt vor sich eine Fülle von Blumen. Obwohl mehrfach beschädiget, ist dieses Denkmal von höchster Anmuth und Schönheit; besonders sind die fliegenden Gewänder der eilenden Göttinnen der Zeit kaum in einem anderen antiken Denkmal so reizend ausgeführt. G. Schwarze antike Paste. Kopf des Battos von Thera, Gründers der Stadt Cyrene in Libyen, bezeichnet durch einen Helm in Gestalt eines Widderkopfes mit gewundenen Hörnern, woran hinten noch eine Sokrates-Maske bemerklich ist. Auch dieser Kopf ist sehr schön. H. Braune antike Paste. Kopf des Demetrius des Belagerers (Poliorcetes, Königs von Macedonien). Die Eigenthümlichkeit, welche diesem Fürsten den Beinamen ἑλικοβλέφαρος (mit gebogenen Brauen) erwarb, ist in diesem Bildniss besonders schön ausgedrückt.

Antike Pasten in dem k. k. Cabinet zu Wien*).

A. (Bruchstücke eines Bechers von Glas.) Dieser Becher spielt, da er oxydirt ist, in's Opalartige, und zeigt am Rande aus der dicken Masse des Glases geschnitten, die Buchstaben FAVENTIB [us] (Amicis?), eben so viele Lettern sind weggebrochen, dann ist ein gleich den Buchstaben erhobenes, sehr schönes Netz auf dem Becher. Der eben beschriebene Becher, welcher in einem Grabe bei Daruvar in Slavonien (17. Mai 1785) gefunden wurde. B. Der zu Strassburg 1826 gefundene Becher mit der Aufschrift MAXIMINE AUGUS. C. und D. Die zwei in Köln im April 1844 gefundenen Becher, auf einem die Aufschrift *ΠΙΕ ΖΗΣΑΙΣ ΚΑΛΟΣ*, auf dem andern BIBE MULTIS ANNIS. E. Ein ähnlicher Becher wurde auch 1845 im Tolnaer Comitate zu Szexard bei einem schönen Sarg gefunden. Er hat die Inschrift: *ΛΕΙΒΕ το ΠΟΙΜΕΝΙ ΠΙΕ ΖΗΣΑΙΣ*. Die Formen dieser Arbeiten gleichen einander sehr; alle haben oben am Rande die Inschrift, deren Zurufsformeln einander sehr ähnlich sind. Sie gehören zu der Art Gefässen, die vasa diatreta genannt

*) S. Arneth. Cameen etc.

wurden. F. Bruchstück eines grünen Glasbechers, AITES PRVDES CALAMVS. Höchst wahrscheinlich die Namen der unten abgebildeten Kämpfer, von denen der erste und letzte mit vorgehaltenem Schilde vorstürmen; der mittlere hat den Schild weggeworfen und hält in der erhobenen rechten Hand ein Schwert. Das Ganze ist Guss; Figuren und Schild sind aussen erhoben, innen vertieft. Dieses Bruchstück erinnert sehr an die Kämpfer, welche häufig mit ihren Namen auf den Contorniaten vorgestellt sind; da diese aus der Zeit Constantin's des Grossen und seiner Familie stammen, so könnte auch das Glasbruchstück daher kommen*).

Abraxas.

Die Abraxas-Gemmen enthalten mystische Darstellungen späterer Geheimlehren, hervorgegangen aus der Zusammenfassung egyptischer, griechischer und orientalischer Religion. Man pflegt diese sämmtlichen Abraxas den christlichen Basilidianern und Ophiten zuzuschreiben; allein die nachfolgend erwähnten Gemmen werden die Ueberzeugung bieten, dass jenen Sectirern darin entweder Unrecht geschieht, oder dass Basilides und seine Anhänger gar keine Christen gewesen sein können. — Es finden sich nämlich auf diesen Amuleten die verschiedensten ägyptischen und griechischen Götterwesen, hebräische Gottes- und Engelnamen, ja selbst kabbalistische Abstractionen; allein nirgends eine Hindeutung auf das Christenthum. Bei der Neigung der Gnosis, alle Gegensätze zu vermitteln, ist diess sehr bemerkenswerth. Der Name Abraxas wurde von Basilides (Augustinus de haeres. c. 4) zur Bezeichnung Gottes empfohlen, weil derselbe nach der Zahlenbedeutung seiner Buchstaben die Summe 365 ergibt, und eben so viele Himmel sein sollen, jenseits welcher der eigentliche Gott wohne, der über den unvollkommenen Schöpfer der Welt unendlich erhaben wäre. Eine andere Deutung lässt den Namen Abraxas aus dem griechischen *Σωτηρία Ἀπὸ Ξύλου* (Erlösung durch das Holz des Kreuzes) zusammengesetzt sein; und dieses mögen die

---

*) Bei der Wichtigkeit, welche die Glaspasten in der Gemmenkunde einnehmen, war es nothwendig hier etwas weitläufig zu verfahren.

christlichen Gnostiker geglaubt haben. Wahrscheinlich ist derselbe früheren Ursprungs und dem Sonnendienst angehörig. Dagegen erweisen sich die nachfolgenden mystischen Gemmen durch Schrift und Bildwerk mit wenigen Ausnahmen als in Aegypten entstandene kabbalistische Blendlinge des Juden und Heidenthums, mit einer Tendenz letzteres zu vergeistigen. Die christlichen Denkmäler haben einen ganz anderen Charakter. Zur näheren Erläuterung des eben Gesagten führe ich hier einige Abraxas an, welche sich im k. Museum zu Berlin befinden, und von Toelken in seinem Catalog beschrieben sind.

Aegyptische Darstellungen mit dem Namen Abraxas.

A. Grün und rother Jaspis. Drei widderköpfige Menschengestalten mit ägyptischem Schurz, von denen die mittelste ihre Arme gegen die beiden anderen ausstreckt: unten die Inschrift: *ΑΒΡΑϹΑΞ*, rchtlfg. B. Gelber Jaspis. Ein aufgerichteter Löwe mit einem Götterzeichen auf dem Haupte und in anbetender Stellung. Auf der Rückseite des Steines das Wort *ΑΒΡΑϹΑΞ*, rchtlfg.

Aegyptische Darstellungen mit Engelnamen etc.

A. Gelber Jaspis, grün und roth gefleckt. Osiris oder Horus ganz in ägyptischer Weise dargestellt, mit dem Götterzeichen und der Haube auf dem Haupte, welches zugleich von drei Sternen umgeben ist, mit dem Schurz umgürtet und in der rechten Hand eine Lanze haltend, um welche sich eine Schlange windet, in der Linken einen Kranz, neben ihm die Inschrift: ΓΑΒΡΙΗΡ (sic) ϹΑΒΑΜ, rchtlfg. (Gabriel, Zabaoth) im Felde einzelne Buchstaben und Zeichen. Auf der Rückseite des Steines Anubis, einen Palmzweig und einen Kranz haltend; neben seinem Kopfe zwei Sterne und im Felde eine Inschrift von neun zum Theil nicht griechischen Buchstaben nebst anderen Zeichen. B. Magnet-Eisenstein. Ein menschliches Gerippe lenkt mit Zügel und Peitsche einen von zwei Löwen gezogenen Wagen, worin es aufrecht steht, in vollem Lauf über ein anderes am Boden liegendes Gerippe hinweg, während ein drittes Gerippe dicht vor den Löwen in aufrechter Stellung sitzt. Die ganze Fläche des Steines neben und zwischen den Figuren, der Wagen, die Räder und das sitzende Gerippe sind mit mystischen unverständlichen Worten in griechischer Schrift angefüllt.

Griechische Darstellung mit Abraxes-Inschriften.

A. Gelber Jaspis. Hekate-Bubastis, dreileibig, mit Martergeräthen und zwei brennenden Fackeln in ihren sechs Händen, rings um sie her sieben Sterne und unter ihr der Name IAW rchtlfg. Auf der Rückseite des Steines der Mond und drei Sterne nebst einer unlesbaren Inschrift.

Abraxas als symbolisches Götterwesen.

Grün und rother Jaspis. Der Gott Abraxas stehend, mit Hahnenkopf und menschlichen Füssen, hält in der linken Hand einen Palmenzweig, in der rechten einen Beutel; im Felde der Name IAW, rchtlfg. — Ausser den hier angeführten gibt es noch viele Abraxassteine in Berlin und in anderen Museen; diese Steine sind daher nicht selten, haben aber auch keinen künstlerischen, sondern nur einen antiquarischen, aber desshalb nicht minder zu berücksichtigenden Werth.

B. Geschichtliches.

Antike Epoche.

Steinschneidekunst der Indier.

Die altindischen Intaglien sind äusserst selten. Sie haben meistens mythische Thiere zum Gegenstand, welche in sehr concave orientalische Granaten oder in Sarder geschnitten sind. Raspe gibt solche in seinem „Catalogue raisonné pl. 13, Nr. 713 und pl. 73.

Steinschneidekunst der Aegypter.

In Aegypten blühte die Kunst bereits in den ältesten Zeiten, und unter Sesostris, welcher mehr als 300 Jahre vor dem trojanischen Kriege lebte, waren in diesem Reiche schon die grössten Obelisken neben den grössten Tempeln aufgeführt, während die Kunst bei den Griechen noch in Dunkelheit und Finsterniss schwebte. Die Aegypter haben sich nicht weit von ihrem ältesten Styl in der Kunst entfernt, und dieselbe konnte unter ihnen nicht leicht zu der Höhe steigen, zu welcher sie unter den Griechen gelangte, wovon die Ursache theils in ihrer Art zu denken, theils in ihren gottesdienstlichen Gebräuchen und Gesetzen gesucht werden muss. Da nun die ägyptischen Künstler die Natur nachahmten, wie sie dieselbe fanden (Theodoret. serm. 3. p. 519), so konnten sie auch nichts Edleres schaffen. Auch fehlte es in

Aegypten den Künstlern an Achtung, denn sie wurden den Handwerkern gleichgestellt (Herodot. I. 2, c. 167). Es wählte daher Niemand die Kunst aus Neigung und aus besonderem Antriebe, sondern der Sohn folgte wie in allen übrigen Gewerben und Ständen dem Geschäfte seines Vaters, desshalb konnte es keine verschiedenen Schulen der Kunst in Aegypten geben, so wie diese unter den Griechen von selbst entstanden. Die ägyptischen Gemmen sind gewöhnlich Scarabäen (Käfer) von den verschiedensten Steinarten und der Länge nach durchbohrt. Erst in späterer Zeit sind sie an dem untern Theile flach geschliffen, und mit hieroglyphischen Zeichen versehen, die nach Champollions Erklärung als Buchstaben gelten, welche man von der rechten nach der linken Seite liesst. Bei den Aegyptern wurde gewöhnlich nur der Griffel als Werkzeug benützt, und gewöhnlich ist Zeichnung und Arbeit schlecht. Alle diejenigen Scarabäen, deren hohe gerundete Seite gleich einem Käfer erhoben geschliffen, die Fläche aber eine vertieft gearbeitete ägyptische Gottheit vorstellt, sind aus späteren Zeiten. Die Schriftsteller, welche dergleichen Steine für sehr alt halten (Natter, pierres gravées), haben kein anderes Kennzeichen von hohem Alterthum als die Ungeschicklichkeit der Behandlung, von ägyptischer Technik scheinen sie aber nichts zu wissen. Ferner sind alle jene geschnittenen Steine mit Figuren oder Köpfen des Serapis und des Anubis aus der Zeit der Römer, unter welchen Serapis nichts ägyptisches mehr hat, sondern nur der Pluto der Griechen war. Viele ägyptische Steine können entweder gar nicht oder doch nicht mit Gewissheit erklärt werden, weil wir von der ägyptischen Mythologie keine genaue Kunde haben. Eben so sind selbst Kenner in der Beurtheilung des Kunstwerthes ägyptischer Steine nicht übereinstimmend. So glaubt Winckelmann, dass es die Aegypter zu einer grossen Vollkommenheit gebracht hätten, und erwähnt eines Steines mit dem Bilde des Harpokrates, welche Arbeit von Meyer hingegen für griechisch gehalten wird. Namen von ägyptischen Daktyliographen haben sich nicht erhalten, und überhaupt sind ägyptische Steine mit Figuren sehr selten. Scarabäen gibt es aber zu Tausenden und die Mehrzahl derselben ist nicht in harte Steine geschnitten, sondern meistens von Glas oder selbst von noch weicherem Materiale, wie denn Tölken unter den alt-ägyptischen Denkmälern zu Berlin (Cl. I. Abth. I.) auch Scarabäen anführt, die in Meerschaum geschnitten sind; z. B. Nr. 9, auf dessen unterer (flachen) Seite eine ruhende Sphinx und ober dieser eine Hieroglyphe zu sehen ist, welche (nach Young's Hierogl. Vocabulary) das Wort „Göttin" bedeutet, unter der Sphinx ein mit dem Gesicht gegen die Erde gekehrter, ausgestreckt liegender Mensch; ferner Nr. 10, abermals eine Sphinx, nur kleiner und Nr. 11 mit zwei Hieroglyphenschildern von Basilisken umgeben. Auf den ägyptischen Gemmen findet man auch häufig griechische Buchstaben und nicht selten ägyptische oder phönizische, hebräische und syrische Worte, und selbst Ausdrücke aus mehreren Sprachen zugleich. Einige sind in sich zurücklaufend, oder bestehen blos aus Vocalen, oder aus mystischen Lauten, oder sie gründen sich auf die Geltung der Buchstaben als Zahlen. Andere scheinen absichtlich so geschrieben zu sein, dass sie sich nicht aussprechen lassen, um als desto heiliger zu erscheinen. Ausserdem hat die Mehrzahl der ägyptischen Gemmen als Amulete und nicht als Siegel gedient, und die Inschriften sind daher nur in den Originalien richtig zu lesen, da sie im Siegelabdruck verkehrt werden. Zur näheren Kenntniss der ägyptischen Gemmen, führe ich hier mehrere an, welche ehemals in Baron Stosch'schen Museum waren, sich jetzt aber im königlichen Museum zu Berlin befinden (vergl. Tölkens Catalog I. Classe).

Gemmen im alt-ägyptischen Styl.

1. Vertieft-erhoben geschnittene Steine (relief en creux), Nr. 1, 2, 8.

2. Vertieft geschnittene Nr. 4, 5, 6.

3. a) Altägyptische Scarabäen Nr. 14, 15, 16;

b) alt-ägyptische Scarabäen Pasten Nr. 3, 12, 17.

Vertieft-erhoben geschnittene Steine (relief en creux). A. Orientalischer Sardonyx von zwei Lagen und seltener Schönheit. Der heilige Falk (*ἱέραξ*), bei den Aegyptern das Symbol Gottes, der Sonne, des Geistes, des Windes, des Feuers, alles Erhabenen und Reinen (Horap). Er erscheint hier stehend, die Krone des Osiris auf dem Kopfe tragend, über ihm ein geflügelter Stern, wahrscheinlich der Planet Jupiter, welcher bei den

Aegyptern dem Osiris geweiht war. Die Ausführung dieses Denkmals gibt einen glänzenden Beweis von der Geschicklichkeit der Aegypter in Arbeiten der Daktyliographie. B. Achat-Onyx, Fragment eines grösseren Steines. Ein sitzender ägyptischer Fürst huldigt durch Erhebung der Hände und Darreichung einer Weihrauchschale einem nicht mehr erkennbaren Götterwesen, über welchem das Sonnensymbol, die geflügelte Kugel schwebt. Vor der Stirn des Königs bemerkt man eine Schlange (aspis), das Zeichen der Gewalt über Leben und Tod, an dem Sessel die Hieroglyphe des Gebets. Die Kleidung des Königs, so wie der Sessel, sind mit unglaublicher Sorgfalt ausgeführt. Der Gegenstand der Anbetung scheint, nach dem Rest einer Handhabe zu schliessen, der heilige Wasserkrug gewesen zu sein, das Symbol des Nil und zugleich des Jupiter Ammon. Auch dieses Denkmal ist nach alt-ägyptischer Weise, mit Benutzung der Farben des Steines, in der Vertiefung erhoben gearbeitet, und nicht für den Abdruck bestimmt. Auf der Rückseite des Steines ist der Rest eines Obelisks erhalten, aus dessen Richtung sich ergiebt, dass dieses Kunstwerk nicht nur viel grösser war, sondern auch an der scheinbar unversehrten Seite blos zugeschliffen ist. C. Lapis Lazuli. Ein erhoben gearbeiteter geschmückter Hieroglyphen-Schild, wie dieselben an ägyptischen Tempelwänden vorkommen, mit vertieft eingeschnittenen Hieroglyphen von ungemeiner Kleinheit und Schärfe. Auf der unteren flachen Seite des Steines ein menschliches Auge, verbunden mit einem Flügel und einer segnenden Hand; das so häufig sich findende hieroglyphische Bild der Sonne, des immer wachen segnenden Weltauges, deren kyriologisches Zeichen, die Scheibe in einer kleinen Einfassung, gleichsam als Inschrift daneben steht.

2. Vertieft geschnittene. A. Streifiger Jaspis-Achat, von ungemeiner Schönheit, in Skarabäusform und noch in seiner antiken goldenen Fassung, um als Amulet getragen zu werden, an derselben ein sehr zierlicher Widderkopf. Der ägyptische Herkules (Somos) in gedrungener Kabiren-Gestalt, mit grossem strahlenden Kopfe, in Kriegertracht und in schreitender Stellung auf einer Nilbarke stehend und in den Händen zwei Gazellen, zwei Basilisken und zwei Löwen haltend, um anzudeuten, er

überhole den Schnellen, zwinge den Mächtigen und bändige den Starken. Die Aegypter dachten sich den Herkules als Führer und schützenden Begleiter der Sonne auf ihrem Wege am Firmament. B. Bergkrystall. Osiris als Herrscher in schreitender Stellung und Kriegertracht, mit der Krone auf dem Haupte, welche aus dem Richterhute, dem Getreidemaass und dem Krummstabe zusammengefügt ist, er hält in seiner linken Hand das Lotos-Scepter, während er die Rechte segnend erhebt. Neben ihm, auf einem Lotos-Kelche sitzend, der heilige Falk mit einer Kugel, dem Zeichen des Planeten Jupiter, über seinem Haupte. C. Magnet-Eisenstein, antiker Magnet (*Μαγνῆτις λίθος* — Theophrast. de lapid. 73). Osiris, hermenartig, gerade auf den Füssen stehend mit erhobener Geissel, welcher ein Büssender seinen Rücken darzubieten scheint. Zum sichtlichen Beweise, dass nicht alle Werke des älteren ägyptischen Styls auch den ältesten Zeiten angehören, findet sich hier auf der Rückseite des Steines die ägyptische Inschrift in griechischen Buchstaben: (*BAIC OΛB ΛIXΦOTPI* rchtlfg.). —

3. Alt-ägyptische Scarabäus. A. Scarabäus in Carneol geschnitten mit Hieroglyphen. In der Mitte der symbolische Käfer die Kugel wälzend, über ihm der Viertel- und Vollmond, und darüber die geflügelte Sonnenscheibe, zu beiden Seiten zwei Falken, zwei Basilisken und zu unterst der Geier als Symbol des Himmels mit ausgebreiteten Fittigen. B. Scarabäus in ungemein schönem, sogenannten Augen-Achat. Hieroglyphen von nachlässigerer Arbeit als die vorhergehenden.

4. Alt-ägyptische Scarabäus-Pasten. A. Antiker blauer Glasfluss. Brustbild der ägyptischen Göttin Athor von vorn gesehen mit reichem Schmuck und den Ohren der ihr geweihten Kuh. Das Brustbild ist auf einem säulenartigen Untersatze in einem verzierten Sacellum aufgestellt, über welchem die geflügelte Kugel mit dem Zeichen des Agathodämon erscheint. Dieses kleine Sacellum wird von einem andern umgeben, das durch zwei Säulen mit Lotosknäufen gebildet wird, und an welchem oben wiederum die geflügelte Kugel, das Symbol der Sonne angebracht ist. Ganz ebenso findet sich das Brustbild dieser Göttin mehrmals an ihrem Tempel zu Tentyris (Denderah) in Ober-Aegypten dargestellt. B. Scarabäus in weisslicher und opaker Paste

(eine Art Porzellan) geformt, gegossenes Steingut, wie Herodot sich ausdrückt (I. II. c. 69). Das gehenkelte T, das Zeichen des Lebens, nebst dem weinenden Osirisauge und andern Hieroglyphen. C. Antiker violetter Glasfluss. Aegyptisches Brustbild von vorn gesehen mit einer Stirnbinde, modiusartigem Kopfputz, auf welchem eine Kugel ruht, und zwei andere Kugeln auf beiden Seiten, mit abstehenden Ohren und reichem Brustschild. Wahrscheinlich Osiris, allein in jenem imitativen Kunststyl ausgeführt, welcher besonders zur Zeit des Kaisers Hadrian und auf dessen Veranlassung die Eigenthümlichkeiten der alt-ägyptischen Darstellungsweise als artistische Merkwürdigkeit wieder hervorrief. Dass übrigens die Scarabäen bis in der neueren Zeit gefertigt wurden, beweist das von einem Scarabäus abgeschnittene Stück Carneol (v. Tölken. II. Cl. I. Abth. Nr. 73), auf welchem Kadmus mit der Chlamys abgebildet ist, der so eben sein Schwert gegen einen Drachen erhebt, welcher unter einem Felsen hervorkommt. Zwischen den Füssen des Heros liegt die umgestürzte Schöpfkanne. Das Künstlerische ist hier vollkommen vollendet und ohne alle Spur der älteren Steifheit.

Die Steinschneidekunst unter den Persern.

Die Steinschneidekunst unter den Persern verdient schon desshalb Aufmerksamkeit, weil viele persische Steine in den Museen aufbewahrt werden. Die meisten, und darunter sehr merkwürdige besitzt das Antikenkabinet zu St. Petersburg. Auch das Antikenkabinet zu Wien besitzt mehrere Priesterköpfe und mystische Thiere, mit und ohne Flügel, welche aber so wie die meisten persischen geschnittenen Steine keine grosse Kunst verrathen. Die Perser scheinen auch die Unvollkommenheit ihrer Künstler eingesehen zu haben, und aus dieser Ursache mag es auch geschehen sein, dass Telephanus, ein Bildhauer aus Phocis in Griechenland, für die beiden persischen Könige, den Xerxes und den Darius arbeitete (Plin. 1. 34. c. 8. sect. 19. n. 9). Aus Unkenntniss des Styls der persischen Kunst, wurden einige Steine ohne Schrift für alte griechische Steine angesehen, und de Wilde hat auf einem die Fabel des Aristeas, und auf einem andern einen thrazischen König zu sehen vermeint (Gemme antiq. n. 66, 67).

Die vorzüglichsten persischen geschnittenen Steine im Berliner Museum sind folgende:

A. Chalcedon-Achat. Ein durchbohrtes Siegel, um an einer Schnur getragen zu werden. Ein persich-medischer Priester mit langem Bart und langer Kleidung, steht betend vor einem altarähnlichem Gehege, innerhalb dessen eine Gazelle zu ihm aufblickt, hinter ihr eine aufgerichtete Hellebarde mit sehr breitem Eisen. Oben das Zeichen des Ormuzd. B. Sehr dunkler Sarder. Ein Perser von ausdrucksvollen, kräftigen Zügen, auf einem Sessel mit untergebreitetem Gewande sitzend, auf dem Haupte trägt er die nicht umgebogene gerade Tiara, *κίδαρις* genannt, das Zeichen der königlichen Würde, um dieselbe ist eine Binde gelegt, welche nach schriftlichen Meldungen blau und weiss war (Curtius III., 3), nebst einer Perlenschnur, und an der Spitze der Kidaris befindet sich ein Edelstein, im Nacken wallt das lange gekräuselte Haupthaar. Er hält in der linken Hand Pfeil und Bogen, und der gedrungene Körperbau verräth ungemeine Stärke. Der Umstand, dass dieser König, mit Ausnahme eines unbedeutenden Gewandstückes, gegen die persische Sitte hier ganz unbekleidet erscheint, führt auf die Vermuthung, dass ein den Griechen und den griechischen Sitten sehr ergebener Fürst hier dargestellt ist, also vielleicht der jüngere Cyrus, Bruder des Artaxerxes Mnemon. Die Ausführung der Gemme ist jener Zeit würdig und von hoher Meisterschaft.

Spätere Werke, Parthisch etc.

A. Carneol. Ein Priester und ein Jüngling, letzterer unbekleidet, opfern nach magischer Sitte an einem hohen Feueraltar. B. Chalcedon. Durchbohrtes Siegel. Ein Jäger zu Ross mit einem Hunde wirft den Speer gegen einen Eber. C. Chalcedon. Desgleichen. Zwei miteinander spielende Stiere. D. Bergkrystall. Durchbohrtes Siegel. Ein Mann im Kampfe mit einem Löwen. E. Heliotrop. Ein unförmliches Thier (Elephant) mit dem Sonnenzeichen über ihm.

Steinschneidekunst unter den Phönizier.

Von der Kunst dieses Volkes ist ausser historischen Nachrichten und einzelnen allgemeinen Anzeigen, sehr wenig bekannt, wesshalb sich auch nichts Bestimmtes über die Zeichnung und Behandlung der Figuren sagen lässt, und man könnte die Phönizier in dieser Beziehung ganz übergehen, wenn sich von ihnen nicht auch einige geschnittene Steine erhalten hätten. Von diesen sind mir nur einige bekannt, die mit dem Namen der Vorstellung in phönizischer Schrift bezeichnet sind. Winckelman hat sie in seiner Beschreibung der geschnittenen Steine des Baron Stosch (4. Cl., I. Abth., Nr. 42 und 43) beschrieben, und um ihrer Seltenheit willen, seien sie hier angeführt. A. Glaspaste. Angeblicher Kopf Hamilkar's mit Buchstaben. Man hat ihm diese Benennung aus keinem anderen Grunde ertheilt, als weil man nur zwei Köpfe mit punischer Schrift gefunden hat, und weil der eine den Namen Hannibal trägt, so hat man sich eingebildet, dass dieser hier als der zweite den Hamilkar vorstelle, die berühmteste Person zu Carthago nach Hannibal. B. Glaspaste. Bärtiger Kopf, vorwärts behelmt und sehr schön gravirt. Zur Seite punische Buchstaben, wie dergleichen bei einem Kopf in Profil, den Fluvio Orsini für Hannibal nimmt. Ein ähnlicher Kopf auf einer Münze des Grafen Pembroke hat ungefähr die ähnliche Schrift. Es ist daher vielleicht das Bildniss des berühmten Hannibal, weil unsere Paste einem Steine im Museo Flerentino gleicht, wo man den Namen Hannibal eingegraben glaubt. Auch Caylus besass einen ähnlichen Stein.

Ich kann nicht umhin noch einige geschnittene phönizische Steine anzuführen, welche sich im königlichen Museum zu Berlin befinden. A. Undurchsichtiger weissgelblicher Quarz. Eine Barke trägt den Kanopus in Gestalt einer sitzenden Gottheit mit vier Widderköpfen, zwei Armen, die in jeder Hand einen sitzenden Kerkopithekos halten, mit scheinbaren Füssen, zierlichem Untersatz und vielfachem symbolischen Schmuck, nämlich vier Basilisken über den Widderköpfen u. s. w. Zu beiden Seiten dieses, den Ammon als Nilgott darstellenden Steines steht eine falkenköpfige Gestalt, mit Scepter und mystischem Tau, als Zeichen des Lebens, über jeder von diesen Gestalten ein Käfer die

Kugel wälzend; über dem Wassergefäss die Hieroglyphe des Mondes, als Viertel und Vollmond, und zu oberst die geflügelte Kugel in der Aehnlichkeit eines verwandten Zeichens, auf den Denkmälern zu Persepolis. Bis auf letzteres Alles ganz im ägyptischen Styl und eine pantheistisch überladene Darstellung Ammons als Welt- und Nilgott; allein eine Inschrift von vier phönizischen Buchstaben eignet das Werk den Phöniziern zu. B. Opaker Chalcedon. Zwei Zeilen phönizische Schrift, zwischen denselben eine Schleuder (m. vergl. die Münzen von Aspendus mit dem Schleuderer). C. Brauner antiker Glasfluss, dem ächten Sarder täuschend ähnlich. Kopf der phönizischen Astarte mit Kuhhörnern und Kuhohren, umgeben von drei Sternen. D. Brauner Sarder. Kopf der Astarte in derselben Art mit Kuhhörnern und Kuhohren, zur Rechten eine Keule, als Symbol ihres Sohnes des Herkules von Tyrus (Cic. de ND m. 16), auf der andern Seite ein Füllhorn. E. Smaragd-Plasma. Dieselbe Göttin, in der zu Carthago üblichen Darstellung, wo sie als Sternen- und Himmelsherrin, Astroarche, Urania, Diva Coelestis, verehrt wurde; bei den Römern die carthagische Juno genannt. Auf einem Löwen sitzend, der sie im vollen Lauf durch den Himmel trägt, was durch einen Stern unter demselben angedeutet wird, hält sie in der rechten Hand den Blitz, in der linken ein Scepter und führt auf dem Haupte die Mauerkrone. F. Achat-Onyx von drei Lagen. Dieselbe Darstellung, nur hält die Göttin in der Linken, statt des Scepters eine erhobene Fackel, von den Nüstern des Löwen gehen Strahlen aus, und der Stern unter demselben fehlt. Auf der Rückseite des Steines zwei punische Buchstaben. G. Rother Jaspis. Die Stadt Tyrus, völlig nach griechischer Art und höchst meisterhaft dargestellt, als weiblicher Kopf mit Mauerkrone und Schleier, vor ihm eine Purpurschnecke, das Symbol der Stadt Tyrus, hinter ihm ein Palmenzweig, das allgemeine Symbol Phöniziens.

Die Steinschneidekunst unter den Juden.

Von der Kunst der Juden, als den Nachbarn der Phönizier, weiss man noch weniger als von diesen, und da die phönizischen Künstler von den Israeliten, selbst in den blühendsten Zeiten zu den wichtigeren Arbeiten berufen wurden, so lässt sich wohl denken, dass es nicht nur keine eigentlich heimatliche Kunst bei ihnen gab, sondern dass man diese für das menschliche Leben als ganz unnöthig betrachtete. Da übrigens dem Bildhauer durch das mosaische Gesetz strenge verboten war die Gottheit in menschlicher Gestalt darzustellen, so war auch jede Möglichkeit zur Entwicklung vollkommen abgeschnitten, wenn auch die Talente da gewesen wären. Dass die Juden indessen gewisse technische Fertigkeit besassen, geht schon daraus hervor, dass Nebucadnezar unter Andern auch tausend Männer aus Jerusalem fortführte, welche sich mit eingelegten Arbeiten beschäftigt hatten (Buch d. K. II. 24. C. 16. V.), eine Zahl, die sich kaum in den heutigen Grossstädten finden dürfte. Das hebräische Wort, welches jene Künstler bedeutet, ist indessen fast immer nicht verstanden, und von den Auslegern sowohl als in den Wörterbüchern meist ungereimt übersetzt und erklärt, und wohl auch gar übergangen worden. Die ältesten Beweise der Steinschneidekunst bei den Israeliten führen uns bis zu Moses hinauf, nach dessen Zeugnisse der hohe Priester die Namen der Stämme Israels in zwölf Steinen eingeschnitten auf der Brust trug; diese Steine stellten zwei Schilde vor, welche Urim und Thummim*) hiessen. Moses hatte, wie vieles andere in Aegypten Vorgefundene, auch die ägyptische Steinschneidekunst benützt, um den hohen Priester damit zu schmücken. Da den Israeliten wegen ihrer Religion, wie schon oben bemerkt, verboten war, menschliche Figuren darzustellen, so findet man von ihnen gewöhnlich nichts anderes, als Talismane in Stein geschnitten, welche als Amulete getragen wurden, und ich führe der Seltenheit wegen ein jüdisch ägyptisches Denkmal an, welches sich im k. Cabinet zu Berlin befindet und eine eigenthümliche Vorstellung zeigt (vgl. Tölken's Cat. I. Cl. Nr. 196. S. 46). — Grüne antike Paste. Zwei Einhörner schauen mit zurückgewandtem Kopf nach einem siebenarmigen Leuchter empor, einem der eigenthümlichsten heiligen Geräthe des jüdischen Tempeldienstes, welcher Leuchter zwischen ihnen von einem grossen herzförmigen Wasserkruge (einer gewöhnlichen ägyptischen Hieroglyphe) getragen wird; im Felde unkenntliche Schriftzeichen.

---

*) Bellermann. Urim und Thummim. Berlin 1824.

Ueber die Steinschneidekunst der Etrusker.

Nach den Aegyptern waren die Etrusker das älteste Volk, welches die Kunst, in edle Steine zu schneiden, übte, wesshalb dieser artistische Zweig bei ihnen noch früher, als bei den alten Griechen zu blühen anfing. Da die etruskischen Steine zu den seltensten gehören, so muss daher die Kunst dieses Volkes, auch in Absicht ihres Alterthumes, einer besonderen Aufmerksamkeit gewidmet werden, indem uns ihre ältesten Arbeiten zugleich einen Begriff von den ältesten griechischen Werken geben können, die jenen ähnlich waren und leider nicht mehr vorhanden sind. In vielen Museen finden sich kleine Figuren von Erz, an welchen man die ersten Anfänge ihrer Kunst erkennt. — Diese Figuren waren den ägyptischen sehr ähnlich. Auch hatten die Etrusker, so wie die ältesten griechischen Künstler die Gewohnheit, die Inschrift auf die Figur selbst zu setzen. Mit der Zeit lehrte die zunehmende Wissenschaft die etruskischen Künstler von den ersten steifen und unbeweglichen Gestalten abzugehen, und in ihren Figuren verschiedene Handlungen auszudrücken. Da aber in der Kunst vor der Schönheit ein bestimmtes Wissen vorausgeht, das auf richtige und strenge Regeln gebaut, mit Genauigkeit und Nachdruck gelehrt werden muss, so wurde die Zeichnung des etruskischen Styls zwar regelmässig, aber eckig und hart und oft etwas übertrieben. Es scheint aber, dass die Kunst bei den Etruskern später durch die Griechen verbessert wurde, und diess ist theils aus den griechischen Einwanderungen, theils noch mehr aus der griechischen Fabel und Geschichte zu schliessen, welche von den etruskischen Künstlern auf den meisten ihrer Werke dargestellt worden sind. Zu ihren Arbeiten nahmen sie meistens den Carneol, Chalcedon, Chalcedon-Achat, Sardonyx und braunen Sarder. Die Etrusker schnitten auch um die Figur gewöhnlich einen gekörnten Rand, dem man wohl den Namen der etruskischen Einfassung beizulegen pflegt. Für sich allein ist derselbe indess über den Ursprung eines Kunstwerkes nicht entscheidend, indem dieser Rand auch an unläugbar etruskischen Gemmen fehlt, an welchen selbst die Schrift etruskisch ist. Eben so finden sich auch geschnittene Steine von offenbar späterer Kunst, denen die obgenannte Einfassung bloss als Zierath beigefügt ist. Unter den geschnittenen Steinen sind hier theils die ältesten, theils die schönsten gewählt; diese Steine sind so wie die meisten etruskischen, Scarabäen, das ist auf der erhobenen und gewölbten Seite ist ein Käfer gearbeitet, sie sind der Länge nach durchbohrt und wurden wahrscheinlich als Amulet am Halse getragen, oder sind beweglich in einen Ring gefasst worden, welches aus einem goldenen Stifte zu sehen war, der in der Höhlung eines solchen Steines im Museo Piombino steckte. Der bemerkenswertheste Stein ist ein Carneol, in Scarabäusform, früher in der Baron Stosch'schen Gemmensammlung*), jetzt aber im k. Museum in Berlin. Das älteste Denkmal der Kunst und folglich einer der seltensten Schätze, die man aufweisen kann, welcher daher verdiente, an die Spitze aller geschnittenen Steine gestellt zu werden. Er stellt fünf von jenen sieben Helden von Theben vor, nämlich: Tydeus, Polynices, Amphiaurus, Adrastus und Parthenopäus**). Diese fünf Helden stehen hier und berathschlagen sich mit einander. Die ersten drei Namen sind von der Rechten nach der Linken, die beiden übrigen aber von der Linken zur Rechten mit hetrurischen Buchstaben eingeschnitten. Die Geschichte dieses Feldzuges des Adrastus, Königs von Argos und seiner Bundesgenossen gegen den Eteokles, König von Theben ist bekannt. Ich brauche daher nichts weiter darüber zu sagen, besonders da wir eine ganze Abhandlung über diesen geschnittenen Stein haben, worin der Verfasser alle Stellen aus den alten Schriftstellern sammelte, die darauf Bezug haben***).

Tydeus.

Wie der vorige Stein alle übrigen in Rücksicht auf das Alterthum übertrifft, so geht dieser hier angeführte allen etruskischen geschnittenen Arbeiten in Ansehung der Vortrefflichkeit der Kunst vor und kann gewiss den ersten Platz behaupten, indem man auf demselben Wissen und Geschicklichkeit in der Ausführung

---

*) Winckelmann. Beschreibung der geschnittenen Steine, 3. Cl., 2. Abthlg., Nr. 172. G. d. K., 3. Bd., 2. Cl., §. 18, Note.

**) Procl. in Hesiod. opera. A. p. 46.

***) Antonioli antica gemma etrusca spiegata con due dissertazioni. Pisa 1757. 4.

vereinigt findet, so zwar, dass Winkelmann sagt, dass er noch keinen geschnittenen etruskischen Stein gefunden habe, der mit diesem verglichen werden könnte. Er zeigt den Tydeus, einen der sieben Helden von Theben, der von den fünfzig versteckten Kriegern des Eteokles überfallen wurde, sich aber trotz einer Wunde so tapfer vertheidigte, dass er die fünfzig bis auf einen einzigen erlegte, der die Nachricht davon nach Theben brachte. In den Stein sind die etruskischen Buchstaben TVTE geschnitten*).

Theseus,

wie der darauf befindliche Name *ΘΕΣΕ*, dessen Endung etruskisch ist, anzeigt. Seine nachdenkende Stellung und betrübte Miene scheinen die Gefangenschaft anzudeuten, in welcher er von Aïdoneus, Könige von Epirus, gehalten wurde, nachdem ihm der mit seinem Freunde Pirithous verabredete Plan die Proserpina, des gedachten Königs Gemalin, zu entführen, misslungen war. Der Besitzer dieses Scarabaeus in Carneol war einst Freiherr von Riedesel. Von etruskischen Steinschneidern ist ausser Mnesarchus**), dem Vater des Philosophen Pythagoras, der um die 165. Olymp. geblüht haben soll, keiner mit Namen bekannt.

Apollo und **Bacchus.** Ausserordentlich schöne Arbeit. **Intaglio** Schwarzer **Onyx.** In meiner Sammlung, siehe die Folge.

Ueber die Steinschneidekunst bei den Griechen.

Die Griechen haben die Steinschneidekunst von den Aegyptern und Etruskern erlernt. Schon 500 Jahre vor Christo schnitt Theodorus für Polykrates, Tyrann der Insel Samos, eine Leier in einen Smaragd (Clem. Alex. paedog. l. 3. c. 11 p. 289). Dieser Theodorus ist der einzige Steinschneider, welcher vor Alexanders Zeit mit Namen bekannt ist, und selbst bei diesem ist es (nach Lessing) sehr zweifelhaft, ob die Leier wirklich in einen Stein geschnitten oder ob ein Ring gegossen wurde, auf welchem eine Leier vorgestellt war, mit welchem Ring Polykrates zu siegeln pflegte,

---

*) Winckelmann, G. d. K. 3. B. 2. Cl §. 19 Note.
**) V. Sillig. Cat. art.

weil Theodorus nur als Erzgiesser bekannt ist. Was die Kunst unter den Griechen anbelangt, so wurden ihre Werke vollkommener, je mehr sie sich der Zeit Alexanders nahten, und unter diesen war, wie Plinius berichtet, Pyrgoteles der berühmteste aller Steinschneider. Unter Pyrgoteles erreichte also die griechische Daktyliographie den höchsten Grad von Vollkommenheit und hielt sich bis zum 2. Jahrhundert auf ziemlich gleicher Höhe. Als die Griechen in Europa, in Asien und Afrika nach und nach den Römern erlagen, hörten auch ihre Kunsterzeugnisse auf; viele ihrer geschicktesten Leute wurden den Römern dienstbar, auf die griechische Kunst wurde die römische gepflanzt, und diese erhielt ihre höchste Ausbildung um Christi Geburt unter Augustus und unter diesem Kaiser war Dioskurides der berühmteste Steinschneider. Diese Epoche dauerte bis Hadrian fort. Von Hadrians Tagen an beginnt aber ein unaufhaltsames Sinken in der Kunst bis zu den Zeiten Constantins und es machen sich nur sehr wenige Ausnahmen bemerkbar. Von Pyrgoteles, welchen man in Ansehung seiner Kunst einen Nebenbuhler des Lysippus nennen kann, weil er ebenfalls das besondere Vorrecht hatte, Bildnisse Alexanders des Grossen in Stein zu schneiden*), sowie Lysippus ihn in Erz giessen und Apelles ihn malen durfte. Mit dem Namen Pyrgoteles bezeichnete geschnittene Steine sind zwei bekannt**). Dieser Name ist aber auf dem einen verdächtig und auf dem anderen ist der Betrug eines neuen Steinschneiders in Ansehung eines solchen berühmten Mannes gar nicht zweideutig. — Der erste Stein ist ein kleines Brustbild in Achat-Onyx, und nur etwas grösser als die Hälfte des Kupferstiches, welchen Stosch darnach fertigen liess. Dieses Brustbild gehörte zu Winckelmann's Zeiten dem Grafen Schönborn in Wien. In der Betrachtung aber, welche Winckelmann über eine Form desselben von Wachs aus dem Stosch'schen Museum machte, sind ihm Zweifel entstanden, und zwar der erste über den Namen selbst, welcher im Nominativ eingeschnitten steht, ganz gegen den Gebrauch der alten Steinschneider, welche ihre Namen im Genitiv auf ihre Arbeit setzten. Der zweite Zweifel

*) Plin. I. 37. C. 1. sect. 4. 1. 7 c. 37. sect. 38. Horat. epist. II. 1. 240.
**) Stosch, pierres gravées. pl. 55. 56

ist Winckelmann erwachsen über das Bildniss selbst, welches einem Herkules, aber keinem Alexander ähnlich ist, und diess ist offenbar nicht allein aus den Backenhaaren zu ersehen, die von den Schläfen heruntergehen und einen Theil der Wangen berühren, was sich auf keinem Bildniss Alexanders findet; sondern auch aus den Haaren über der Stirne, welche kurz und kraus, nach Art der Haare des Herkules gebildet sind, während die an dem Kopfe Alexanders sich mit einer nachlässigen Grossheit von der Stirne erheben, nach Art der oberen Haare Jupiters, wie man an einem Kopfe Alexanders im Museo Capitolino, und auf allen andern Bildnissen dieses Herrschers gewahren kann, und dadurch wächst auch der Verdacht gegen das Alter des Namens auf diesem Stein, wesshalb man sagen könnte, er sei von Jemand geschnitten, welcher den Kopf des Herkules in jenen des Alexanders verändern wollte, um den Werth des Brustbildes durch den Namen eines so berühmten Steinschneiders und dessen Vorrecht zur Verfertigung der Bildnisse dieses Königs zu erhöhen. — Der zweite Stein ist erhoben geschnitten und auch von Stosch bekannt gemacht. Man sieht auf demselben das Bildniss eines betagten Mannes, aber ohne Bart mit dem Namen *ΦΩΚΙΩΝΟC.* Auf der einen Seite, und auf dem unteren Rande der Brust liest man *ΠΥΡΓΟΤΕΛΗΣ ΕΠΟΙΕΙ.* Hier wird der Betrug offenbar durch die verschiedene Form der Buchstaben in der einen und der andern Unterschrift, weil in der einen das Sigma rund ist (*C*) und in der anderen das gewöhnliche *Σ* vorkommt. Ueberdiess ist das Epsilon rund gezogen ϵ, in welcher Form dieser Buchstabe zu Alexander des Grossen Zeiten noch nicht bekannt war, und endlich ist der Name des Künstlers im Nominativ und zwar mit dem Zusatze *ΕΠΟΙΕΙ* zu finden, was seltener vorkommt, als der Name im Genitiv. Man könnte hier das Bruchstück eines tief geschnittenen Steines im Museum des Ritters Vettori zu Rom entgegensetzen, wo bei den mit Rüstung bewaffneten Beinen einer verstümmelten Figur die Umschrift steht: ..... *ΙΝΤΟCΑΛΕΞΑ* .... d. i. Quintus, Alexanders Sohn, hat es gemacht. Aber dieses Beispiel, welches einzig ist, kann, selbst wenn noch so viele Beispiele dieser Art auf geschnittenen Steinen gefunden würden, die Behauptung nicht schwächen, da diese nicht auf die Arbeiten späterer Zeiten, wo die Künstler, je schlechter sie waren, desto mehr durch eine solche Verlängerung ihres Namens ein Ansehen suchten, sondern vielmehr auf die geschnittenen Steine jener Künstler geht, welche schon in alten Zeiten berühmt waren und es bis zu unseren Tagen geblieben sind. Der Kopf stellt übrigens nicht den berühmten Athenienser Phocion vor, dessen Namen er trägt; dieser Name muss vielmehr den Steinschneider anzeigen, denn so wie die Namen der Gottheiten insgemein nicht unter ihre Bildnisse gesetzt wurden, weil sie alle bekannt waren, eben so war es wenigstens bei den geschnittenen Steinen nicht gewöhnlich, die Köpfe berühmter Personen mit ihren Namen zu bezeichnen. — Ferner weiss man, dass ähnliche Betrügereien schon in den alten Zeiten begangen wurden. Einige liessen, um den Werth irgend einer Statue zu erhöhen, den Namen des Praxiteles einhauen, so wie es erhobene Werke in Silber gab mit dem falschen Namen des berühmten Myron. Fälschungen dieser Art waren auch in der Literatur üblich, und als die Ptolemäer und die Könige von Pergamus in Vergrösserung ihrer Bibliotheken wetteiferten, erschienen unterschobene Schriften aller Art unter dem falschen Namen berühmter Autoren.

Kennzeichen der griechischen Steine.

1. Echt griechische Gemmen kommen jetzt höchst selten mehr vor, ausser in Museen, wo selbe oft schon vor Jahrhunderten gesammelt wurden. 2. Schnitten die Griechen nicht in jeden Stein, sondern nur in jene Seite 6 angeführten. 3. Sind historische Darstellungen seltener als mythologische. 4. Machten die Griechen nie Fehler gegen das Costüme und andere kleinere Schicklichkeiten. 5. Sind bei ihnen nie viele Figuren in einem geschnittenen Stein, höchstens drei, selten mehr. 6. Polirten sie ihre Steine bis in die kleinsten Theile und dann unterarbeiteten sie bei ihren Cameen niemals die Köpfe und Figuren, wodurch das sogenannte Sotto squadro entsteht, wenn nämlich die Contour der Darstellung unterschnitten ist*).

---

*) Die vorzüglichsten griechischen Gemmen von den berühmtesten Kabineten Europa's sind weiter rückwärts verzeichnet.

Römische Steinschneidekunst.

Nach der Abhandlung der griechischen Steinschneider wäre hier der Styl der römischen Kunst zu untersuchen. — Die römischen Künstler sind wohl nur als Nachahmer der Griechen anzusehen, und haben daher keine besondere Schule und keinen eigenen Styl bilden können. — Das Vorurtheil von einem den römischen Künstlern eigenen, und von dem griechischen verschiedenen Styl, ist aus zwei Ursachen entstanden: die eine ist die unrichtige Erklärung so vieler geschnittener Steine, da man in denen, die aus der griechischen Fabel genommen sind, römische Geschichte, und folglich einen römischen Künstler finden wollte, und daraus ist leicht erklärlich, dass ein unwissender Schriftsteller *) bei der Erklärung eines tiefgeschnittenen Steines, aus dem Baron Stosch'schen Museum, welcher die Polyxena (Tochter des Priamus) vorstellt, die von Pyrrhus auf dem Grabe seines Vaters Achilles geopfert wird, gar keine Schwierigkeit fand, die Entehrung der Lucrezia darin zu sehen. — Ein Beweis für seine Erklärung soll der römische Styl der Arbeit dieses Steines sein, aber in was dieser Styl eigentlich bestehen soll, ist nicht angegeben worden. Die zweite Ursache liegt in einer unzeitigen Ehrfurcht gegen die Werke griechischer Künstler, denn da sich auch viele mittelmässige Arbeiten von ihnen gefunden haben, so glaubt jeder, es scheine billiger den Römern, als den Griechen einen Tadel anzuhängen. Man begreift, dass daher alles was schlecht scheint, unter die Reihe römischer Arbeiten gebracht wird, wenngleich man nicht im Stande ist, das geringste Kennzeichen davon angeben zu können. Gewiss ist indessen, dass auch zu der Zeit, da die römischen Künstler griechische Werke sehen und nachahmen konnten, sie diese dennoch niemals erreichten. Dass die Römer keinen eigenthümlichen Styl gehabt haben, kann man auch aus der geringen Anzahl römischer Künstler schliessen. Plinius (I. 35. c. 4. sect. 7); der grösste Eiferer für Rom nennt nur sehr wenige römische Künstler, und diese stammen meistentheils aus den Zeiten der

*) Scarfo lettera nella quale vengono espressi etc. p. 61.

Kaiser. Die den Römern angeborne Strenge des Charakters, verbunden mit ihrer steten militärischen Beschäftigung, verschloss ihnen den Sinn für die schönen Künste, und machte es ihnen unmöglich, in diesem Gebiete eigenthümlich und ausgezeichnet zu werden. Die Künste waren fast zu allen Zeiten bei den Römern verachtet. (Cic. Tuscul. I. 1, c. 2, in Verr. act. 2, I. 4, c. 59, Valer. Max. I. 8, c. 14.) Die Hauptursache, warum sich die römischen Künstler nicht zu einer höheren Stufe unter ihren Königen empor schwingen konnten, lag auch schon in ihren Gesetzen. Plutarchus (In Numa p. 65 [c. 8]) berichtet, dass nach dem Gesetze des Numa die Gottheit nicht in menschlicher Gestalt abgebildet werden durfte, so dass in den ersten 170 Jahren nach der Erbauung Roms, wie Varro berichtet, weder Statuen noch Bilder der Götter in den Tempeln zu Rom gewesen sind. (Ap. 5, August de Civ. Dei 1. 4, c. 30.) Auch arbeiteten in Rom, in der ältesten Zeit viele etruskische Künstler. Erst durch die Prachtliebe des Pompejus und des Kaisers Augustus veranlasst, entstanden grosse Kunstwerkstätten griechischer Künstler, die meistentheils als Kriegsgefangene oder Sclaven nach Rom gebracht wurden. Erst nach dem zweiten punischen Kriege machten die Römer Bekanntschaften und Bündnisse mit den Griechen, und erhielten dadurch einen Anklang von ihrer Kunst. Die ersten griechischen Werke brachte Claudius Marcellus nach der Eroberung von Syrakus nach Rom, und liess das Capitol und den Tempel an der Porta Capena, mit diesen Statuen und Kunstwerken auszieren. (Plutarch in Marcello p. 310.) Dass aber die römischen Könige auch besonders beitrugen, dass die Kunst nicht aufblühen konnte, ist auch an Heliogabalus zu ersehen, der die Kunst seinen ausschweifenden Lüsten dienstbar gemacht zu haben scheint; denn er besass silberne Gefässe, worauf die wollüstigsten Figuren und Gegenstände erhoben gearbeitet waren. (Lamprid. in Heliogab. c. 19.) Er entwürdigte ferner die Kunst dadurch, dass er Gemmen, die von den berühmtesten Künstlern geschnitten waren, auf den Schuhen trug. Erst nach Septimus Severus zeigte sich der Verfall der Kunst, und in dieser Zeit setzte der Künstler den Namen dessen auf sein Werk, der es bestellte. Ueber die römischen Steine ist noch besonders zu bemerken, dass die in dieselben geschnittenen Figuren ganz im römischen Costüm abgebildet sind, nämlich mit der Tunika, oder gewöhnlich mit der langen und sehr weiten Toga, deren Falten nichts vom Körper durchscheinen liessen. Zwar hat man geschnittene Steine römischen Geschmackes, die ganz gut gearbeitet sind, so z. B. der Neptun (in einem Beryll), welchen Baron Stosch in seinen Gemmis antiquis caelatis auf der 57 Tafel anführte. Dieser Stein wurde von einem Römer Namens Quintilius geschnitten und von Stosch wegen seiner guten Zeichnung gerühmt, allein wir kennen doch keinen alt-römischen Steinschneider, der — ich will nicht sagen den besten griechischen Steinschneidern, sondern nur einem Pichler, Girometti, Cerbara, Marchant, Burch und Natter gleichzustellen wäre *).

Steinschneidekunst der Byzantiner.

Seit Constantin der Grosse das alte Byzanz, welches später nach ihm benannt wurde, zur Residenz des oströmischen Reiches machte, und mit allen Schätzen griechischer und römischer Kunst ausschmückte, begann eine neue Periode in der Geschichte derselben, denn von dieser Zeit an trat die Kunst in den Dienst des zur Staatsreligion gewordenen Christenthums. Was von Werken alter heidnischer Kunst als Schmuck christlicher Städte und Tempel angewendet werden konnte, das musste nun dem unsichtbaren Gotte dienen, und die verfallene Kunst fing unter Einfluss des Christenthums nach und nach an, neue Sprossen zu treiben. Zu dieser Zeit hatten schon Pracht- und Glanzsucht den einfachen Geschmack in der Kunst verdrängt, asiatischer Luxus wurde nun herrschend, welcher mehr Gewicht auf Stoff und Schmuck, als auf die reine Kunstform legte. Von Justinian an verloren die Kunstwerke jede Proportion und die Schönheit der Umrisse so sehr, dass die Bilder den Larven, Gespenstern und Missgestalten immer ähnlicher wurden. Selten fand man noch die alten römischen Physiognomien heraus; die Gestalten, welche die Künstler darstellten, schienen einem ganz anderen Menschengeschlechte,

*) Die vorzüglichsten römischen Gemmen sind weiter rückwärts verzeichnet.

einem neuen Volke anzugehören, und wohl that es Noth, zuweilen die Namen beizufügen, da man sonst nicht gewusst hätte, was man vor sich habe. In der perspectivischen Anwendung der Figuren beobachtete man kein Gesetz, und auch das Architektonische verschlimmerte sich wenigstens seit dem VI. Jahrhundert sehr. Um so besorgter war die Prachtliebe dieser Zeit, die kostbaren Gewänder der Kaiser, Bischöfe und anderer einflussreichen Personen nachzubilden, und zwar liebte man nicht bloss purpurne Gewänder, sondern es kam auch der unmässige Gebrauch von Perlen und Edelsteinen auf, die in langen Ohrgehängen und auf Arm- und Halsbändern getragen wurden; oft war das ganze Gewand mit Edelsteinen besetzt, und um den Saum lief eine doppelte Reihe von Perlen. Solche Kleider pflegten die Kaiser mehrere an einem Tage zu wechseln. Die Bildnerei zeigte sich immer mehr als verzierendes Beiwerk an Altären, Tabernakeln, heiligen Gefässen und Urnen, die man aus kostbarem Marmor verfertigte. Am längsten erhielt sich noch die Steinschneidekunst, die eine von der Antike abweichende bildliche Darstellung des Heilandes, der Mutter Jesu und seiner Apostel annahm; denn die Künstler welche hier nichts Gegebenes vor sich hatten, sondern aus ihrer Fantasie schaffen sollten, was der äusseren Erscheinung geheiligter Personen würdig wäre, konnten mit ihrer rohen ungeübten Kunst nur andeuten, nicht kunstgemäss ausführen. Nach langem Umherirren schloss man sich in der Darstellung Jesu und seiner Apostel näher an die jüdische Nationalbildung an; in Haltung und Gestalt, ja zuweilen auch in den Mienen hielt man sich an das Aeussere einzelner Bischöfe. Man bildete daher die Apostel mit aufgehobenen, segnenden Händen, oder die Hand an der Brust, oder mit einem Buch in der Hand, und man bemerkt an ihnen den wohlthätigen Einfluss einer religiös gestimmten Fantasie, so dass sich aus diesen unvollkommenen Anfängen wohl ein reiner und erhabener Kunststyl hätte entwickeln können, wenn die Künstler in wissenschaftlicher und technischer Hinsicht fortgeschritten wären. Da man sich indessen um Naturwahrheit und Ausführung wenig kümmerte, sondern sich begnügte, das einmal Gelungene zu widerholen, so lässt sich erklären, warum man bald gewisse durch irgend eines Künstlers Autorität aufgestellte und von dem Geschmacke der Zeit gebilligte Formen, ohne Rücksicht auf Wahrheit und Schönheit, gleichsam durch Uebereinkunft, zur allgemeinen Regel der Körperbildung erhob und sie auf spätere Zeiten fortpflanzte. So dauerte die Kunst fort, insofern sie in der Geschicklichkeit der Hände, der Anwendung der Werkzeuge und allgemeinen Vorschriften besteht; aber Geschmack und Sinn für das Schöne, Wahre und Edle war verschwunden. Im Allgemeinen sieht man überall dieselben dünnen, verdrehten und kleinlichen Formen sklavisch nachgeahmt, dagegen um so grösseren Fleiss auf kostbare, oft geschmacklos angebrachte Verzierungen verwendet und ein Streben nach dem Abenteuerlichen. Der Einfluss alter Kunstwerke wurde immer geringer, so wie der Mangel derselben durch feindliche Zerstörungen, abergläubige Vernichtungswuth, Habsucht und Naturgewalt immer grösser wurde. Die meisten Werke der ältern Zeit, welche noch übrig waren, gingen durch die Eroberungen Constantinopels während der Kreuzzüge (1204 und 1261) zu Grunde; und so war diese Stadt seiner schönsten Zierden längst beraubt, als sie 1453 von den Türken eingenommen wurde.

Interessante byzantinische Gemmen.

(Im k. k. Antiken-Kabinet zu Wien*).

A. „*OΔ ΓΕΩΡΓΙΟC.*“ Geharnischtes Brustbild des heiligen Georg, in der rechten Hand ein Schwert, in der linken einen Schild haltend. Es erinnert einigermassen an das Triptichum in der Sammlung Benedikt's XIV. **). Arbeit des zwölften Jahrhunderts. Heliotrop. 1″ 5‴ hoch, 11¾‴ breit. B. Ein König, etwa Salomon (?), mit der linken Hand den Scepter haltend, auf dem Throne sitzend, wendet sich gegen die Königin von Saba, die im Begriffe ist niederzuknieen, links vom Throne ein Page mit einem Falken auf der Hand. Sehr schöner, im vierzehnten Jahrhundert gearbeiteter Onyx von drei Lagen: braun, bräunlich, braun, 10‴ hoch, 10‴ breit. Das $\frac{\text{MЄ}}{\text{TA}}$ kann vielleicht der Künstler

*) Vide Arneth. Cinquecent. etc.
**) Paciaudi Antiquitates Christ. p. 230.

gesetzt haben, in Erinnerung des Anfangs des XXI. Capitels Johannes: „Μετὰ ταῦτα ἐφανέρωσεν." Onyx, 10''' hoch, 7''' breit, „CΘ ΓΕΩΡΓΙΟΣ." Das Brustbild des heiligen Georg, in der rechten Hand eine Lanze, mit der linken Hand ein Schwert haltend, innerhalb einer Nische, deren Säulenkapitäle Löwenköpfe schmücken. Die Büste erinnert sehr an die gleichen Büsten des heiligen Georg mit gleicher Schrift auf den Münzen Alexius Comnenus I. vom Jahre 1088 bis 1118, so wie der Bogen an das Marmorrelief in der Basilika des heiligen Markus zu Venedig *). Camee in Speckstein, 1'' 6½''' hoch, 1'' 3''' breit.

*) Paciandi Antiquit. Chr. p. I.

Alphabetisches Verzeichniss der antiken Edelsteinschneider.

Es folgen hier alle bekannt gewordenen Namen von antiken Daktyliographen, gleichviel ob wirklich Arbeiten von ihrer Hand in Sammlungen anzutreffen sind, oder ob sie nur von älteren Schriftstellern genannt werden.

Achiophilos.
Admon.
Aelius.
Aepollianus.
Aetion.
Agathangelos.
Agathemeros.
Agathopus.
Alexa.
Albios.
Alexander.
Allion.
Alpheos.
Ammonios.
Amphoteros.
Anteros.
Antias.
Antiochos.
Apelles.
Apollodotos.
Apollonides.
Apollonios.
Archionos.
Areton.
Ariston.
Aristoteichos.
Aspasios.
Athenion.
Aulos.
Axiochos.
Bathyllos.
Boëtos.
Caikas.
Carpus.
Chaeremo.
Chryses.
Coinus.
Cronius.
Dalion.
Dassus.
Decimii, Brüder.
Deogenes.
Deyton.
Diokles.
Dioskurides.
Diphilos.
Domes.
Dometius.
Ellen.
Emon.
Enelpistos.
Epicuros.
Epitonos.
Epitynchanos.
Eumeros.
Euodos.
Euplos.
Euthus.
Eutyches.
Favra.
Felix.
Gamos.
Gaios (Gaeus)
Gauranus.
Gelios.
Glykon.
Gnaios (Cnejus).
Heios.
Herofilos.
Horos.
Hydeus.
Hydros.
Hyllos.
Jamazas.
Kleo.
Kleonas.
Kointos.
Krateros.
Leukos.
Lukios.
Lysandros.
Maxalas.
Midias.
Mithritates.

Mnesarchos.
Musicus.
Mykon.
Myron.
Myrton.
Neisos.
Nero.
Nestor.
Nicandros.
Nicephoros.
Nisonas.
Onesas.
Orus.
Pamphilos.
Panaeus.
Pazalias.
Pergamos.
Pharnakes.
Philemon.
Phocas.
Phocion.
Phrygylos.
Polykletcs.
Polykrates.
Polytimos.
Potiolus.
Potitus.
Protarchus.
Pygmon.
Pylades.
Pyrgoteles.
Quintillus.
Rufus.
Satyreios.
Sarturninus.
Scopas.
Seleucus.
Skaios.
Skylax.
Sokrates.
Solon.
Sosios.
Sosokles.
Sostratos.
Teukros.
Tamyros.
Theodoros.
Tryphon.
Vibius.
Zosimus.

Antike Daktiliographen und ihre Arbeiten *).

Achiophilos. Von ihm ist ein Amor bekannt, der in seiner Rechten eine Fackel und in der Linken Bogen und Pfeil hält.

Admon. A. Herkules, mit der Keule in der Hand, betrachtet lächelnd eine Trinkschale (Lippert. I. Nr. 608). Der Schnitt scheint nicht ganz echt, denn obwohl die Technik ziemlich den Anstrich des Antiken hat, so findet sich doch ein sehr bedeutender Proportionsfehler, der bei den Griechen nie vorkommt, es sind nämlich die Füsse der Figur für den kräftigen Oberleib und die breite Brust zu kurz. Bei allen antiken Figuren ist, genauen Messungen zufolge, der Obertheil mindestens um $^1/_{100}$ kürzer als die Füsse, da nur dadurch schlanke Gestalten hervorgebracht werden können. Der Stein ist mit *ΑΔΜΩΝ* bezeichnet, die Buchstaben sind aber viel zu gross, um auf Echtheit hinzudeuten, da die antiken Steinschneider ihre Namen sehr klein zu graviren pflegten. B. Der sinnende Herkules, der Heros stützt sich mit der Rechten auf ein kurzes Schwert, bei seinem linken Fuss ruht die Keule, rückwärts sieht man den kretischen Stier. Die Arbeit ist weit besser als an dem vorigen Stein, aber auch hier ist der Name *ΑΔΜΩΝ* zu gross geschnitten; wo das Original sich befindet, ist mir nicht bekannt, aber eine Glaspaste ist in meiner Sammlung.

Aepolianus. Kopf des Marc-Aurel mit dem Namen des Künstlers AEPOLIANI. Besitzer dieses Steines war der Herzog von Devonshire **).

Stosch pl. 2.

Aëtion. In der Sammlung des Herzogs von Devonshire befindet sich der meisterhaft gearbeitete Kopf des Priamus mit dem Namen des Künstlers *ΑΕΤΙΩΝΟC*.

---

*) In alphabetischer Ordnung. Die mit * bezeichneten Künstler gehören zu den Vorzüglichen.

**) Aepolianus lebte unter Marc-Aurel.

Agathantelos. Im Museum zu Berlin befindet sich der Kopf des Sextus Pompejus in indischem Carneol geschnitten, mit dem Namen *ΑΓΑΘΑΝΓЄΛΟΥ*. Es erwarb das k. Museum denselben aus dem Nachlasse Philipp Hackerts. Dieses Bildniss ist sehr naturgetreu und charakteristisch. Der Stein wurde nach Hackerts Angabe im Jahre 1726 in dem an der Via Appia, vor der Porta di S. Sebastiano entdecktem Columbarium der Freigelassenen und Sklaven des Haushaltes der Livia Augusta gefunden, wo sich der marmorne Grabstein mit der Inschrift: AGATHANGElus SIBI et IVLIAE GLCerae, befand *).

Agathemeros. Kopf des Sokrates in Carneol, mit dem Namen des Künstlers: *ΑΓΑΘΗΜΕΡΟϹ*. Besitzer dieses Steines ist der Herzog von Devonshire.

Stosch pl. 4.

Agathopus. Kopf des Cnejus Pompejus mit dem Namen des Künstlers: *ΑΓΑΘΟΠΟΥϹ ΕΠΟΙΕΙ*. Die Physiognomie des Bildnisses ist keineswegs eine gefällige, und wenn der Schnitt wirklich ein griechischer ist, so litt er bei der Darstellung dieses nichts weniger als classischen Antlitzes.

Alexa (?). Baron Stosch besass einen Carneol mit dem dionysischen Stier, in welchen der Name des Künstlers *ΑΛΕΞΑ* geschitten war.

(Agathopus und Alexa lebten unter Augustus.)

Alexander (?). Cupido, welcher einen Löwen bezwingt, nebst zwei Nymphen sehr schön dargestellt. Mit dem Namen des Künstlers: *ΑΛΕΞΑΝΔΡΟΣ*.

Stosch. Gemmae tab. 6.

***Allion.** Terpsichore, an einer Säule stehend und ihre Leier stimmend, mit dem Namen des Künstlers: *ΑΛΛΙΩΝΟϹ*. Dieser Stein ist im Museum zu Florenz **). Eine äusserst zierliche Gestalt im reinsten griechischen Styl. In eben diesem Museum befindet sich ein in Carneol geschnittener, jugendlicher, mit Lorbeern bekränzter Herkuleskopf, der den Namen Allion trägt ***).

*) Gorii monumentum sive columbarium libertorum et servorum Liviae Augustae et Caesarum Romae detectum in via Appia MDCCXXVI. florentinae 1727. Pag. 173. Nr. 161.

**) Stosch pierr. gravées. pl. 7. Mus. Florent. t. 2. tab. 7. Lippert Th. I Nr. 755.

***) Stosch, pl. 8.

Alpheos, lebte zu Caligulas Zeiten. Die verwundete Amazonen-Königin Pentesilea, von Achilles unterstützt, und zwei schöne Cameen, worauf die Köpfe des Germanicus und der Agrippina, ingleichen ihres Sohnes Cajus abgebildet sind. Sie befinden sich in der kaiserlichen Sammlung zu St. Petersburg. Er bezeichnete seine Werke mit: *ΑΛΦΗΟΥ**).

***Anterotos** schnitt den Herkules, welcher den kretischen Stier auf den Schultern trägt, in einen Beryll. Diesen Stein besass der Herzog von Devonshire. Die Arbeit ist vortrefflich. Man erkennt die Schwere des Ochsen, die Kraft des Trägers, die Leichtigkeit, mit welcher er die Last fortbringt, und das Gleichgewicht, welches er im Fortschreiten behält. Der Stein ist bezeichnet *ΑΝΤΕΡΩΤΟΥ*. Einen ähnlichen Stein beschreibt Beger im Thes. Brand. T. I. p. 97, nennt ihn aber Milo von Croton.

Lippert Th. 1. Nr. 591. Stosch tab. 9. Winckelmann Desc. p. 279.

Anthias (?) wird von Sillig cat. artific. als Steinschneider angegeben. Rochette (lettre à Schorn etc. Paris 1832) sagt, der Name rühre aus einer falschen Lesung der arabischen Inschrift eines Scrabäus im alten Styl her. Die darauf befindlichen Buchstaben ANOIA oder AIONA sollen (O etruskisch für das griech. T) AITNA zu lesen sein. Die Darstellung ist Herkules, der in einer grossen Vase das Wasser auffängt, welches sich von Felsenhöhen herabstürzt.

Antiochos (?) Baron Stosch hatte eine Glaspaste mit dem Brustbilde der Minerva, und dem Namen des Künstlers *ΑΝΤΙΟΧΟΥ*. Vielleicht ist diese Paste über einen Carneol des Cabinets Andreini abgegossen worden.

I. Gori Inscript. t. 1. tab. 1. n. 4. Stosch, desc. p. 61. Nr. 188.

Apollodotos. A. Kopf der Minerva in Onyx geschnitten. Profil und Ohr mahnen an den Styl der Ägineten, die Arbeit ist ausgezeichnet edel und fein, wie nicht viele desgleichen. B. Othriades, sehr schöne Gruppe, besondere Weichheit in der Lage der Gliedmassen, ruhige, einfache Haltung, die allgemeine Anordnung ist so, dass die ganze Steinfläche benützt ist. Beide mit *ΑΠΟΛΛΟΔΟΤΟΥ* bezeichnet. C. Eine Glaspaste mit dem Brustbilde

---

*) Die Notizen über diesen Künstler, so wie über mehrere Andere, sind in Nagler's allbekanntem Künstlerlexicon zu finden.

der Minerva von eben diesem Künstler nennt Winckelmann in der Desc. p. 61. Nr. 189.

Lippert Th. I. Nr. 122. — Stosch Gemmae tab. 10.

***Apollonios.** Diana, in Amethyst vortrefflich geschnitten. Sie ist in einem kurzen Jagdkleide und lehnt sich in einer ruhigen und ungezwungenen Stellung an einen attischen Pfeiler und löscht, wie es scheint, eine niedergesenkte Fackel an einem Hügel aus, daher Baron Stosch sie ganz gut Diana montana benennt. Der Stein ist bezeichnet *ΑΠΟΛΛΟΝΙΟΥ*.

Stosch tab. 12. — Natter Traité, p. 49. Catalogue p. 20. Nr. 100. — Lippert Th. I. Nr. 210—211.

Apollonides. Ist nach Plinius 37, 1, unter den alten Steinschneidern, nach Pyrgoteles der berühmteste. Ein von ihm geschnittener Stein stellt eine liegende Kuh vor. Der Stein ist bezeichnet *ΑΠΟΛΛΟΝΙΔΟΥ*. Die Arbeit ist in ihrer Art ausgezeichnet, sowohl in Beziehung auf Stellung als Naturwahrheit. Schade, dass es nur ein Bruchstück ist.

Aristonos. Von diesem Künstler befindet sich zu Paris in der kaiserlichen Bibliothek ein Intaglio, Ulysses vorstellend, wie er auf sein Schwert gestützt, auf einem Felsen sitzt. Rother Jaspis. Auf demselben steht *ΑΡΙCΤΟΝΟΥ* (d. h. Werk des Aristonos).

Aristoteichos, ein Name, der sich auf einem in Kleinasien gefundenen Stein, von der Gestalt eines Scarabäus findet. Er ist von altem Styl und dem schönsten Schnitt.

Aspasios. Der Meister des berühmten Rondaninischen Intaglio, die Pallas vorstellend, in Jaspis geschnitten; jetzt im kaiserlichen Kabinete zu Wien. Der Stein ist bezeichnet mit *ΑCΠΑCΙΟΥ*. Ekhel hat ihn in der Choix de pierres grav. Nr. 18 abgebildet. Dem Costüme nach, ist dieser Stein jedenfalls eine spätere Arbeit als die Pallas des Apollodotos.

(S. neben Sillig's Cat. artif. auch R. Rochette's lettre a Schorn sur quelques nom d'artistes.

Athenion. Jupiter die Titanen bekämpfend. Camee von ganz ausgezeichneter Arbeit. Zeus schleudert den Blitz von seiner Biga auf die Titanen herab. Der Wagen wird von vier feurigen Pferden gezogen, die unmöglich schöner und lebhafter componirt sein könnten. Eben so vortrefflich sind die Extremitäten. Diese Camee, ein oben weisser und unten brauner Onyx, befindet sich im k. Kabinet zu Neapel, früher im Kabinet Farnese und ist unter der Biga mit dem Namen des Künstlers (*ΑΘΗΝΙΩΝ*) bezeichnet.

Aulos. Der Kopf des Ptolomaeus oder richtiger (Chabouill. Cat. p. 267, Nr. 2054) das Bildniss eines asiatischen Königs aus dem Geschlecht der Commagenen, rückwärts die Büste einer Figur, die sich auf einen Stock stützt, vorne ein Panther. Sardonix bezeichnet mit *ΑΥΛΟΥ* (V. Mariette. T. II. Nr. 87). Ferner sind von ihm bekannt: der an einen Siegesbaum gebundene Amor, welcher einen ähnlichen von Solon noch übertrifft und sich im Kabinete Jenkins befindet; eine weibliche Figur, die ihren Fuss auf einen Priap setzt, bei Baron von Gleichen; ein sogenannter Mecaenas aus dem Kabinete des G. G. Greville; ein junger Herkuleskopf, den Bracci tab. 42 anführt; ein Löwe, der ein Pferd zerreisst; ein halbes springendes Pferd bei Caylus. Er bezeichnete seine Werke *ΑΤΛΟΤ*. Eine Venus auf einem Felsen sitzend vor ihr Amor schwebend. Natter schnitt den Namen Aulus dazu, und verkaufte den Stein an den Gouverneur des Prinzen Ditrichstein, H. Schwanau, dem aber der Betrug des Künstlers nicht unbekannt war. Der Stein ist schon desshalb verdächtig, weil der Amor ganz plump in der Luft fliegt; der reine Geschmak des Griechen hätte sich diese Unstatthaftigkeit nicht erlaubt. Ausgezeichnet schön ist jedoch ein Fragment, der Kopf des Aesculap mit vorzüglich feinem Profil von eben diesem Künstler. Man findet statt *ΑΥΛΟΥ*, auch zuweilen *ΑΥΛΟΥ* eingravirt. Aulos lebte unter Augustus.

Murr p. 52—55. — Lippert Th. 2. 626. — Stosch 20.

Axiochos. Carneol. Kopf der Omphale und ein Faun mit der Leier, ebenfalls in Carneol.

Bathyllos? In der kaiserlichen Sammlung zu St. Petersburg befindet sich das Brustbild eines rosenbekränzten Jünglings, vor ihm eine Fackel; in einen Hyacinth geschnitten, mit dem Namen *ΒΑΘΥΛΛΟΥ*, ohne Zweifel als ideales Bildniss des Bathyllos Anakreons.

Tiroler 29. Nro. 40.

Carpus. Carneol. Herkules und Iole. In Chalcedon Bacchus und Ariadne auf einen Panther reitend. Murr vermuthet,

Carpus sei ein Schüler des Sostratos gewesen, dem er jedoch in Zeichnung und Ausführung weit nachsteht.

Stosch tab. 22. — Mus. Flor. T. II. t. 6.

Chaeremo? Winckelmann erwähnt dieses Künstlers.

Caekas? Baron Stosch hatte eine Glaspasta, welche einen Gladiator vorstellte, mit dem Namen des Künsters *CAEKAS*.

Stosch, Gemmae tab. 21.

Chryses von keiner grossen Bedeutung. Seinen Namen findet man auf einem Agath-Onyx eingegraben, wie Caylus (Recueil. VII. 35.) berichtet.

Cnejus. Siehe Gnaios.

Coinus. Adonis, der sich mit dem linken Arm auf einen attischen Pfeiler lehnt, hält in der linken Hand einen Jagdspiess und die Rechte auf den Rücken. Unten erblickt man einen Jagdhund. Man glaubt den Namen dieses Meisters auch auf einem kleinen Onyx zu lesen. Die Vorstellung auf demselben ist ein Faun in heftiger Bewegung, mit dem Thyrsus in der rechten Hand, und mit einem Tiegerfell auf dem linken Arm.

Lippert Th. I. Nr. 36. — Natter. Traité, tab. 22, p. 35, 36.

Cronius. Einer der berühmtesten Edelsteinschneider nach Pyrgoteles. Vortrefflich ist sein Perseus mit dem Medusenhaupte, der aus der Lippert'schen Daktyliothek bekannt ist. Natter hat ihn copirt. Die Medusa, bei Bracci tab. 56, hält aber Murr für ein Werk des Sirleto. Jener Gemme mit einer Muse, die ihm zugeschrieben wird, ist der Name des Künstlers später beigesetzt.

Gori I. tab. 1. Nr. 1.

Dalion (?), der Verfertiger einer trefflichen Gemme, die Jonge in seinem Cataloge des batavischen Museums beschrieb. Sie stellt ein Seepferd mit einer weiblichen Gestalt dar. Fr. Hemsterhuys (Oeuvres philosophiques 341—48. Paris 1809) liess sie in Kupfer stechen. Im Felde steht der Name *ΔΑΛΙΩΝ*, der früher nicht bekannt war.

Deuton (?), dessen Namen einige irrig *Λευκων* lesen. Seiner wird in Jonge's Catalog des batavischen Museums erwähnt.

Diokles. In der k. preussischen Gemmen-Sammlung ist das Brustbild eines jugendlichen Satyrs mit der Nebris über der Schulter und dem Namen *ΔΙΟΚΛΕΟΥΣ*.

****Dioskurides**, gewöhnlich Dioscorides genannt und geschrieben, lebte unter Augustus zu Rom. Man kennt von ihm 13 Gemmen, die mit seinem Namen: *ΔΙΟΣΚΟΥΡΙΔΟΥ* bezeichnet sind. Der Name des Künstlers auf dem Steine entscheidet jedoch nicht die Originalität derselben. Die Werke von seiner Hand sind von höchster Schönheit, die Köpfe voll Ausdruck und Leben. Im k. Cabinet zu Berlin ist eine Onyx-Camee, Herkules den Cerberus bändigend, mit dem Namen des Künstlers. Ausgezeichnet schöne Arbeit. In der Sammlung Massini zu Rom ist ein Amethyst mit dem Kopf des Augustus und dem Namen des Künstlers, ein schöner Stein, dessen Aechtheit aber doch nicht ganz bestätiget ist. (Abgebildet im Trésor de Numismatique et Glyptique etc. Iconographie des Empereurs romains.) In der Sammlung des Prinzen von Piombino ist das Bildniss Augustus auf einem Sardonyx von 2 Lagen, aber nur ein Fragment. Diese schöne Gemme, die für ein ächtes Werk des Dioskurides gehalten wird, besass im vorigen Jahrhundert der Cardinal Buoncompagni, dessen ganze Sammlung in den Besitz des Prinzen von Piombino kam. Der Cardinal fand die Camee in der Werkstätte eines Edelsteinschneiders, der sie wegen der Schönheit des Materials anderweitig benützen und das Bildniss auf's Neue als Camée darstellen wollte. Der Cardinal rettete dieses köstliche Stück vom Untergange; aber leider ist die Hälfte des Kopfes zerstört. Es soll das einzige Portrait en camée sein, welches Dioskurides fertigte; denn vier andere Bildnisse des Augustus, des Mecaenas und Julius Caesars, sind Intaglien. Eines solchen Bildnisses bediente sich Augustus als Siegel, und auch seine Nachfolger gebrauchten es zu diesem Zwecke. (Die erwähnte Camee ist im Trésor de Numismatique etc. abgebildet.) In die Sammlung Blaca's kam das Bildniss Julius Caesar's mit dem Lorbeerkranze, in Onyx mit dem Namen: *ΔΙΟΣΚΟΡΙΔΟΣ* statt *ΔΙΟΣΚΟΥΡΙΔΟΥ*. Dieser Name ist daher später auf den Stein eingegraben worden. (Abgeb. im Trésor de Num. etc.) Der Name des Dioskurides wurde öfter fälschlich auf Edelsteine gesetzt, wie dieses mit dem berühmten Amethyst der Fall ist, der den wandelnden Herkules vorstellt. Man kennt ferner das Bildniss des Mecaenas in Amethyst geschnitten und im französischen Museum aufbewahrt. (Abgebildet bei Stosch, pl. 27, in den Commentariis de ant. sculpt. von Bracci II. tav. 59 in Visconti's Iconographie pl. XIII. Nro. 5, — Trésor de Numismatique etc. pl. 4, Nr. 106. — Chambouill. Cat. p. 269, Nr. 2077.) Der ebenfalls in Amethyst geschnittene Kopf des Demosthenes im Museum des Prinzen von Piombino wurde von Winckelmann (Mon. p. XCI. 108 und von Bracci II. tab. 69) als das Bildniss eines Unbekannten edirt und beide nennen den Stein irrig einen Carneol. Merkur, den Kopf eines Widders auf einem Discus tragend. Carneol, in England. (Abgeb· bei Bracci II. pl. 64.) Ausgezeichnet schöne Abreit in sehr edlem Styl. Ein anderer Merkur, kurz bekleidet, von vorn vorgestellt, Carneol, in England. (Bei Bracci II. pl. 65.) Im k. Cabinet der Medaillen im Haag ist ein sehr schöner Carneol, welcher den Raub des Palladiums durch Diomedes vorstellt, mit dem Namen ΔΙΟΣΚΟΥΡΙΔΟΥ bezeichnet. In demselben Kabinete ist auch eine Camee mit dem Kopfe der Livia, von schöner und correcter Arbeit, wesswegen M. Jonge das Werk dem Dioskurides zuschreiben zu müssen glaubte. Bei Bracci sind noch als Werke des Dioskurides (jedoch zweifelhaft) gegeben und abgebildet: Perseus mit dem Schilde, in welchen das Gorgonenhaupt eingefügt ist. Die Verhältnisse der Figur erinnern an den berühmten Discobulus. Von ausgezeichnet schöner Arbeit ist ein trunkener Bacchus, auf einer Tigerin reitend. Er hält in der Rechten den Thyrsus und in der Linken den geleerten Becher. Der Stein ist bezeichnet mit ΔΙΟΣΚΟ .... und gehört unzweifelhaft zu des Meisters schönsten Arbeiten. Jupiter Serapis aus dem Museum Caylus (pl. 62). Iris aus dem Museum des Herzogs von Bracciani (pl. 63). Hercules, der den Cerberus bindet, aus dem Schatze des Königs von Preussen (pl. 66). (Diese Gemme ist auch in Th. Worlidges antique Gems abgebildet.) Ein Gigant aus dem Museum Janetti (pl. 67). Der liegende Hermaphrodit, aus demselben Museum (pl. 68). Man weiss nicht, wann Dioskurides starb, doch hat ihn Augustus überlebt, denn die Bildnisse des Künstlers stellen den Kaiser alle in jungen Jahren dar, einmal mit einem Ansatz von Bart, was auf die Zeit der Niederlage der Legionen des Varus in Deutschland sich beziehen könnte, weil wir wissen, dass Augustus aus Betrübniss über diesen Verlust den Bart wachsen liess. Dieses bärtige Bildniss befindet sich im Hause Massimi. Auch den Mecaenas und seinen Zeitgenossen Solon, scheint er öfter abgebildet zu haben. Visconti (Iconographia rom. II. 290) behauptet, dass der kahle Kopf eines Alten, mit dem Namen dieses Künstlers, die Züge des Mecaenas darstellen.

Diphilos, von dem man eine Gemme besitzt, in welcher eine Urne mit zwei Masken und eine liegende Sphinx eingegraben ist.

Abgebildet bei Stosch II. 490. S. auch Raspe tab. 40, Nr. 5513.

Dometius. Im Kabinet zu Berlin ist von diesem Künstler ein Jupiter nebst andern Figuren in einen Chalcedon geschnitten.

Ellen oder **Hellen** (*ϵΛΛΗΝ*). A. Antinous als Harpocrates, im k. Medaillenkabinete zu Haag. Bei diesem Stein ist es merkwürdig, dass von demselben drei Wiederholungen vorkommen: in der kaiserlich russischen, der königlich niederländischen und der herzoglich Blacas'schen Sammlung. Das Original der im königlichen Museum zu Berlin vorhandenen Glaspaste muss nach allen Kennzeichen antik sein. B. Einen fröhlichen mit Reblaub bekränzten jugendlichen Satyrkopf der königlichen Sammlung zu Berlin, in einem Topas mit der griechischen Inschrift *ΕΛΛΗΝΟΥ*; hielt Dr. Tölken für modern, da er in der Art der pausbackigen Bacchusköpfe in deutschen Stadtweinkellern gebildet ist, obgleich die Ausführung die Hand eines Meisters verräth. — Nur mit Mühe konnte es Dr. Tölken im Jahre 1834 beim Erscheinen seines Kataloges erlangen, wenigstens die Inschrift als modern bezeichnen zu dürfen. Ellen lebte unter Kaiser Hadrian.

Epicuros, ein Name, der einem Steine mit der Büste eines Mannes im Cabinete des Königs der Niederlande eingegraben ist. Es ist ungewiss wer darunter zu verstehen sei: der Steinschneider oder der Philosoph Epicur.

Epitonos, dessen Name auf einem Intaglio mit der stehenden Venus Victrix zu lesen ist. Der Stein befindet sich im Kabinete des Königs der Niederlande.

Epitynchanos. Lebte zur Zeit des Kaisers Augustus. Sein Name findet sich auch auf einem Sardonix den Kopf des Caesar Germanicus vorstellend. Stosch liess ihn aus dem Kabinete Strozzi (Nr. 32) abbilden. 'Epitynchanes schnitt auch eine Gruppe nämlich Venus und Cupido in Stein, und ein Triumphzug trägt ebenfalls seinen Namen. In Gori (Gen. etrs. II. tab. 9 Nr. 1) und nach ihm in Sillig's cat. artif. vet. kommt ein Epitynchas als Gemmenschneider vor, der aber derselbe ist und der Name des Letzteren entstand blos aus der falschen Inschrift: *CΠΙΤΥΓΧΑ*, die echte Bezeichnung seiner Arbeiten ist: *ΕΠΙΤΥΓΧΑΝΟΥ*.

Euemeros, dessen Name (*ΕΥΗΜΕΡΟΥ*) auf einem Carneol im Kabinet des Landgrafen von Hessen-Cassel steht. Der Stein stellt Mars mit Schild und Lanze vor.

S. Lippert Suppl.

Euodos, lebte unter Titus. Man kennt von diesem Künstler einen Kopf der Julia, Tochter des Titus, in einem Aqua-Marin geschnitten, welcher sich im kaiserlichen Cabinet zu Paris befindet. (Stosch. P. grav. pl. 33). Winckelmann bemerkt über dieses Bildniss, dass der Künstler um der Aehnlichkeit willen das Gefühl für das Schöne bei Seite setzen musste. Der Kopf ist übrigens sehr schön gearbeitet und mit dem Namen des Künstlers: *ΕΥΟΔΟC ΕΠΟΙΕΙ* bezeichnet. Das Bildniss gilt als das einzig echte der Julia.

Euthus (?), angeblich zur Zeit des Septimius Servus lebend. Er schnitt den schlummernden Silen mit zwei Genien in Onyx, von welchem Bracci (II. tab. 71 und 73) handelt.

Euplos, ein Name, den Bracci (tab. 72) einem Steinschneider beilegt. *ΕΥΠΛΟ*, ist auf einer Gemme mit einem Amor auf dem Delphin eingegraben, aber das Wort bedeutet nicht den Künstler, sondern es ist so viel, als *Εὔπλοια* (glückliche Schifffahrt). Auf einer alten, wie eine Barke gestalteten schönen Lampe steht auch wirklich dasselbe Wort ganz ausgeschrieben. Oftmals ist die auf Denkmalen vorkommende Formel ΕΥΠΛΟΙ ein Zuruf an Verstorbene, denen man eine gute Fahrt über den Styx wünscht. Euplos ist also aus der Reihe de Künstler zu streichen.

S. Rauol Rochette (Monum. ined. I. p. 41 und Lettre à Schorn etc. p. 41).

Euthyches, Aegeäus. Der Schüler des Dioscurides schnitt das Brustbild der Pallas in einen bleichen Amethyst und bezeichnete das Werk mit seinen Namen: ΕΥΤΥΧΗC ΔΙΟCΚΟΥΡΙΔΟΥ ΑΙΓΕΑΙΟΥ. — Es zeichnet sich durch die Schönheit und Tiefe des Schnittes aus, und daher erscheint der Kopf im Abdrucke nicht im Profil, sondern en face, was bei der Schwierigkeit des Eingrabens sehr selten vorkommt. Der Künstler lebte unter Augustus.

Felix. Dieser Name erscheint auf einem Carneol mit Diomedes und Ulysses. Bracci (II. tab. 75) hat davon eine Abbildung gegeben. Man liest ausser dem Namen des Künstlers noch den Namen des Calpurnius Severus: *ΚΑΛΠΟΡΝΙΟΥ*, *CΕΟΥΗΡΟΥ*, *ΦΗΛΙΞ*, *ΕΠΟΙΕΙ*. Er war also Freigelassener des Calpurnius. Felix hat auch Amor und Psyche in einen Stein geschnitten der mit *ΦΗΛΙΞ* bezeichnet ist.

Gaios (Gaeus), durch einen Intaglio (Hundskopf, Sirius) als trefflicher Künstler bekannt, da Correctheit der Zeichnung und die Reinheit des Schnittes nichts zu wünschen übrig lassen. Man sieht dem Hund in den Rachen, der Künstler hat sich also eine sehr schwierige Aufgabe gestellt. Auf dem Halsbande liesst man: *ΓΑΙΟΣ ΕΠΟΕΙ*. Der Stein kam (Natter Traité p. 27 und Cat. p. 25 Nr. 16) in den Besitz des Vicomte Duncanon. L. Masini aus Venedig, der um 1750 blühte, copirte diesen Hundskopf für den Baron Stosch in Krystall, und bezeichnete selben mit seinem Namen. Eine andere Copie mit dem Namen *ΣΚΥΛΑΚΟΣ*, von moderner Hand, ist im k. Cabinet zu St. Petersburg, in Topas gearbeitet. Das Original ist in einen Granat geschnitten.

Gamos, wahrscheinlich ein Grieche, dessen Name *ΓΑΜΟΣ*, auf einem schönen Smaragde steht, welcher die allegorische Figur der Hoffnung vorstellt. Der Stein war im Cabinet von Kestner zu Rom.

S. Lettre à Schorn par Raoul-Rochette p. 43.

Gauranus, Sohn des Anicetus. Seine Lebenszeit ist unbekannt.

Gelios, dieser Name *ΓΗΛΙΟΥ* steht auf einem Edelstein, der einen stehenden Ringer vorstellt, wie er sich salbet. Ganze Figur.

S. Natter, Fig. XXV.

Glycon, (*ΓΛΥΚΩΝ*). Dieser Name findet sich auf einer der schönsten Cameen der kais. Bibliothek zu Paris. Es ist ein Sardonyx, auf welchem Amphitrite von einem Meerstier getragen und von fünf geflügelten Genien umgeben, dargestellt ist. Die Composition ist ungewöhnlich reich und die Arbeit so vortrefflich, dass der Stein die Aufmerksamkeit des Kenners in hohem Grade auf sich zieht.

V. Millin (Galer. mythol. I. XLII. 177) und Chabouill. Cat. p. 15. Nr. 86.

Gnaios, (*ΓΝΑΙΟΥ*, latinisirt Cnejus). Dieser Name findet sich auf einer Gemme mit dem Kopfe des jungen Herkules von ganz ausgezeichnet schöner Arbeit. (Mus. florent II. tab. VII. Nr. 2), dann auf einem Saphir aus dem Cabinet Strozzi, S. die Dactyliotheca Smithiana I. 23); ferner auf einem schwarzen Achat mit dem Diomedes auf dem Altare, wie er das Palladium hält, im Cabinet des Herzogs von Devonshire, ebenfalls der besten griechischen Epoche angehörend, und endlich auf einem Hyacinth mit einem Athleten, der sich mit Oel einreibt, welcher aus der Sammlung des Baron Stosch in jene des Lord Duncanon kam. (Sehr schön gestochen von J. A. Schweikart und auch von Venuti bekannt gemacht.) Den Namen Gnaius liest man auch auf einem antiken Steine mit dem Kopfe der Juno lanucina mit einem Ziegenfell auf dem Kopfe, ein Werk, dessen auch Winckelmann erwähnt, aber (nach Th. v. Murr Bibl. Glypt. p. 59) irrig als Theteus bezeichnet. Der Holländer Bendrop erwarb später diesen Stein. Der Kaufmann Belisar Amidei in Rom liess durch A. Pichler den Namen *ΓΝΑΙΟΥ* auf den Stein setzen, der als Arbeit dieses alten Meisters viel zu gering ist. Bracci hat ihn für sein Werk stechen lassen. Gnaios lebte unter Augustus.

S. auch Natter Nr. 25.

Heios, (*ΗΕΙΟΣ*). Dieser Name steht auf einer Gemme, welche einen unbekannten Kopf zeigt, den aber Winckelmann als jenen der Diana victrix bezeichnet. Visconti, (Oper. var. II. 116) glaubt Eeios lesen zu müssen, Raoul-Rochette (p. 43,) vertheidigt die Lesart Heius, welcher auch Sillig beistimmt. Heios blühte vor Alexander.

Herophilos, der Sohn des Dioscurides. Sein Name ist bisher noch auf keinem geschnittenen Stein vorgekommen, er erscheint nur in den Verzeichnissen der antiken Edelsteinschneider. Im Trésor de Numismatique et de Glyptique ist eine antike Paste aus dem k. k. Cabinet zu Wien abgebildet, welche den mit Lorbeern bekränzten Kopf des Augustus zeigt. Im Felde rechts liest man: *ΗΡΟΦΙΛΟΣ ΔΙΟΣΚΟΥΡΙΔΟΥ ΕΠ.* Also wahrscheinlich Schüler des Dioscorides. Er lebte unter Titus.

Horos? ein griechischer Edelsteinschneider, Zanetti erwähnt (Tab. 43) einen Cameo mit der Maske des Silen, der seinen Namen tragen soll.

Hydeus, nach Lippert II. Nr. 120, den aber Sillig im Catalogo artif. nicht aufgenommen hat. Bei Natter findet sich ein Pariskopf in Carneol diesem Hydeus beigelegt.

Hyllos oder **Yllos.** Von diesem Künstler befindet sich ein Achat-Chalzedon in der k. Bibliothek zu Paris, ein ausgezeichnetes Intaglio mit dem Stier des Dionysos. Das Thier, welches mit gesenktem Kopf einhergeht, ist sowohl was Contour und Musculatur anlangt, ganz vortrefflich gezeichnet und voll Leben. Um seinen Leib windet sich eine Epheuranke. Er schreitet auf einem Thyrsusstabe. Im Cabinet des Königs der Niederlande befindet sich ein Carneol mit dem nämlichen Gegenstand, nur kleiner und ohne die Epheuranke. Eine Glaspaste desselben ist bei Stosch pl. 40, *ΥΛΛΟΥ*, und bei Mariette (P. gr. pl. 42,) abgebildet. In der Sammlung des Königs der Niederlande befindet sich auch ein Intaglio, Pallas mit dem Medusenhaupt, bezeichnet mit *ΥΛΛΟΥ* (S. Notice sur le Cab. d. medaill. du Roi des Pays-Bas. par Jonge. 1823). Murr führt einen mit Hyllos bezeichneten Faunuskopf an (in Kupfer gestochen von J. Cl. Schweikhard) und Stosch schrieb diesem Meister drei in seiner Sammlung befindliche Steine zu, nämlich den Kopf eines Philosophen, das Bildniss der Kleopatra und einen Stier. Ferner ist ein sehr schöner Triton und eine Nereide, halbe Figuren, zur Seite ein Delphin mit dem Namen *ΥΛΛΟΥ* bezeichnet.

Jamazas, Edelsteinschneider, dessen Murr erwähnt, indem er sagt, dass man einen Stein mit einer Bacchantin auf einem Centaur reitend kennt, der mit diesem Namen bezeichnet ist. Die Composition erinnert an eine sehr ähnliche, die im Herculanischen Museum zu sehen ist.

Karpus, siehe Carpus.

Kointos, der Bruder des Aulos, der zur Zeit des Kaisers Augustus lebte, und somit ist auch die Lebenszeit des Kointos bestimmt. Winckelmann erklärt ihn als Sohn eines Alexander, weil man auf dem Fragmente eines Sardonyx folgende Worte liest: *ΚΟΙΝΤΟΣ·ΑΛΕΞ. ΕΠΟΙΕΙ.* Allein das zweite Wort bedeutet nicht Alexander, sondern steht als Genitiv von Ἀλέξας, indem sich der attische Genitiv Ἀλέξου auch auf einer in Attika gefundenen, jetzt im Museum zu Leyden aufbewahrten Inschrift findet. Auf dem erwähnten Fragmente sieht man nur mehr die mit einer Rüstung bedeckten Beine eines Mannes, aber von so ausgezeichneter Arbeit, dass man im höchsten Grade bedauern muss, dass es eben nur ein Fragment ist.

Krateros. Diana von Ephesus in Carneol mit dem Namen *KPATЄPOT.* Soll dieser den Künstler anzeigen, so war er sehr mittelmässig. Besitzer dieses Steines war Bar. Stosch.

Leukos, Victoria auf einem von zwei Pferden gezogenen Wagen, darauf der Name des Künstlers (*ΛΕΤΚΙΟ*), das Original ist aus dem Cabinet des van der Mark in das des Grafen von Wassenaer und Opydam gekommen. Bar. Stosch hatte davon die Glaspaste, welche er auch in seinen pierres gravées pl. 41 abbildete.

Lucios, ein Name, mit welchem ein Carneol bezeichnet ist, der die Victoria vorstellt; bei Stosch ist er abgebildet.

Maxalas, ein Name, den eine Camee des Prinzen von Oranien trägt. Es ist dieses ein Kopf des Antonius Pius, vielleicht so wenig echt als der Name.

Midias, von welchem sich ein geschnittener Sardonyx erhalten hat. Dieser zeigt in erhobenem Schnitte einen Greif von einer Schlange umwunden, abgebildet in Caylus I. 53, 4.

S. auch bei Clarac p. 420 und Rochette p. 45.

Mithridates. Muthmasslich der Verfertiger einer Gemme, welche einen ungewöhnlich tief und mit höchster Meisterschaft ausgeführten Pferdekopf in Carneol vorstellt. Es scheint, dass der Künstler nach den am Parthenon zu Athen aufgestellten Pferden gearbeitet habe; denn in der Bildung des Maules, der Nüstern, des Nasenbeines, der Augen und insbesondere der Stirn, zeigt sich die eigenthümliche Bildung jener Pferderace. Am Rande steht die Silbe *ΘΙΜ.* Früher war dieser Stein bei Stosch, befindet sich aber jetzt im Museum zu Berlin. Dieser Stein ist schon desshalb bemerkenswerth, weil der Staatsrath Köhler seiner Zeit behauptet hat, dass es Glasfluss und kein Carneol sei, was aber Tölken in seinem Verzeichniss durch die gründlichsten Beweise widerlegt hat.

Mnesarchus, ein alter thuscischer Edelsteinschneider, der Vater des Philosophen Pythagoras, der also um Ol. 165 geblüht haben muss. Die Quelle, welche ihn nennt, ist Sillig's Cat. art.

Musicus? Der Name *ΜΟΥΣΙΚΟΥ* findet sich auf einem Sardonyx des k. Cabinets im Haag. Er stellt den Harpokrates vor stehend, mit den gewöhnlichen Attributen.

Mykon. Von diesem Meister kennt man nur einen Stein mit einem alten Mannskopf und dem Namen *ΜΥΚΩΝΩΣ*. Er ist bei Bracci, II. LXXIII, und correcter bei Spon Miscellan. p. 122 abgebildet.

Myron, den Sillig übergeht, von welchem aber in der Stosch'schen Sammlung ein Carneol erwähnt wird, der den Namen *ΜΥΡΩΝ* trägt und von Winckelmann (Verzeichniss der geschnittenen Steine S. 98) beschrieben wird. Es ist dieses der Kopf einer Muse. S. Tölken's Verzeichniss der antiken Steine der k. Gemmensammlung in Berlin Nr. 1311.

Myrton. Ein Künstler, dessen Lebenszeit unbekannt ist. Seinen Namen findet man auf einer Gemme eingegraben, welche Leda mit dem Schwane darstellt.

Bei Stosch Nr. 43 und Bracci tab. 86 sind Abbildungen davon zu finden.

Neisos. Sein Vaterland und seine Lebenszeit sind unbekannt. Im Cabinet des Herzogs von Orleans befand sich ein Stein, in welchen ein Jupiter gegraben ist. Beschrieben und abgebildet bei Bracci II. 284, und Winckelmann mon. iediti 9. Man liest auf demselben den Namen des Künstlers *ΝΕΙϹΟϹ*.

Nero, Edelsteinschneider, dessen Epiphanius erwähnt. Die darauf bezügliche Stelle s. Sillig, Cat. art.

Nestor, ein alter griechischer Edelsteinschneider, dessen Lebenszeit unbekannt ist. Im Cabinet des Königs der Niederlande ist ein Chrysolith mit der Büste des geflügelten Amor trefflich geschnitten und mit *ΝΕΞΤ* bezeichnet.

S. Notices sur le cabinet des médailles et des pierres gravées du Roi des Pays-Bas, par J. C. de Jonge 1823.

Nikandros. Lebte unter der Regierung des Titus in Rom. Es findet sich von ihm eine Gemme mit dem Bilde der Julia, des

modernen Wiederholungen vorkommt; offenbar Nachbildungen, eines im Alterthum sehr berühmten Originals; vielleicht des Skopas, der in Werken dieser Art bewundert wurde. Auch die königliche Sammlung in Berlin besitzt eine solche antike Wiederholung in einem Praser von ungewöhnlicher Grösse*); an Schönheit dürfte jedoch die nur kleine florentinische Paste vor allen ähnlichen Darstellungen den Vorzug verdienen. Köhler bezweifelt die Aechtheit der Arbeit, wie der Inschrift, was er verantworten mag. Der Name eines Steinschneiders Pergamos scheint vielmehr festzustehen. Ausserdem befindet sich in der königlichen Sammlung ein jugendlicher Heroenkopf in Obsidian mit der Inschrift *ΠЄΡΓΑΜ***), die aber hier nicht einen Künstler, sondern den Gründer der Stadt Pergamus, den Sohn des Neoptolemos und der Andromache bezeichnen soll. Pergamos lebte unter Augustus.

Pharnakes, Stosch (pierres grav. pl. 50) beschreibt von ihm einen Carneol, in welchen ein Seepferd von ganz vortrefflicher Arbeit geschnitten ist. Der Stein befindet sich in dem königl. Cabinete zu Neapel, er ist abgebildet bei Bracci II. 83 Spilsbury gems Nr. 11 (V. auch Winckelmann IX. p. 386 Lippert I. Nr. 80). Ein anderer weniger bekannter Stein dieses Künstlers ist im königl. niederländischen Cabinete. Es ist diess ebenfalls ein Intaglio mit einem Capricornus (Notices sur le Cabinet des médailles et des pierres grav. du Roi des Pays-Bas, par J. C. de Jonge 1823). Er bezeichnete seine Werke mit *ΦΑΡΝΑΚΗΣ.*

Philemon. Das k. k. Cabinet zu Wien besitzt von diesem Künstler einen Onyx mit einer weissen und braunen Lage, auf welchem Theseus mit dem Minotaurus als Intaglio geschnitten ist. Schon die Steinart ist sehr selten. (V. Stosch Gem. tab. 51; Winckelm. Descr. p. 237. Nr. 74; Lipp. II. Nr. 53). Ferner kennt man von ihm eine alte Glaspaste mit einem Faunkopf, die sich im Palazzo Strozzi zu Florenz befindet (Bracci II. 94, 95; Winckelm. Descr. 238 Nr. 1484. Murr erwähnt noch einen Herkules, der den nemäischen Löwen erwürgt und einen Ochsenkopf. (V. Stosch tab. 52, Lipp. I. Nr. 448.) Philemons Werke sind bezeichnet mit: *ΦΙΛЄΜΩΝ ΕΠΟΕΙ.*

---

*) Tölken's Kl. III. Nr. 1051. S. 200.

**) Idem Kl. IV.

Phocas. Es gibt nur einen Stein mit dem Namen ΦΩΚΑC, er ist abgebildet bei Caylus, VII. pl. XXVII. Vom Leben des Künstlers ist durchaus nichts bekannt.

Phocion? angeblich der Name eines Edelsteinschneiders, welchen Sillig aus Winckelmann in den Cat. Artificum aufgenommen hat. Dieser Name steht auf einem berühmten Camee mit dem Bildnisse des Phocion, allein Raoul-Rochette (Lettre à Mr. Schorn etc. p. 48), erklärt diese Gemme als eine neue Arbeit des Alessandro Cesari, und so fällt der angebliche alte Meister Phocion weg.

Phrygillos, einer der ältesten Künstler, dessen Name auf einem Carneol eingegraben. Dieser Stein stellt einen sitzenden, sich auf den Boden stützenden Amor vor, und war zu Winckelmann's Zeit im Kabinet des Commendators Vettori zu Rom. Die alte Form der Buchstaben des Namens *ΦΡΥΓΙΛΛΟΥ* lässt, so wie die grossen Adlerflügel des Gottes auf ein hohes Alter schliessen.

Polykletes. Diomedes auf dem Altare sitzend, das Palladium in der Hand, die getödtete Hüterin zu seinen Füssen. Diese Glaspaste, deren Original mit dem Namen des Künstlers *ΠΟΛΥΚΛΕΙΤΟΥ* ehemals der Abate Andreini besass, hatte Stosch, und ist in seinem Werke, pl. 54 abgebildet.

Polykrates. Edelsteinschneider, dessen Namen ein Stier mit Amor und Psyche trägt. Man liest darauf: *ΠΟΛΥΚΡΤΑΗΣ ΕΠΟΙΕΙ.*

Polytimos. Dieser Künstler des griechischen Alterthums, wird von Villoison erwähnt.

Mem. de l'Institut de France II. 112

Potiolus, wird von Winckelmann, (Cab. de Stosch II. 499) ein alter Edelsteinschneider genannt, von welchem sich eine aus vier Masken zusammengesetzte Vase aus rothem Jaspis erhalten hat.

Potitus, nennt Büsching einen Steinschneider, welcher den Jason, den Drachen vergiftend, in einen Carneol geschnitten hat.

Lippert, Th. 2. Nr. 70.

Protarchus, der Urheber einer berühmten Gemme im florentinischen Museum. Sie stellt den Eros dar, wie er durch Lautenspiel den Löwen besänftiget, und ist mit dem Namen *ΠΡΟΤΑΡΧΟΣ* bezeichnet, der aber früher Plotarchus gelesen wurde.

Abgebildet in der Galeria di Firenze, Gemme 2, 1. A. Maffei, III. Nr. 12.

Pygmon. Ein von bacchantischer Wuth ergriffener Faun, mit der Rechten schwingt er den Thyrsus, an dem zwei Stäbe hängen, die beim Schwingen ein Geräusch machten wie Krotalen oder Castagnetten, zu den Füssen eine umgestürzte Vase, und zur Seite der Name *ΠΥΓΜΩΝ*. Stosch und Bracci (tab. XLIX, tab. XCII) haben diesen Stein ebenfalls publicirt, aber den Künstler *ΠΕΡΓΑΜΟΥ* gelesen. Die Camee ist im florentinischen Museum, wo Lanzi ihn genau betrachtete, und richtig benannte. Giornale de letterat. XLVII. p. 112.

Vergl. Raoul-Rochette, Lettre à Mr. Schorn, p. 48.

Pylades, Edelsteinschneider, dessen Vaterland und Lebensart unbekannt sind. Im Cabinet des Königs der Niederlande ist ein Intaglio mit einem Adler, der eine Krone im Schnabel trägt, in rothem Jaspis. In de Jonge's Catalog jenes Museums ist der Stein näher beschrieben. Abgebildet in Thoms Werk, pl. XIII. Nr. 5, und bei Venuti, Colectan. antiq. tom. tab. LXXIV. Roma 1736, fol.

Pyrgoteles. Jener berühmte griechische Künstler, der von Alexander dem Grossen allein das Recht bekommen hatte, dessen Bildniss in Edelstein zu schneiden, so wie Lysippus ihn in Erz bilden und Apelles ihn malen durfte. Dieses ist aber auch fast das Einzige, was uns die Geschichte über diesen berühmten Lithoglyphen aufbewahrte; denn die Steine, welche seinen Namen tragen, und von ihm herrühren sollen, sind sicher nur in der kleinsten Anzahl ächt. Schon Winckelmann wollte an kein unbestreitbares Werk dieses Künstlers glauben, und sprach gegen die Authenticität der zwei damals bekannten und von Stosch, (Pierres grav. pl. 55, 56 und von Bracci, Memorie etc. tab. 98, 99) publicirten Gemmen mit dem Namen dieses Künstlers. Der eine dieser Steine, ein kleiner Agat-Onyx im Besitze des Grafen Schönborn, enthält ein Bildniss, welches eher einem Herkules als einem Alexander gleicht, was Winckelmann schon theilweise bewog, die Gemme mit Misstrauen anzusehen, welches aber noch mehr erwachte, als auch der Name des Künstlers im Nominativ (*ΠΥΡΓΟΤΕΛΗΣ*) steht, während es der Regel nach *ΠΥΡΓΟΤΕΛΟΥ* heissen sollte. Alexander rühmte sich seiner Abkunft von Herkules, und so könnte ihn der Künstler als solchen dargestellt haben. Der zweite Stein ist erhoben geschnitten, und stellt das Bildniss eines alten Mannes ohne Bart vor, welches zu Winckelmann's Zeit der Canonicus Graf von Castiglione besass, der es aber dem Cardinal Alexander Albani schenkte. Diesen Stein sah Winckelmann (Stosch und Bellori hatten nur einen Abdruck), und hielt ihn auch wirklich für alt, nur nicht für Pyrgoteles Werk, obgleich unter der Brust: *ΠΥΡΓΟΤΕΛΗΣ ΕΠΟΙΕΙ* steht. Auf der einen Seite liest man: *ΦΩΚΙΩΝΟC*, worunter Winckelmann keineswegs den berühmten Phocion, sondern den Lithoglyphen versteht, so dass also der Name des Pyrgoteles späterer Zusatz ist, was Winckelmann namentlich auch aus der verschiedenen Form der Buchstaben in der einen und der anderen Umschrift schliesst. Zu der Ueberzeugung, dass der Name Phocion den Steinschneider bedeute, führte ihn der Umstand, dass man nur höchst selten den Namen der Gottheit oder einer berühmten Person auf griechischen Steinen liest. (Vgl. B. VI. 1, 10 ff.) Für echt erklärt Raoul-Rochette p. 49 das Bildniss Alexanders in der Sammlung des Herzogs von Blacas, mit dem Namen *ΠΥΡΓΟΤΕΛΗΣ*. Ein sehr schöner Medusenkopf auf Amethyst wird ebenfalls für echt gehalten. Gerardo de Rossi beschreibt diesen Stein in einem eigenen Briefe, Roma 1819, und sagt p. 5, die Unbilden der Zeit haben den ganz fein eingegrabenen Namen des Urhebers zerstört, und dieser sei Pyrgoteles gewesen. In der Sammlung des Prinzen Poniatowsky finden sich allein mehre Werke dieses berühmten Namens, als je vorhanden waren. (Vergl. den Catalogue des pierres. grav. de S. A. le Prince St. Poniatowsky, Rome 1831.) Die englischen Sammlungen sind aber nicht weniger reich. Lord Montagne besitzt einen Lysimachus, abgebildet in Th. Worlidge Select Collection of drawings from gems. pl. 32, und Lord Bessborough hat zwei Steine, der eine den Philipp von Macedonien, der andere den Alexander vorstellend, (bei Worlidge pl. 85 und 87 abgebildet). In diesem Werke werden ihm auch die Bildnisse des Augustus und der Livia zugeschrieben, die nur durch die grobe Unwissenheit eines Falsificators in die Zeit Alexanders hinaufgerückt werden konnten. Visconti, (Opere var. II. 119) erwähnt eines 1788 in der Campagna di Roma aufgefundenen Carneols, welcher den Kampf des Herkules mit der Hydra vorstellt, und den Namen des Pyrgoteles trägt. Visconti hält dieses Werk für antik und original, Raoul-Rochette (Lettre à Mr. Schorn p. 50,) erkennt aber in der Mittelmässigkeit der Arbeit nur eine Copie, auf welche der Copist den Namen eines berühmten Lithoglyphen, hier den des Pyrgoteles, eingegraben hat.

Quintilius. Ein Künstler, dessen Lebenszeit nicht zu bestimmen ist. Es gibt zwei Gemmen mit seinem Namen bezeichnet, nämlich Neptun von zwei Seepferden gezogen, in Beryll geschnitten. (Stosch Nr. 57, Bracci tav. 100, Lipperts drittes Tausend), und ein nackter Mercur. (Spilsbury gems. Nr. 27). Den ersten dieser Steine besass die Prinzessin Piombino geborne Ludovisi.

Rufus. Sein Name ist nur durch eine Gemme bekannt. Im Cabinete des Herzogs von Orleans ist eine sehr schöne Camee Aurora mit den Sonnenrossen vorstellend. (In den Pierres grav. du Cab. d'Orleans I. 45, abgebildet.) Man liest auf diesem Steine: *POYФOC EΠOIEI.*

Satyreios, ein alter Künstler, dessen Lebenszeit nicht bekannt ist. In einem griechischen Sinngedichte wird von ihm eines Krystalls gedacht, in welchen er das Bild der Arsinoe schnitt.
Auth. Palat. IX. 776.

Saturninus, ein römischer Edelsteinscheider, dessen Raoul-Rochette in seinem Briefe an Dr. R. Schorn erwähnt. Er hinterliess eine schöne Camee mit dem Portraite der jüngeren Antonia, der Gemalin des Drusus. Daraus lässt sich die Lebenszeit des Künstlers bestimmen.

Scopas, nennt von Murr einen Edelsteinschneider, von welchem Graf Caylus eine Gemme besass, welche eine aus dem Bade steigende Frau vorstellt. Diese Angabe ist wahrscheinlich unbegründet, da anderwärts ein solcher Meister nicht genannt wird.
Recueil d'antiquités VI. Nr. 4

Skylax. Stosch, Pierrres grav. 58, 59 erwähnt den Kopf eines Satyrs in Amethyst, und einen auf der Leyer spielenden Herkules in Sardonyx. (Lipp. I. 459, Stosch. G. tab. 58). Die erstere dieser Gemmen war damals im Cabinet Strozzi, die zweite im Cabinet Tiepolo zu Rom. (Lipp. II. 1051, Stosch. G. atb. 59.) Im Cabinet des Kaisers von Russland ist ein Sardonyx mit dem Riesen, der einen Raubvogel aus der Höhle hervorzieht, und eine ähnliche Darstellung in Carneol besass Graf Townley. Im Cabinet Stosch war ein Sardonyx mit dem Riesen Typhon, welcher mit der in einen Hirsch verwandelten Diana kämpft. Bracci (Memorie tab. 101, 102, 103) gibt Abbildungen von den Gemmen dieses Meisters. Ferner kennt man einen Herkules mit der Lyra, Sardonyx. Seine Werke sind mit ΣΚΥΛΑΚΟC bezeichnet.

Stosch, Gem. tab. 59.

Seleucus, heisst bei Bracci Nr. 104 ein Edelsteinschneider, von welchem sich noch eine Gemme findet. Sie stellt einen kleinen Kopf des Silen in Carneol vor, Stosch Nr. 60. Zu v. Murr's Zeit befand er sich im Cabinet Cerretani zu Florenz.

Solon, war ein Zeitgenosse des Dioskorides. Wir haben über diesen Meister keine hinreichenden Notizen, neuere Schriftsteller haben aber die Werke desselben öfters, zum Gegenstande einer gelehrten Erörterung gemacht. Solon schnitt den Kopf des Mecänas, dieses berühmten Freundes des Augustus. Er bezeichnete denselben mit seinem Namen, nämlich: *ΣΟΛΩΝ ΕΠΟΙΕΙ.* Auf dem genannten Steine gab aber der Name zu einer irrigen Deutung Anlass, indem einige darin den Kopf des Solon erkennen wollten. Dieser Kopf kommt in Wiederholungen vor; eine solche ist im Cabinet des Königs von Neapel, in der Sammlung Riccardi zu Florenz und Baron Stosch besass eine antike Glaspaste desselben. (Gestochen ist er bei Stosch, Pierres grav. etc. 61 und Trésor de Num. A. Glyp. pl. 3.) Berühmt ist der Kopf der Medusa im Profil mit dem Namen *ΣΟΛΩΝΟΣ*, ein Chalcedon, welcher durch mehrere Hände in das Museo Strozzi kam. Er wurde zu Rom in einem Weinberge auf dem Cölio gefunden. Der Finder ein Gärtner, verkaufte ihn an einen Anticagliaro, welcher ihn dann beim Abdruck in Wachs in zwei Stücke zerbrach. Dieser verkaufte ihn um zwei Zechinen. Ein folgender Besitzer liess ihn für drei Zechinen dem Antiquar Sabattini ab, der ihn dann in Gold gefasst, dem Cardinal Alessandro Albani für fünf Zechinen überliess. Durch Tausch von Antiken im Werthe von fünfzig Scudi erhielt ihn Sabattini zum zweiten Male, und endlich kam der Stein in das Cabinet Strozzi. Winckelmann zweifelte einige

Zeit an der Aechtheit dieses Intaglio, und wollte ihn für neue Arbeit halten; in seiner Kunstgeschichte erklärt er ihn aber für antik. Abgebildet ist diese Medusa bei Stosch, tab. 63, bei Bracci Memorie 107 und im Mus. Fiorentino II. tab. 7. Als Vorbild zu den Nachschnitten diente immer der zerbrochene Stein, obgleich Winckelmann den Carneol für vorzüglicher hält. Von dieser Medusa gibt es eine Copie von Carlo Constanzi, welcher sie 1729 für den Cardinal de Polignac in Chalcedon fertigte. Der Stein ist von derselben Farbe, von derselben Grösse und sehr täuschend nachgemacht, bis auf den Namen, welcher im Originale ausserordentlich fein und regelmässig erscheint und in der Copie schlecht gearbeitet ist. Eine zweite Copie ist in der Daktyliotheca Smithiana I. 22, 22. Venetia 1767, fol. Ein anderes berühmtes Werk von Solon ist Diomedes mit dem Palladium, mit dem Namen, auf das zarteste erhoben gearbeitet. Diese Darstellung ist zweimal vorhanden, Diomedes stehend und sitzend. Letzterer ist hochgeschnitten, um ein Drittel kleiner als im Intaglio des Dioskorides. Die Cameo des Solon war im Cabinet des Grafen Maurepas. Mariette glaubte, es sei derselbe, welchen Baudelot (Lettre etc. Fig IX) in Abbildung gibt, allein die Darstellung weicht ab, und die Grösse ist nicht dieselbe. Auch bei Stosch finden wir eine Abbildung des Diomedes. Winckelmann spricht ferner von einem stehenden Amor in Carneol, welcher zu seiner Zeit im Kabinete des Senators Cerretani zu Florenz war, und bei Stosch abgebildet ist, der die genannten Werke Nr. 61—64 zusammenstellt. Und dann bemerkt der genannte Schriftsteller, ausser diesen bekannt gemachten Steinen sei im Stosch'schen Museo einer der schönsten Köpfe des Herkules, die jemals in Stein geschnitten wurden. Winckelmann selbst besass einen schönen, aber zerbrochenen Carneol, welcher die Victoria vorstellt, die einen Ochsen opfert. Die Victoria mit dem Namen *ΣΟΛΩΝ* ist erhalten. Dann wird von Solon auch die Büste einer Bacchantin erwähnt, die durch eine alte Paste aus dem Stosch'schen Museum bekannt ist. Diesen Kopf hat Schweickart gestochen. Man nennt auch noch den Kopf eines trunkenen Faun.

***Sosocles**, auch Sosicles, ist einer derjenigen griechischen Meister, deren Lebenszeit nicht bestimmt werden kann. Aus einem seiner

Werke aber, einer Gemme, welche das Gorgonenhaupt mit geschlossenen Augen vorstellt, geht hervor, dass er nach Praxiteles gelebt haben muss, da das Gorgoneion erst seit der Zeit dieses Meisters in einer zu erhabener Schönheit umgebildeten Form erscheint und nach O. Müller (Archäologie 397, 5) nur einen unter Anmuth und Lust tiefverborgenen Ausdruck von vernichtender Todesangst erhält, während die älteren Meister darin eine durch Entsetzen tödtende dämonische Gewalt verkörperten. Die berühmte Gemme des Sosocles ist vertieft in einen Chalcedon gearbeitet, mit dem Namen *CΩCOKΛE* bezeichnet, und kam aus der Sammlung des Cardinals Ottoboni in jene des Grafen Carlisle nach England, wenn nicht diess vielmehr eine Copie der ersteren ist. Es gibt viele vertieft und erhoben geschnittene antike Wiederholungen und eine neuere Copie von Natter.

Abbildungen s. Stosch 65, Bracci. 109, Museo. Borbon. IV. 39, Tassie pl. 50, Eckhel grav. 31, und Lippert's Daktyliothek. I. II. 70—77.

***Sostratos.** Zwei seiner Gemmen kamen aus der Sammlung des Cardinals Ottoboni in jene des Herzogs von Devonshire. Die eine, das Original, in Carneol, stellt die Victoria vor, wie sie einen Ochsen opfert. Baron Stosch besass einen kleinen Glasfluss, wornach er die Abbildung in seinem Werke gab. Die Darstellung kommt öfters vor. In dem mit dem k. Museum zu Neapel vereinigten Kabinete Farnese ist eine Victoria auf einem zweispännigen Wagen mit dem Namen des Sostratos. Die andere Gemme aus der Sammlung Ottoboni, ein zweifarbiger Achat, stellt den Cupido als Bändiger zweier Löwinnen dar. Eine dritte Camee in Achat-Onyx mit einer Nereide auf einem Seepferde gibt Lippert nach einem Original aus einem römischen Kabinete und Baron Stosch besass einen Intaglio in Carneol. Auf einem zweifarbigen Achat geschnitten, nennt Stosch noch eine Darstellung des Meleager mit der Atalante. Diese letztere Gemme und den Cupido gibt Stosch in den Pierres gravées Nr. 66 und 67 in Abbildung. [Auf den Gemmen des Sostratos steht der Name *CΩCTPATOY*. Auf jener mit Meleager und Atalante liest man aber: *CΩTPATOY*, den Namen eines unbekannten Künstlers. Baron Stosch, oder vielmehr Winckelmann in der Beschreibung der von Stosch edirten Abbildungen antiker Gemmen, untersuchte diesen Stein unter dem Mikroskope und fand in Zeichnung und Behandlung einen so wesentlichen Unterschied, dass er zwei verschiedene Künstler annehmen zu müssen glaubte. Neuere Schriftsteller gehen indessen auf diese Ansicht nicht ein, und somit könnte irgend ein alter Copist im Namen ein Versehen begangen haben.

Teukros, dessen Name auf einem Amethyst im florentinischen Museum vorkommt. Diese berühmte Gemme stellt Herkules und Iole (?) dar, und war früher im Besitze eines adeligen Florentiners, Namens Pierantonio Andreini. Der Name *TEYKPOY* erklärt sie als Arbeit des Teukros, welcher unter der Regierung des Kaiser Augustus gelebt hat. Abgebildet ist dieser Stein bei Winckelmann, Monum. inediti, tratt. prel. XIV.; Bracci II. tab. 112; Mus. Florent. II. 5.; Gal. di Fir. V. 26. 1.; Millin, Gal. mythol. 455. Graf Carlisle in London besass einen Glasfluss aus dem Kabinet des Baron Stosch mit dem Namen *TEYKPOY*. Er stellt einen Faun vor, wie er einen Epheukranz windet. J. A. Schweickhart hat diese Paste gestochen. Winckelmann nennt dann auch noch ein drittes Werk von Teukros, welches den über Agamemnon zürnenden Achill vorstellt. Dieser Stein war früher in der Sammlung des Baron Stosch, später besass ihn der Hofrath Hannel zu Dresden.

Thamyros ist durch eine Gemme bekannt, welche die Sphinx vorstellt, an welcher die Flügel besonders schön ausgearbeitet sind, und grösser, als sie dieses Ungeheuer auf Gemmen von Tryphon, Solon u. A. hat. Dieser Carneol befindet sich im k. k. Antikenkabinet zu Wien und trägt den Namen *ΘAMYPOY*. (Bracci II. tab. 113., Stosch Nr. 166.) Den Meister hält man für einen Schüler oder Zeitgenossen des Dioskorides. Auch im Kabinet zu St. Petersburg ist eine Gemme mit dem Namen des Thamyros, welche aber für die Arbeit eines neueren Meisters angenommen wurde. Dieser Stein stellt einen zu Pferde steigenden Helden dar.

Stosch p. 93, 95

Theodoros, der Sohn des Telekles von Samos, war Metallarbeiter, und arbeitete zwischen der 53. und 58. Olympiade für Crösus und Polykrates. Für beide fertigte er viele Kunstwerke, unter andern den Siegelring des Polykrates, der dem Tyrannen so wohl gefiel, dass er ihn beständig trug. Nach Plinius war der Stein ein Sardonyx, den man noch zu seiner Zeit in Rom sah. Livia, die Gemalin des Augustus, lies denselben in ein goldenes Horn fassen, um ihn im Tempel der Concordia zu weihen. Dass in diesen Stein ein Siegel oder eine Figur geschnitten war, sagt weder Plinius noch Herodot, sondern sie sprechen nur von der schönen, in Gold gearbeiteten Fassung. Ich habe diesen Künstler deshalb erwähnt, da ihn einige Schriftsteller als Steinschneider bezeichneten. — Jedoch hat schon Lessing klar bewiesen, dass er nur Metallarbeiter und kein Edelsteinschneider war.

Tryphon, wird von Addäus von Mytilene (Brunck, Annal. II. 242) gerühmt, allein man kennt weder die Zeit des Lobredners, noch jene des Graveurs. Sein Name kommt auf einigen schönen Steinen vor. Ehedem im Besitze des Chev. Jean Germain, jetzt in der Sammlung des Herzogs von Marlborough ist ein Sardonyx, welcher Eros und Psyche beim Hochzeitmahl und bräutlichen Tanze vorstellt, von ausgezeichnet schöner Arbeit. Die Köpfe erscheinen durch einen Flor von wunderbarer Durchsichtigkeit. Man liest auf diesem Steine: *ΤΡΥΦΩΝ ΕΠΟΙΕΙ.* Abgebildet bei Bracci II, 114. Stosch Nr. 17. Kabinet Marlb. I, 50. Eine andere Gemme mit Tryphon's Namen, welche Eros, den Löwenbändiger, vorstellt, ist im Museum im Haag. (Notice sur le cabinet, — — du Roi des Pays-bas, par Jonge 1823, p. 148.) — Ein Intaglio in derselben Sammlung, mit dem Namen Tryphon stellt den Kampf des Diomedes und Aeneas in Carneol dar.

C. Edelsteinschneider des XV. Jahrhunderts.

(Cinquecentisten).

Nach dem Verfall des römischen Reiches war eine grosse Lücke, ja so zu sagen eine vollkommene Leere in allen Künsten eingetreten, kein Wunder daher, wenn auch die Dacktyliographie gänzlich in Vergessenheit gerieth. Dass aber dieser Zeitraum beinahe ein Jahrtausend einnahm, scheint fast unmöglich und dennoch ist es so, denn wie schon früher angedeutet, erwachte erst unter den Medicäern wieder der Sinn für Steinschneidekunst, und zwar theils dadurch, dass einige ausgezeichnet schön geschnittene Steine in Italien und besonders in Florenz aufgefunden wurden, theils durch den ungeheuren Prunk, welchen der byzantinische Kaiser, Johannes Paläologus bei dem Concilium zu Florenz im Jahre 1438 mit solchen Edelsteinen machte. Und wie es zu gehen pflegt, dass das einmal Erwachte rasch zu einem frischeren Leben gedeiht, so war es auch hier der Fall, denn kaum hatte man den Werth der geschnittenen Steine erkannt, als der Papst und die Medicäer mit einander in der Beförderung dieses Kunstzweiges wetteiferten.

Dieser Anregung zufolge bildete sich auch bald eine eigene Schule aus, welche allgemein die der Cinquecentisten genannt wird. Sie beginnt beiläufig mit dem Jahre 1430, und reicht herüber bis in das XVI. Jahrhundert, worauf nach einer neuen Pause erst die eigentliche moderne Steinschneidekunst in das Leben trat.

Die Werke der Cinquecentisten sind hauptsächlich durch folgende Merkmale kenntlich. Für's Erste lieben sie bei ihren historischen Compositionen in der Regel eine weit grössere Zahl von Figuren als die antiken Künstler, dann haben die Figuren selbst selten eine grosse Tiefe. Ferner wählten sie am liebsten mythologische Darstellungen. Bei den Cameen aber ist das ein untrügliches Kennzeichen, dass sie die Umrisse der (in die obere Lage des Steines geschnittenen) Köpfe oder Figuren unterschnitten, damit diese schärfer hervorträten. Man nennt diese Manier, die bei antiken Meistern nie vorkommt, „Sotto-squadro". Ein weiteres Kennzeichen, besonders der Intaglien der Cinquecentisten, ist die, antiken Schnitten gegenüber bei weitem nicht so rein und leuchtend erscheinende Politur, auch trifft man bei ihren geschichtlichen Darstellungen sehr oft Fehler gegen das Costum, was bei den antiken nie der Fall ist, da diese zu vertraut mit Gegenständen waren, in deren Mitte sie selbst lebten. Der älteste Edelsteinschneider des XV. Jahrhunderts ist der auch als Maler und Medailleur berühmte Vittorio Pisani, welcher im Jahre 1448 starb.

Die Edelsteinschneider welche zu den eigentlichen Cinquecentisten und zur Schule des Cinquecento gehören, sind in alphabetischer Reihe folgende:

Compagni, Domenico, genannt dei Camei zu Mailand. Er verfertigte ausgezeichnete Bildnisse, worunter man besonders das des Lud. Sforza il Moro, in einen Rubin geschnitten rühmt. Im Museum zu Florenz ist von ihm eine Camee, ein Opfer vorstellend. Er starb um 1490.

Engelhart, Daniel, ein berühmter Edelsteinschneider, der zu Albrecht Dürer's Zeiten lebte, und von welchem selbst dieser sagte, dass er zu den vorzüglichsten Künstlern gehöre, die er in Italien und Deutschland gesehen habe.

Foppa, Ambrosio, Bildhauer, Goldschmied, Medailleur und Edelsteinschneider von Mailand, genannt Caradosso, ein zu seiner Zeit berühmter Künstler. Er arbeitete um 1500 in seiner Vaterstadt und auch in Rom, wo ihn B. Cellini bewunderte und nachahmte. Unter seinen plastischen Arbeiten sind Köpfe u. a. in der Sakristei von St. Satiro in Mailand. Seine Medaillen sind blos von Metallblech getrieben.

Giovanni dalle Carneoli. Er hat es am besten verstanden die antiken Meisterwerke nachzuahmen. Die Schule in welcher er sich bildete, war das Museum des Lorenzo von Medici, und dieser selbst der Gönner des Künstlers. Seine Werke von verschiedener Grösse sind zahlreich, und fanden früher die Bewunderung von ganz Italien. Eines seiner berühmtesten Erzeugnisse ist das Bildniss des Savonarola mit der Unterschrift: Hieronimus Ferrariensis Ord. Praed. Propheta, Vir et Martyr, welches sich im Museum zu Florenz befindet. Der Tod erreichte den Künstler zu Florenz um die Mitte des 16. Jahrhunderts, nachdem er an Domenico de' Camei bereits einen gefährlichen Nebenbuhler erlebt hatte.

Marmitta, Francesco und Ludovico, Vater und Sohn die um 1494 bis in das folgende Jahrhundert blühten, und den Ruf geschickter Künstler behaupteten. Nachdem der Vater die Malerei einige Zeit geübt hatte, versuchte er sich auch im Kupferstiche, erlangte aber noch grösseren Beifall durch seine Arbeiten in harten Steinen. — Diese Technik lehrte er seinem Sohne Ludwig, der darin nicht wenig Beifall erntete. Er fertigte verschiedene Cameen nach Antiken, die nicht selten für die alten genommen wurden. Bewunderungswürdig schön nennt P. Mariette einen Antonius Comodus, der zur Gemmen-Sammlung Zanetti's gehört. Ein gleiches Lob ertheilt er einer Camee des Ludovico, welche den Kopf des Sokrates zeigt, und sich im Museum zu Florenz befindet. Der Cardinal Salviati schätzte den L. Marmitta so sehr, dass er ihn in sein Haus aufnahm.

Pisano, Victor, Maler, Medailleur und Edelsteinschneider, geboren um 1400, arbeitete schon Anno 1404, eine Medaille für den Herzog Gonzaga von Mantua; nach Vasari war er ein Schüler des Castagno, dem jedoch Lanzi wiederspricht. Pisani malte viel zu Rom, Perugia u. s. w., und fertigte viele Medaillons mit Bildnissen von Fürsten. Er gilt allenthalben als der Wiedererwecker der Steinschneidekunst im 15. Jahrhundert. Geschnittene Steine von seiner Hand, sind übrigens bisher nicht bekannt.

Alphabetisches Verzeichniss der modernen Edelsteinschneider.

Abraham.
Alshner.
* Amastini,
* Ambrogio, Mstr.
Ambrogio, Steph.
Anfasso.
* Anichini.
Atsyn.
Aurelli.
* Avanzi.
Ballador.
Barier.
Becker.
** Belli, Valerio.
Beltrami.
Belzer.
Benedetti.
Beretz.
* Berini.
* Bernabé.
Bernardi.
Bertioli.
Bianchi.
* Birago.
Böhm.
Borghigini.
Borgognone.
** Brown, W.
** Burch.
Burde, J. C.
Burde J. I.
* Cades.
* Calandrelli.
Caparroni.
** Caraglio.
Carrioni.
Catenacci.
** Cerbara, Joh.
Cerbara, Jos.
Certain.
** Cesari.
Chapat.
Chelli.
Chiavenna.
Chochi.
Claus.
* Coldore.
** Constanzi, C.
Contanzi, J.
Constanzi, Th.
Costracci.
Dessandi.
Dies.
Dolce.
Dollinger.
Domard.
Dordoni.
** Dorsch, J. Chr.
Dorsch, Eberhard.
* Dorsch, Susanna.
Drausch.
Dubois.
Etlir.
Fabi.
Fabri.
Facius, A.
Facius, Fr. W.
Fontano, A.
Franz.
Frey.
Fries.
Ghingi.
* Giorgio.
Giovanni.
** Girometti.
* Graaft.
Grandi.
Grave.
* Guay.
Hanf.
* Hecker.
* Hess, J. B., Vater und Sohn.
* Hess, P.
* Hoefler.
Hübner.
Jachtmann.
Jacobsen, A.
Jacobsen, S.
Januzzi.
* Jeuffroy.
* Kilian.
Klett.
Labbart.
Landi.
Lehmann.
Longhi.
Mango.
** Marchant.

Die mit * bezeichneten Namen sind die berühmten, die mit ** die berühmtesten Künstler.

Masini.
Masnago.
Mastini.
Maurice.
Maxalas.
Meinir.
Michelino.
Miseron, Ambros.
Miseron, A.
Miseron, D. sen.
* Miseroni, Gasparo.
* Miseroni, Girol.
* Miseroni, Ottavio.
Mochi.
* Mondella, Galeazzo.
Mondella, Girol.
** Morelli.
Moreta.
Müller.
* Nanni di Prospero, dalle Carniole.
** Nassaro.
Natale.
** Natter.
Nentwig.
Neuss.
Nigrolli.
Ochs.
Oexl.
Oexlein.
Otto.
Passaglia.
** Pescia.
* Pichler, J. A.
** Pichler, J.
* Pichler, J. J.
* Pichler, Luigi.
* Pilaja.
* Pistrucci.
Pollio.
Polo.
Pompadour.
Price.
* Putinati.
Ranisch.
* Rega.
Reisen.
Reuss.
Rey (vide Suzan).
Richter.
Ries, Johann.
Ries, Mathias.
Romano.
Rosi.
* Rossi.
Sachi.
Salvati.
** Santarelli.
Santini.
** Saracchi.
Scharff.
Schaupp.
Schild.
Schneider.
* Schwaiger, Christ.
Schwaiger, Ulrich.
Schwanhart, G. u. H.
Schwanhart, H. u. G.
Schwarzenburger.
Schweinberger,
Seaton.
Seidlitz.
Selli.
* Simon, Henry.
* Simon, M.
Siries.
* Sirletti, Flavio.
Sirletti, Fr. und R.
Smart.
Spiller.
Steinschneider.
Stephani, Joh.
Stiehl.
Suzan, gen. Rey.
Tagliacarne.
Talani, Therese.
Tettelbach, C. F.
* Tettelbach, G. B.
Tettelbach, Paul.
Tietze.
Torricelli, C.
* Torricelli, G.
* Tortorino.
Traut.
** Trezzo.
Vetravino.
Vilcot.
* Voigt, Carl.
Vogt, D.
Walther.
Walwyn.
Weber.
Wedder.
Weidlich.
Weller v. Malsdorf.
Wendt.
Werner.
Wiener.
Williams.
Wolf, Aron.
Wolf, Elias.

Moderne Epoche.

Abraham, Jacob, geb. zu Strelitz 1723, † zu Berlin 1800, war über 50 Jahr lang Münzgraveur der preussischen Regierung. Im k. k. Antiken-Kabinet zu Wien ist von ihm das Brustbild der Kaiserin Maria Theresia mit dem Witwenschleier, bezeichnet I. ABRAHAM; eine mittelmässige und harte Arbeit. Onyx von zwei braunen und weissen Lagen.

Alshner, blühte zu Augsburg im Anfange unseres Jahrhunderts.

Amastini, Angelo Antonio, aus Fossombrone, blühte in der zweiten Hälfte des 18. Jahrhunderts. Er copirte nicht bloss nach Antiken, sondern verstand auch eigene Erfindungen im Geschmacke der Alten trefflich darzustellen. Seine Copien nach Antiken wurden theuer verkauft und oft für Originale gehalten.

Ambrogio, Maestro, aus Mailand, arbeitete um 1555 für Cosmus I. zu Florenz.

Ambrogio, Stephano, des Obigen Sohn, arbeitete ebenfalls zu Mailand.

Anfasso, Giacomo, von Pavia, der 1583 zu Rom im 80. Jahre starb.

Anichini, Lodovico, aus Ferrara, lebte um die Mitte des 16. Jahrhunderts. Er arbeitete zu Venedig und lieferte treffliche Arbeiten.

Atsyn, Richard, unter der Regierung Heinrichs III., dessen Bildniss er in Sardonyx schnitt. Ein solches besass der Herzog von Devonshire. (Fiorillo V. 217).

Aurelli, blühte zu Rom in der 2. Hälfte des vorigen Jahrhunderts. Er schnitt meistens Cameen.

Avanzi, Nicolo, von Verona, zu Anfang des 16. Jahrhunderts.

Ballador, Johann Georg, von Nürnberg. Er war Schüler von Dorsch, arbeitete zu Amsterdam, starb aber schon 1757. Unter seinen Werken rühmt man das Bildniss des Cardinals Querini.

Barier, Franz Julian. Seine Geschicklichkeit war sehr gross, besonders in kleinen Figuren, welche er vortrefflich zu schneiden wusste; jedoch fehlte es ihm an einer festen Zeichnung. Barier war der Sohn eines Goldschmiedes und Schmelzmalers zu Paris und starb 1746 im 46. Jahre seines Alters. Seine Werke kamen in den Besitz des Königs von Frankreich Louis XV.

Belli, Valerio, auch Valerio Vicentino genannt. Er wurde um 1479 zu Vicenza oder in Pesaro geboren und starb nach Vasari 1546. Seine Werke wurden denen des Pyrgoteles und Dioskorides gleich geachtet. Zu Belli's vorzüglichsten Werken gehört eine krystallene Casetta, in welche er das Leiden Christi mit ausserordentlichem Fleisse schnitt. Dieses Gefäss machte Papst Clemens VII. dem König Franz I. von Frankreich zum Geschenke, der es unter die Kostbarkeiten seines Schatzes stellte. Für diesen Papst fertigte er auch sehr schöne Pacen und ein Kreuz von Kristall. Er schnitt auch mehrere Stämpel zu Medaillen mit ausserordentlicher Kunst nach antiken Vorbildern. Auch für den Papst Paul III. führte er mehrere Werke aus; eben so für den Cardinal Bembo, der in einem Briefe an den Cardinal von S. Maria in Portico, von den Künstler einen Pesarenser nennt, der sich 1530 in Vicenza niedergelassen habe. Man glaubt, nach Walpole's Behauptung, dass Valerio auch in England gewesen sei, allein Vasari meldet nichts von dieser Reise. In England befinden sich folgende Steine, die ihm zugeschrieben werden: ein Bildniss der Königin Elisabeth (Onyx) in der Sammlung des Lord Charlemont; der Kopf des Lordschätzmeisters Burleigh, auf der Rückseite eines alten Intaglios mit dem Bildnisse des Caracalla, war früher in Walpole's Kabinet.

Becker, Philipp Christoph von, aus Coblenz, erlernte anfangs die Goldschmiedekunst und kam dann nach Wien, wo er sich unter Anleitung von Seidlitz zum Edelsteinschneider bildete. Er arbeitete in Diensten Kaiser Jeseph's I. und Carl's VI., welcher denselben in den Adelstand erhob. Mit Erlaubniss des Kaisers Joseph ging er nach Russland, um dort das kaiserliche Siegel zu schneiden und die Münzgepräge zu verbessern. Peter der Grosse würdigte desswegen den Künstler einer besonderen Ehre

Im k. k. Antiken-Kabinete befindet sich von ihm das Brustbild Kaiser Carls VI. mit dem Lorbeer in den Haaren und mit einem Harnisch, über welchen der Orden des goldenen Vliesses hängt; auf dem linken Arme die Buchstaben P. C. B. (Philipp Christoph Becker). Er starb 1742 zu Wien in einem Alter von 68 Jahren.

Beltrami, aus Cremona, lebte noch 1838 und stand in dem Rufe als einer der vorzüglichsten modernen Steinschneider, diess konnte aber nur zu einer Zeit geschehen, wo man nicht nur blind für alles Schöne war, sondern auch die Kenntniss des reinen Antiken verloren hatte. Seine Figuren sind eben so mittelmässig gezeichnet, als seine Gewandungen geschmacklos sind; man vergleiche nur bei den Intaglien Venus und Jupiter sowohl die Fleischpartien und die Draperien mit irgend einer classischen Arbeit, um sich von dem Gesagten vollkommen zu überzeugen. Eben so schwach sind die Intaglien Venus und Vulkan, Venus und Telesphorus, die Flora, ferner der Amor mit den Blumen. Das Bildniss Napoleon I. gehört überhaupt zu den schwächsten seiner Arbeiten. Etwas besser sind seine Köpfe, darunter Petrarca, da Vinci, Sappho, Ariadne, eine Charitas u. s. w. Als sein Hauptwerk ist der grosse Sarder (Intaglio) bekannt, welcher den Ganymed im Olymp mit der Nektarschale vor Jupiter knieend vorstellt, welche Arbeit Beltrami nach dem bekannten Bilde Appiani's schnitt. Er brachte unten das Bildniss dieses Malers en medaillon an. Mag es auch wirklich Beltrami's beste Arbeit sein, so ist die Zeichnung dennoch schwach und manirirt und bleibt weit hinter dem Originale zurük. Am schwächsten sind die Hygea, welche höchst steif dasteht, und Ganymed, der ganz entfernt von griechischem Geiste, läppisch niedergekniet ist. Er bezeichnete seine Werke mit BELTRAMI, und die letztgenannte Arbeit mit BELTRAMI. INC: 1838.

Belzer, Zacharias, Krystall- und Edelsteinschneider, verfertigte mit Kaspar Lehmann so vortreffliche Arbeiten, dass sie in Kunstkammern aufbewahrt wurden. Sie arbeiteten am kais. Hofe zu Prag um 1590.

Benedetti, Matthäus, aus Bologna, wo er 1523 starb. Näheres ist über sein Leben nicht bekannt.

Beretz, Joseph, von Homburg vor der Höhe geboren 1745. Er lernte die Kunst bei seinem Vater Joseph Abraham um 1783.

Berini, aus Rom. Er arbeitete mehrere meisterhafte Werke für die Daktyliothek des Grafen von Sommariva. Unter andern schnitt er in einen ovalen orientalischen Topas den Kopf des Caracalla in so hohem Relief, dass er beinahe frei vom Grunde wegsteht. Eine andere meisterhafte Arbeit ist Simon und Pero, eine erhabene Gruppe in gelbem Achat, nach einem Gemälde von Guido Reni, ebenfalls im Besitze des Grafen Sommariva, ferner eine Camee in Agat-Onyx, die Sappho vorstellend, welche er für den Grafen Schönborn fertigte. Im Jahre 1824 vollendete er eine römische Charitas (Onyx) und einen Kopf der Andromeda (weisser Topas) mit dem schönsten Ausdruck des Schmerzes. Berini verbindet in allen seinen Werken mit der Richtigkeit der Zeichnung eine ganz ungewöhnliche Kühnheit der Ausführung. Seine Werke bezeichnete er mit: BERINI.

Bernabé, Felix Anton Maria, geboren 1720 zu Florenz. Er erlernte die Zeichenkunst bei F. Bombici und dann die Edelsteinschneidekunst bei F. Ginghi. Bernabé's Werke sind ungemein zahlreich und noch immer gesucht. Sein Todesjahr ist unbekannt.

Bernardi, Johann, nach seinem Geburtsorte Bolognese genannt. Er arbeitete nach Zeichnungen Mich. Angelo's, Perin del Vaga's u. A. Sehr schön sind auch seine Medaillen. Bernardi fertigte vieles für Alfons I., und Carl V. liess ihm für eine Schaumünze 100 Goldkronen auszahlen. Clemens der VII. gab ihm eine einträgliche Anstellung und auch Alexander Farnese war sein grosser Gönner. Bernardi starb zu Faenza 1555 im 60. Jahre. Zu seinen besten Arbeiten gehört die Vorstellung des Prometheus, dessen Herz der Geier frisst, und der Sturz des Phaëton, beide in Krystall geschnitten und zwar nach Michael Angelo's Zeichnungen.

Bertiole, Joh. Papt., von Venedig, arbeitete auch zu Neapel und um 1785 zu Wien.

Bianchi, Johann Bonavita, ein geschickter Mosaicist und Edelsteinschneider aus Mailand, wurde 1580 an den florentinischen Hof berufen, um die Leitung der Musivarbeiten zu übernehmen, welche Franz I. in der grossen Kapelle der Fürstengräber ausführen liess. Er starb 1616.

Birago, Clemens, von Mailand, arbeitete um 1564 am Hofe Philipps II. von Spanien. Hier grub er das Bildniss des Infanten Don Carlos und den Siegelring desselben in Diamanten. Man hält ihn auch für den Erfinder der Kunst, in Diamanten zu graben.

Böhm, Johann Daniel, ein berühmter Bildhauer, Medailleur und Edelsteinschneider, geboren zu Wallendorf in Ungarn 1794, widmete sich Anfangs dem Kaufmannsstande, fing aber 1814 an, fleissig zu zeichnen und zu modelliren, und nachdem er nur kurzen und unzureichenden Unterricht genossen, erhoben und vertieft in Stein, in Holz, in Kelheimer-Marmor und in Edelsteine zu schneiden. Im Winter des Jahres 1821—22 ging Böhm nach Italien, hielt sich in Florenz und Rom auf, und erhielt von Canova und Thorwaldsen Beweise der Achtung. Das erste Werk, welches die Aufmerksamkeit auf den Künstler zog, war ein Faun für den Fürsten von Metternich, ferner zeichneten sich aus: Amor, der Löwenbändiger, und ein Adlerkopf für H. Hebenstreit; eine Tänzerin für den Grafen Lamberg, seinen besondern Gönner; ein grosser Römerkopf für H. Neuling; mehrere Standbilder der vorzüglichsten Fürsten des Erzhauses Oesterreich, welche Erzherzog Johann für die Kapelle des Brandhofes bei Mariazell fertigen liess. Höchst meisterhaft ist auch sein Bildniss des Grafen von Hohenwart, Erzbischofs von Wien, in cararischem Marmor, und andere Porträte, welche der Künstler in Rom fertigte, wie z. B. jenes des Papstes, des Grafen Lützow, des Cardinals Gonsalvi, der schönen Albaneserin Vittoria etc. In Rom copirte Böhm auch die Gypsabgüsse der Elginschen Marmore, die dem Papste zum Geschenke gemacht wurden und eine Gruppe des siegenden Centaur von den Metopen des Parthenon. Aus dem panathenäischen Festzug copirte und ergänzte er 14 der schönsten Tafeln. Böhm's erste Arbeit in Edelstein war der ausdrucksvolle Kopf des k. k. Hofschauspielers Koch. Seine erste Camee stellt einen Heros mit dem Lorbeerkranze vor, ein Werk von ächt antikem Geiste und bewunderungswürdiger Feinheit in der Ausführung. Auch

Thorwaldsen's Bildniss spricht durch treue Wahrheit an. Ausgezeichnet ist ebenfalls die Flucht der Helena, ein Werk, das Böhm für H. von Speck in Leipzig ausführte. Es würde zu weit führen, all das Treffliche aufzuzählen, was der Künstler gefertiget hat.

Borghigini, Francesco, Kupferstecher und Edelsteinschneider zu Florenz, geb. 1727, gestorben um 1770. Er erlernte die Kupferstecherkunst bei Dom. Picchianti, widmete sich aber später vorzüglich dem Edelsteinschneiden.

Borgognone, Andrea, aus Florenz, arbeitete um 1670 am Hofe zu Toscana, auch für andere Höfe lieferte er Arbeiten.

Brown, W., einer der vortrefflichsten Steinschneider Englands, der sich vorzüglich dadurch auszeichnete, dass er nicht nur Köpfe und einzelne Figuren, sondern auch Gruppen schnitt. Zu seinen vorzüglichsten Arbeiten gehören folgende: A. Das Brustbild Neptun's, Copie nach Pamphilos. Der Gott hält den Dreizack in der Rechten. Die Stellung ist kühn und die Musculatur etwas stark, der Kopf hingegen ist tadellos und Haare und Bart sind sehr schön angeordnet. B. Die Muse Terpsichore mit einer Lyra, Copie nach einer Antike. Zarte elegante Figur, mit sehr hübscher, weicher Draperie. C. Phöbus auf dem Sonnenwagen, über den Pferden schwebt ein Amor (Luciferos) mit der Fackel. Sehr schöne Modellirung, weich in den Formen, alle Stellungen lebhaft bewegt. D. Andromache vor dem Thron des Priamos kniend, zeigt ihren durch den Tod des Hektor verwaiseten Knaben. Composition von zwölf Figuren, denen dann noch die Statue der Minerva beizurechnen ist. Die Anordnung ist malerisch und zerfällt in zwei Hauptgruppen. In allen Gestalten ist Leben und Ausdruck, so dass man wirklich ein Drama vorgestellt sieht. Der Stein zeigt zugleich die höchste Vollendung und zwar besonders dadurch, dass auf der Seitenwand der Stufen des Thrones noch ein ganzer Fries von äusserst kleinen Figuren angebracht ist. Der Künstler bezeichnete seine Arbeiten mit: W. BROWN F.

Burch, einer der besten Edelsteinschneider Englands. Er lebte in London und war der Lehrmeister des berühmten Marchant. Zu Burch's vorzüglichsten Arbeiten gehört die Leda mit dem Schwan (bezeichnet mit BURCH), ferner ein Apollokopf mit einer kleinen Lyra (bezeichnet mit BURCH. INV.), dann das Bildniss Shakespeare's und ein Pferd. Der Künstler besass eine schöne Technik, nur wurde er zuweilen, wenn er zu sehr in das Studium gerieth, in den Umrissen etwas hart. Seine Blüthezeit fällt in die ersten Hälfte des 18. Jahrhunderts. Er war sehr fleissig und fertigte ausser den obgenannten Steinen eine grosse Zahl von Intaglien, welche stets ihre Bewunderer fanden und in den meisten Cabineten Europa's anzutreffen sind.

Burde auch **Bourdet**, Johann Carl, wurde 1774 zu Libenau geboren. Er studirte zu Wien, und ging dann 1770 nach Paris, wo er unter Legois arbeitete, und mehrere historische Vorstellungen für die höchsten Personen fertigte, die theils in Frankreich blieben, theils in die Niederlande, nach Spanien und England kamen. Im Jahre 1774 kehrte er in sein Vaterland zurück, und liess sich in Prag nieder, wo er um 1818 starb.

Burde, Johann Ignaz, Sohn und Schüler des Obigen, wurde 1776 zu Prag geboren.

Cades, Alexander, arbeitete gegen das Ende des vorigen Jahrhunderts zu Rom. Er lebte noch 1811.

Calandrelli, italienischer Künstler, der noch in Berlin lebt. Es sind von ihm unter vielen andern bekannt: ein Frauenkopf (Proserpina) mit Schilf in den Haaren, der Kopf einer Minerva und ein bärtiger Kopf mit Eichenlaub bekränzt. Seine Arbeiten sind fein und zierlich, und es befinden sich mehrere im k. Museum zu Berlin. Calandrelli gehört zu den vorzüglicheren modernen Künstlern. Er bezeichnete seine Werke mit: CALANDRELLI.

Caparroni, arbeitete zu Rom in der zweiten Hälfte des vorigen Jahrhunderts.

Caraglio, auch **Caralio** und **Caralius**, Giovanni Jacopo, vortrefflicher Kupferstecher, Zeichner, Stein- und Medaillenschneider, zu Parma um 1500 geboren, hat aber auch zu Verona gearbeitet, weil er sich auf einigen seiner Blätter Parmensis, auf anderen Veronensis nennt. Er studirte in Rom nach Marc. Anton. Nachdem sich Caraglio eine Zeit lang im Kupferstechen geübt hatte, widmete er sich ganz dem Stein- und Medaillenschneiden, und erlangte hierin einen grossen Ruhm. Sigmund I. rief ihn daher nach Polen, und trug ihm verschiedene Arbeiten auf, die er auch zu grösster Befriedigung ausführte. Reichlich belohnt kehrte er nach Italien zurück, und starb dort auf seinem Landgute im Parmesanischen um 1570.

Carrioni, Giovanni, Ambrogio und Stefan, Brüder, von Mailand, Söhne von Girolamo Carrioni, drei Künstler, die zu Anfang des 16. Jahrhunderts lebten. Sie arbeiteten für den Grossherzog Franz I. von Toscana, besonders für das berühmte Casino Mediceo zu Florenz. Von ihren kostbaren Werken sieht man noch mehrere im Palaste Pitti, in dem Museum zu Florenz und in anderen Sammlungen.

Catenacci, Vincenzo, ein Edelsteinschneider zu Rom, der unserm Jahrhundert angehört. Seine Arbeiten sind unbedeutend, er bezeichnete sie mit: CATENACCI. Er schnitt meistens nur Cameen.

Cerbara, Giov. Battista, arbeitete zu Rom in der zweiten Hälfte des vorigen Jahrhunderts. Er gehört zu den besten Künstlern seines Faches und seiner Zeit. Die Italiener halten die Werke Cerbara's in ihrer Art nicht geringer, als die jener Künstler, welche das Zeitalter Leo's X. verherrlichten. Im k. k. Antiken-Kabinete befindet sich von ihm der Kopf F r a n z II., Kaisers von Oesterreich, in C a r n e o l, mit dem Namen des Künstlers: CERBARA (Intaglio) ($7^3/_4$''' hoch, $5^1/_2$''' breit.). Er starb um 1812. Cerbara hat sehr viel Intaglien und Cameen geschnitten, und es befinden sich sehr viele derselben auch in Privathänden, wie ich öfter zu sehen Gelegenheit hatte. Seine Hauptbeschäftigung bestand im Verfertigen von Bildnissen von lebenden Personen, deren Physiognomien und Charaktere er mit treffender Wahrheit wiederzugeben wusste. Der Kopf einer S a p p h o von ausgezeichnet schöner Arbeit ist in meinem Besitz. (Siehe die Folge.)

Cerbara, Joseph. Lebte zu Rom, wo er schon zu Anfang unsers Jahrhunderts mit dem obigen Künstler arbeitete, ohne ihn aber zu erreichen. Er schnitt meistens Münzstämpel.

Certain, Johann Baptist, geboren zu Paris um 1730. Man kennt von ihm eine schöne Copie von dem berühmten B a c c h anale, welches unter dem Namen des Siegelringes von Mich. Angelo bekannt ist.

Cesari, Alexander, eigentlich **Cesati** genannt il **Greco**. Für eines seiner vorzüglichsten Werke hält man den Kopf Heinrich's II. von Frankreich, den er erhoben auf einen Carneol schnitt. Seine Gemmen sind sehr selten und kostbar, und besonders berühmt ist die Camee des Phocion. Von ihm sind nach Visconti auch die Steine, die mit dem Namen M. Lollius Alexander bezeichnet sind. Man nannte diesen Künstler (nach Vasari) immer Alexander Cesari, allein er heisst Cesati und stammt aus einer mailändischen Familie, wie aus Acten erwiesen wurde. Den Beinamen Greco erhielt er wegen der Nacheiferung der berühmten alten Meister, oder vielmehr wegen der griechischen Bezeichnung seiner Werke: *ΑΛΕΧΑΝΔΡΟΣ ΕΠΟΙΕΙ*. Cesati's Blüthezeit fällt um das Jahr 1550, sein Geburts- und Todesjahr ist unbekannt.

Chapat, Ludwig. In der kais. Bibliothek, im Kabinete der Medaillen und Antiken zu Paris ist von ihm das Bildniss Ludwigs des XV., bezeichnet Lud. Chapat F. Ausser diesem Steine ist uns nichts Näheres über diesen Künstler bekannt.

Chelli, Giuseppe, lebte 1810 noch zu Rom.

Chiavenna, Jacob, ein kunstreicher Goldschmidt und Edelsteinschneider zu Modena, von dem sich noch schöne Prunkgefässe finden. Er starb 1650 an der Pest.

Chochi, blühte zu Rom, im Anfange unseres Jahrhunderts. Er schnitt meistens Cameen.

Claus, Schüler von Carl Reisen, arbeite in London, starb daselbst 1739. Claus ist als geschickter Edelsteinschneider bekannt.

Coldore, Franz, einer der ausgezeichnetsten französischen Edelsteinschneider, welcher in der zweiten Hälfte des sechzehnten Jahrhunderts arbeitete. Er stand in Diensten Heinrichs IV., dessen Bildniss er mehre Male vertieft darstellte, und zwar vortrefflich geschnitten, was auch mit seinen andern Intaglien und Cameen der Fall war. Er scheint nur Portraite dargestellt zu haben; denn Mariette sagt dass er von diesem Künstler nie eine Figur gesehen habe. König Heinrich IV. schickte den Coldore nach England, um die Königin

Elisabeth zu porträtiren, und vermuthlich sind daher die schönsten Bildnisse dieser Königin von Coldore's Hand. Im k. k. Antiken-Cabinet zu Wien *) befindet sich ebenfalls ein Brustbild der Königin Elisabeth von England. Der Ausdruck des Gesichtes hat die kalte Strenge, welche diese Königin auszeichnete. Die Brust ist mit dem Georgsorden und andern Kleinodien geschmückt. Vom Haupte wallt rückwärts ein Schleier herab. Ein ähnlicher, jedoch kleinerer, und nicht so schön gearbeiteter Stein befindet sich in Paris im Cabinet des médailles, ein dritter war früher in der Collection des Duc d'Orléans zu Paris, jetzt in der Erémitage zu St. Petersburg.

Costanzi, Carlo, 1703 zu Neapel geboren. Sein Vater Johann übte gleiche Kunst, aber der Sohn übertraf ihn bald. Er hielt sich beständig in Rom auf. Für den König von Portugal schnitt er eine Leda und den Kopf des Antinous in Diamanten, und gewann damit so sehr den Beifall des Königs, dass er ihm den Christusorden ertheilte. Im Jahre 1729 copirte er für den Cardinal Polignac die Medusa des Solon. Ganz vorzüglich ist auch das Portrait des Cardinals Georg Spinola, in Achat-Onyx. Im Museum zu Florenz ist von ihm das Bildniss des Baron Stosch in Saphir geschnitten. (Intaglio.) Seinem Vater Johann legt Stosch einen schönen Kopf des Kaisers Nero bei, allein Carlo eignet sich selbst dieses Werk zu. Der alte Costanzi starb 1754 im 90. Jahre, das Todesjahr des berühmten Sohnes ist nicht bekannt. Der Bruder des Letzteren, Thomas Constanzi, der ebenfalls mit Erfolg in Edelsteinen grub, starb 1747.

Costracci, Johann, arbeitete zu Prag 1610 in Diensten Rudolf's II, lebte aber noch um 1650.

Dessandi, blühte zu Rom, im Anfange unsers Jahrhunderts, und war Schüler von Caparroni. Er schnitt meistens Cameen.

Dies, blühte zu Rom, im Anfange unseres Jahrhunderts. Er arbeitete sehr schön, aber meistens in Conchylien.

Dolce, Federigo, aus Rom, ein Künstler unseres Jahrhunderts.

---

*) Sehr schöner Onyx von drei Lagen, braun, weiss, braun, 2" 6¼''' hoch und 1" ½''' breit. Der goldene und emaillirte Reif der den Stein umgiebt, ist mit acht Diamanten geschmückt. (V. Arneth.)

Dollinger, Hans, lebte um 1522 in Deutschland. In der Ambraser-Sammlung zu Wien sind Steine mit einem Monogramme, das Primisser in der Beschreibung dieser Sammlung unserm Künstler zuschreibt.

Domard, Joseph Franz, wurde 1792 zu Paris geboren. Er genoss den Unterricht Cartellier's und Jeuffroy's und lieferte bereits mehrere schätzbare Werke. Unter diesen sind zu bemerken: Ulysses, von seinem Hunde erkannt, ein Faun, die Unschuld, das Bildniss des Herzogs von Berry, ein Amor, und mehrere allegorische Darstellungen.

Dordoni, Anton, von Busetto im Herzogthume Parma, übte seine Kunst zu Rom. Er starb auch daselbst 1584 im 56. Jahre.

Dorsch, Johann Christoph, zu Nürnberg. Er war in seiner Jugend Kellner, wurde hernach Weinhändler, Glasschleifer und endlich Steinschneider. Im Jahre 1728 wurde eine Medaille auf ihn geprägt, mit seinem Bildnisse auf der einen und mit der Pallas auf der andern Seite. Im Jahre 1732 starb er 52 Jahre alt. Köhler (Münzbelustigungen XVII. 66) sagt, dass unter allen neuen Künstlern keiner in so ansehnlicher Menge die alten Bildsteine nachgeschnitten habe, als Dorsch. Seine Intaglien von römischen Kaisern, Königen von Frankreich, Spanien und Portugal, von Päpsten und Dogen belaufen sich nach Köhlers Angabe, auf mehrere hundert Stücke, Keyssler gibt die in Carneol gsschnittenen Päpste auf 238 an. Die Köpfe von Göttern und berühmten Personen, die Hieroglyphen, Abraxas, Amulete und Historien, die in Ebermeyer's Thesaurus Gemmarum von J. Bayer und E. Reusch 1720 und 21 beschrieben sind, hat Dorsch gefertiget.

Dorsch, Eberhard, aus Nürnberg, der Vater Johann Christoph's. Er war ein Schüler von St. Schmidt, Möller und Spangenberg. Er starb zu Nürnberg 1712 im 63. Jahre.

Dorsch, Susanna Maria, Tochter und Schülerin des Obigen, wurde 1701 zu Nürnberg geboren. Vervollkommnete sich dann bei P. P. Werner so sehr, dass sie ihren Vater übertraf, besonders nach ihrer Verehelichung mit Preissler; denn er brachte aus Italien schöne Pasten mit, nach denen sie jetzt studirte. Sie fertigte die Bildnisse der Könige von Preussen und Dänemark.

Susanna Dorsch starb 1765, A. R. Werner fertigte eine Medaille zu ihrem Andenken. Ihre geschnittenen Gemmen belaufen sich auf einige Hundert. Ihr Bruder Paul Christoph übte gleiche Kunst, erreichte aber in derselben die Schwester nicht.

Drausch, Valentin, aus Augsburg arbeitete im 17. Jahrhunderte am Hofe Herzog Wilhelm's von Bayern.

Dubois, Eugen, geboren zu Paris 1796, lernte bei Droz und Bridan, und lieferte mehrere schätzbare Denkmünzen, z. B. auf die Herzogin von Berry, auf den Herzog von Bordeaux u. a. Ich besitze von ihm eine Portraitcamee in Onyx. (Siehe die Folge.)

Etlir, Kilian, Steinschneider zu Salzburg, wo er 1795 im 62. Jahre starb.

Fabi, Franz Maria, zu Venedig, lernte bei G. Valder zu Wien. Er schnitt in verschiedene Steine und copirte meistens antike Köpfe. Er starb um 1755. Sein Sohn Johann Fabi übte die gleiche Kunst.

Fabri, Giulio, arbeitete zu Rom um 1810.

Facius, Angelica, von Weimar, bildete sich unter der Leitung ihres Vaters und begab sich dann nach Berlin. Sie schnitt das Bildniss des Grossherzogs von Weimar in einen schönen Carneol, dasselbe Portrait schnitt sie auch für eine Verdienst-Medaille. Unter ihren Kunstleistungen gelangen ihr besonders Portraits. Man hat von ihr auch mehrere schöne Büsten in Gyps, Siegel und Basreliefs, lauter Werke, die mit Einsicht und Geschmack vollendet sind.

Facius, Friedrich Wilhelm, aus Weimar, Vater der Angelica Facius. Er schnitt das Portrait des Grossherzogs so wie auch jenes des berühmten Göthe.

Fontana, Annibale, Edelsteinschneider, Bildhauer und Giesser zu Mailand. Starb 1587 im 47. Jahre.

Franz, J. J. A. zu Berlin. Im Jahre 1804 wird er schon k. pensionirter Edelsteinschneider genannt.

Frey, Hyacinth. Steinschneider zu Rom um 1810.

Fries, Samuel, Maler und Steinschneider zu Zürich, der sich in Mähren Ruf erwarb. Er starb 1696.

Ghingi, Francesco, Maria Cajetano, geboren zu Florenz 1689, lernte bei seinem Vater. Er arbeitete für den toskanischen Hof, u. a. eine Copie der mediciäischen Venus, die er in einen grossen Amethyst schnitt. Auch zu Neapel war er geachtet. Er starb um 1756. Sein Oheim Vicenzo ist auch als Künstler bekannt.

Giorgio, von Mailand, Zeitgenosse des M. Ambrogio.

Giovanni, Carlo de, Amatini genannt. Er war Professor zu Berlin und starb 1825. Man hat von seiner Hand gefertigt mehrere Cameen. Im Jahre 1824 schnitt er das Bildniss Goethe's in einen Onyx.

Girometti, Giusseppe, zu Rom geboren um 1790. Dieser Künstler gehört zu den ersten seines Faches, seine Camee mit Jupiter und Hebe in einen orientalischen Onyx geschnitten, ist ausgezeichnet. In dem Museum zu Berlin ist ein Kopf Alexander des Grossen. (Onyx), 2 Zoll hoch, 1½ Zoll breit. Er hat überhaupt viele Cameen geschnitten.

Graaft, Gottfried, eigentlich Kraaft, von Danzig und Natter's Schüler. Er hielt sich einige Zeit in Rom auf, wo man ihn „il Tedesco" nannte.

Grandi, Johann Hieronymus, Bildhauer, Edelsteinschneider und Punzenarbeiter in Padua, starb 1560 im 52. Jahre. Er fertigte kleine Bildwerke und getriebene Arbeiten in Gold und Silber. Sein Onkel Vincenzo war in gleichen Arbeiten berühmt.

Grave, Franciscus de, zu Brüssel, geboren zu Gent. Im Jahre 1819 erhielt er für einen in Stein geschnittenen Apollo-Kopf den Preis.

***Guay**, Jakob, Juwelier und Edelsteinschneider von Marseille, lernte zu Paris bei F. Boucher. Die Steinschneidekunst übte er erst in reiferen Jahren, nachdem er die Steine des Kabinets Crozat sah. Zu Rom copirte er einige antike Köpfe, wie den Antonius, der besonders gefiel. Nach seiner Rückkehr ertheilte ihm der König in Paris den Auftrag, seine vorzüglichsten Thaten in Edelsteine zu graben, wozu er mit dem Siege von Fontenoy nach Bouchardon's Zeichnung den Anfang machte. Nach dem Cataloge von M. Chabouillet befinden sich zu Paris folgende Steine von seiner Hand.

A. Cameen:

Nro. 350. Bildniss Ludwigs XV. mit Lorbeern gekrönt. Sardonyx. — Nr. 352. Bildniss desselben, aber kleiner als das Vorige, aus einem Bracelet der Marquise Pompadour. — Nr. 352. Derselbe im Küraß. Böhmischer Granat. — Nr. 353. Derselbe mit Lorbeern gekrönt. Sardonyx, mit Diamanten geziert. — Nr. 354. Derselbe. Sardonyx, mit dem Initial G bezeichnet. Nr. 156. Dauphin Louis, Vater von Ludwig XVI. Sardonyx. — Nr. 357. Geburt des Herzogs von Burgund. Sardonyx. — Nr. 369. Frankreich und Oesterreich reichen sich die Hände. Sardonyx. — Nr. 361. Ein Genius pflanzt einen Lorbeerbaum. Auf dem Topfe ist das Wappen der Marquise Pompadour. Achat-Onyx. — Nr. 362. Die treue Freundschaft. Achat-Onyx. — Nr. 363. Bildniss der Marquise Pompadour. Achat-Onyx.

B. Intaglien:

Nr. 2498. Sieg von Lawfeld. Sarder. — Nr. 2499. Präliminarien des Friedens von 1748. Ludwig XV., vorgestellt als Herkules mit der Keule in der Hand, reisst sich aus den Armen der Victoria los, um einen Olivenzweig zu nehmen, welchen ihm der Friede gibt. Sarder. — Nr. 2500. Der Regimentstambour Jucquot. Sarder. — Nr. 2501. Frankreich vor der Hygiea knieend. Sapphir. — Nr. 2503. Die Marquise von Pompadour als Minerva. Chalcedon. — Nr. 2504. Siegel der Marquise von Pompadour. Indischer Topas auf 3 Seiten geschnitten. — Nr. 2507. Amor, einen Schmetterling fangend. Carneol. — Nr. 2508. Amor pflanzt eine Myrte. Peridaux. — Nr. 2509. Amor presst eine Traube aus. Carneol. — Nr. 2510. Ein Kind opfert der Flora. Sarder. — Alle seine Werke bezeichnete er mit: GUAY FECIT. Selten mit dem Initial G. — Guay gehört unter die vorzüglichen modernen Künstler und hat ausser diesen hier verzeichneten noch viele andere Steine geschnitten. Im Jahre 1748 wurde er auf Befehl des Königs zum Mitglied der Akademie ernannt; er soll noch 1783 gelebt haben.

Hanf, Johann Adam, Medailleur, geb. 1715 zu Frauenwald. Er stand in Diensten des Markgrafen von Bayreuth und wurde k. Hof-Steinschneider in Berlin. Er schnitt Wappen, Köpfe, Figuren, Insecten, Früchte und andere Dinge sauber in Stein und Stahl. Er starb im Jahre 1776.

Hecker, Carl Wilhelm, Edelsteinschneider und Medailleur von Dresden, der verschiedene Werke lieferte, die ihm den Ruf eines trefflichen Künstlers seines Faches erwarben. Er schnitt viele Köpfe von Kaisern und Königen in harte Steine, so wie in Stahl. Seine Bildnisse haben das Lob der grössten Aehnlichkeit. Er schnitt auch Friedrich den Grossen zu Pferde in einen Carneol, und ebenso seinen Nachfolger Friedrich Wilhelm. Hecker starb im Jahre 1795 zu Rom und bezeichnete seine Werke mit: HECKER. Ich besitze von seiner Hand einen Kopf der Psyche in Chalcedon-Onyx. (S. die Folge.) Hecker hat besonders viele römische Kaiser in Carneol und Sarder geschnitten, meist Intaglien.

Hess, Johann Benedict, arbeitete zu Frankfurt a. M. mit grossem Beifall. Hüsgen (S. 73) gibt ein Verzeichniss von den Werken, die er von 1669—74 lieferte. Er wurde nur 38 Jahre alt.

Hess, Johann Benedict, 1672 zu Frankfurt a. M. geboren. Er schnitt anfangs in Glas und lernte dann das Graviren in harten Steinen. Hüsgen gibt ein Verzeichniss derselben: Das Brustbild Alexanders des Grossen auf dem Adler stehend, kostete 600 Thlr. und die Statue des Julius Cäsar zu Pferde ist auf 800 Thlr. gewerthet. Die beiden Stücke waren mit dem Postament nur 9 Zoll hoch. Die Brustbilder römischer Kaiser in Onyx und Sardonyx wurden mit 50—80 Thaler bezahlt, wie jene von Hadrian, Pertinax, Posthumus, Alexander, Severus, Commodus, Antonius, Pius, Nerva, Galba, Tiberius etc. Auch in Jaspis und Smaragd schnitt er Köpfe. Für den Rath der Stadt Frankfurt schnitt er einen Pokal mit dem Prospect der Stadt, von welchem aber der Bediente des Künstlers, als er ihn an Ort und Stelle bringen sollte, den Fuss abbrach. Er starb 1736.

Hess, Peter, Edelsteinschneider und Musivarbeiter, der Sohn des obigen, wurde 1709 zu Frankfurt geboren. Er stand dem

Vater hülfreich zur Seite; nach dem Tode desselben aber gründete er sich durch seine vertieft und erhoben geschnittenen Steine einen grossen Ruf. Im Jahre 1746 berief ihn der Landgraf von Hessen nach Cassel, um die von J. F. Guernieri begonnene Mosaiktafel mit der Festung Rheinfels zu vollenden. Dieses aus bunten Steinen zusammengesetzte Stück beschreibt Hüsgen. Hess starb 1782.

Hoefler, Georg, ein sehr berühmter Edelsteinschneider zu Nürnberg. Sein schönstes Werk ist das Bildniss des böhmischen Königs Friedrich, welches er in einen Rubin geschnitten, und das spanische Wappen Königs Philipp II. von Spanien, welches er in einen Diamanten gegraben haben soll. Hoefler starb zu Nürnberg um 1630, ungefähr 60 Jahr alt. Er hat auch noch viele andere Steine en Camée und Intaglio geschnitten. Seine Arbeiten kamen in den Besitz hoher Personen, und wurden sehr theuer bezahlt.

Hübner, Edelsteinschneider und Medailleur, blühte im Anfang des 18. Jahrhunderts zu Dresden.

Jachtmann, Johann Ludwig, zu Berlin, wo er schon 1795 arbeitete. Im Jahre 1806 war er bereits Hofmedailleur.

Jacobsen, Aaron, von Hamburg, arbeitete zu Kopenhagen, wo er 1770 starb.

Jacobsen, Aaron Salomon, wurde 1756 zu Copenhagen geboren und von seinem Vater Aaron unterrichtet.

Januzzi, arbeitete zu Anfang dieses Jahrhunderts zu Rom und schnitt hauptsächlich Cameen. Ich besitze eine solche in Achat-Onyx. (Siehe die Folge.)

Jeuffroy, Romain Vincent, Medailleur und Edelsteinschneider geboren zu Rouen 1749, gestorben zu Bas-Prunay 1826. In der kaiserlichen Bibliothek zu Paris befinden sich folgende Werke von ihm: Napoleon Bonaparte, Agat-Onyx; Medusenhaupt, Amethyst; Siegender Athlet, Sarder; Bacchant, Carneol; Dauphin Louis, Carneol; Bildniss des Architekten de Wailly, Carneol: Bildniss der Gräfin Fourcroy, Gemalin des Vorigen, Carneol. (Sämmtlich Intaglien.) Ueberhaupt hat Jeuffroy meistens Intaglien, und sehr selten Cameen geschnitten. Seine Arbeiten zeichnen sich durch Feinheit und Zierlichkeit aus. Besonders ein geschnitten ist immer sein Name: JEUFFROY. Auch setzte er meistens die Jahrzahl dazu.

Kilian, Lucas, Edelsteinschneider, aus dem 16. Jahrhundert, welcher in allen Werken über Steinschneidekunst als ein vortrefflicher Künstler genannt wird.

Klett, oder **Klette** Joh. Georg, von Vesser, oder von Suhl im Hennebergischen, wurde 1720 geboren, und anfänglich zum Schuldienste bestimmt; bis er 1743 in Dresden anfing sich dem Edelsteinschneiden zu widmen. Im Jahre 1755 wurde er auch churf. sächsischer Hof- und Kabinetsteinschneider. Er starb 1793.

Labhart, Ch., wurde 1741 in Cassel geboren, er lernte bei P. Hess, und starb zu Anfang unsers Jahrhunderts. Labhart schnitt viele antike und moderne Köpfe, erhaben und vertieft. Darunter sind die Bildnisse Kaiser Josefs II., Friedrichs II. von Preussen etc.

Landi, Domenico, von Stiappa in Luchesischen, galt um 1720 in Rom als einer der besten Künstler seines Faches. Er copirte antike Köpfe und schnitt Bildnisse und Figuren in alle Arten edler Steine.

Lehmann, Caspar, um 1603 bis 1609 im Dienste Rudolfs II. zu Prag. Sandrart sagt: er habe das Glas- und Krystallschneiden erfunden, wofür er 1609 ein Privilegium erhielt.

Longhi, blühte zu Rom, im Anfang unsers Jahrhunderts. Er schnitt meistens Cameen.

Mango, blühte zu Rom, im Anfange unsers Jahrhunderts. Er schnitt meistens Cameen.

Marchant Nathanael, stammt von deutschen Ältern. Er wurde um 1755 geboren, und in Italien zum Künstler gebildet. Er hielt sich 16 Jahre in Rom auf, kam dann nach London, wo er sich unter Burch ausbildete. Unter seine besten Arbeiten gehören unstreitig die Köpfe des Perikles und der Aspasia, welche überhaupt zu den schönsten modernen geschnittenen Steinen zu zählen sind. Die Profile, besonders jenes der Aspasia, sind mit einem ungewöhnlichen Gefühl, und mit einer Feinheit gegeben, welche an die schönsten griechischen Arbeiten erinnert. Auch bei Tasso's Bildniss zeigt sich diese treue Naturwahrheit und Empfindung für die feinsten Formen. Ferner sind noch anzuführen, die Köpfe des Dante, Marc-

Aurel, Achilles und eines Sohnes des Laokoon. Ueberhaupt gelangen ihm die Brustbilder besser als ganze Figuren. Ausser diesen hat Marchant noch sehr viele Steine geschnitten und ich führe hier noch einige seiner besten Arbeiten, ausser den obgenannten an. Achilles und Antiochus beweinen den Tod des Patrokles. Adonis verwundet, neben ihm sein Hund. Eine Bacchantin, hinter ihr ein Faun, welcher sie umschlungen hält. Eine Muse. Die Köpfe des Phidias, Antinous, Praxiteles, Apelles, etc. Im kaiserlichen Kabinet zu Paris ist ein mit einem Diadem gezierter Faunenkopf, bezeichnet mit: MARCHANT. Fecit (Carneol), und im Museum zu Berlin ist der Kopf des Euripides. Er starb um 1812 als Mitglied der Akademie in London und erster Graveur und Gemmenschneider des Königs. Wir haben von ihm ein Werk unter dem Titel: „A Catalogue of one hundred impressions from gems, ingraved by Nath. Marchant.“ Im Trésor de numismatique et glyptique, Recueil général des basreliefs et ornements pl. 14 Nr. ff. sind Abbildungen seiner Werke, welche er mit: MARCHANT bezeichnete.

Massini, Lorenz, von Venedig, ein geschickter Künstler, der um 1750 blühte. Baron Stosch liess durch Massini, den Hundskopf von Gacus, copiren, welchen er ausgezeichnet in Krystall schnitt, und seinen Namen darauf setzte. Im Jahre 1756 wurde zu Venedig eine Abhandlung von ihm gedruckt.

Masnago, Antonio, und sein Sohn Alexander, wenig bekannte italienische Steinschneider.

Mastini, A., In dem Cabinete der Medaillen und Antiken zu Paris befindet sich das Bildniss Napoleons des Ersten in Sardonyx geschnitten, bezeichnet mit: A. MASTINI.

Maurice, J., ein Niederländer von Geburt, liess sich unter der Regierung Ludwigs XIV. von Frankreich in Rouen nieder, wo er Beifall erwarb. Blühte um 1640.

Maxalas, ein Name, den eine Camee im Besitz des Prinzen von Oranien trägt. Der Name scheint jedoch falsch zu sein.

Meinir, aus Wien, geb. um 1740. Die Kaiserin Maria Theresia sandte ihr von ihm geschnittenes Bildniss an Papst Benedikt XIV. Er wird in Giulianelli's Memoire etc. p. 151 erwähnt.

Michelino blühte um 1515 in Rom. Er ahmte römische und griechische Gemmen genau nach, wie Vasari berichtet.

Miseron, Alexander, Edelsteinschneider, der um 1605 in Diensten Kaiser Rudolf's stand. Riegger nennt ihn einen vortrefflichen Künstler.

Miseron, Ambros, Steinschneider, der um 1598, ebenfalls am Hofe Rudolf's II. in Prag lebte. Seiner erwähnt Riegger im Archive für Geschichte und Statistik II. 250.

Miseron, Dionis, sen., aus der Familie der unten folgenden Miseroni, lebte am Hofe Rudolf's II. in Prag. Die Kunst erlernte er von seinem Vater. Der Kaiser schätzte seine Kunst so hoch, dass er ihn in den Freiherrnstand erhob, und zum Oberaufseher der k. k. Kunstkammer ernannte. Das Todesjahr des Künstlers ist unbekannt. Sein Sohn Ferdinand Eusebius theilte des Vaters Ruhm, und bekleidete nach dem Tode desselben das Amt des Vaters. Sandrart spricht von diesem Künstler, bestimmt aber kein Todesjahr. In Dobrowsky's böhm. Literatur und in Schaller's Beschreibung von Prag finden wir ebenfalls seiner erwähnt.

Miseroni, oder **Misseroni** und **Misuroni**, Girolamo und Gasparo von Mailand, zwei Brüder die im 16. Jahrhundert lebten. Sie erlernten ihre Kunst von Jacopo da Trezzo, und arbeiteten in allen Arten von kostbaren Steinen. Das Museum zu Florenz bewahrt noch verschiedene Werke von diesen Künstlern, und auch in Wien finden sich mehrere von ihnen und von ihren Söhnen und Enkeln. Caspar oder Hieronymus könnte der Vater des berühmten Dionis Miseron sein, — so dass er mit dem Einen oder dem Anderen nach Prag gekommen zu sein scheint. Sandrart nennt nämlich einen Caspar Miseron als Edelsteinschneider des Kaisers Rudolf II. von Prag, und auch Dionis hatte daselbst 1590 bereits seinen Ruf gegründet. Auch Hieronymus Miseron war nach Sandrart Hofedelsteinschneider dieses Kaisers. Man bewahrt von ihm in der k. k. Kunstkammer zu Wien einen hohen Pokal aus Tiroler-Bergkrystall, der, in Form einer Pyramide, prächtig geschnitten ist.

Miseroni, Ottavio und Giulio, wahrscheinlich Nachkommen der Obigen. Das k. k. Antikenkabinet besitzt von Ottavio das

Brustbild Kaiser Rudolf's II. mit dem goldnen Vliess. Auf dem Arm bezeichnet mit O. M. (Chalcedon 1" 6"' hoch 1" breit.)

Mocchi, Stefano, Bildhauer. Er lernte bei Nigetti die Steinschneidekunst.

Mondella, Galeazzo und Girolamo arbeiteten zu Venedig in der ersten Zeit des 16. Jahrhunderts. Ihre Werke, besonders jene des Galeazzo, sind mit grosser Vollkommenheit ausgeführt. In dem berühmten v. Derschau'schen Cabinete war ein Agat-Onyx von Galeazzo. Er stellt den Ganymed sitzend auf dem Adler dar, mit der Schale in der Linken. Es ist dies ein Stein vom höchsten Relief; die Figuren sind fast ganz rund herausgearbeitet.

Morelli, berühmter Edelsteinschneider zu Rom, schnitt meistens Cameen. Er starb 1835, 56 Jahr alt, und bezeichnete seine Arbeiten mit MORELLI. (Ueber das prachtvolle Bildniss des Cardinal Fesch und den Kopf der Minerva in meiner Sammlung, siehe die Folge.) Morelli hat ausser den obgenannten Cameen, noch viele Portraits geschnitten.

Moreta, Juan Tello de, ein geschickter Künstler des 16. Jahrhunderts, der in Spanien lebte. Er arbeitete vertieft in Gold und Silber, schnitt in edle Steine und fertigte auch Stempel.

Müller, N., Edelsteinschneider zu Warnbrunn, ein geschickter Künstler unseres Jahrhunderts.

Nanni di Prospero, dalle Carneoli, aus Florenz, ein berühmter Künstler des 16. Jahrhunderts. Er war ein Nebenbuhler des Giovanni dalle Carneoli.

Nassaro oder **Nasaro**, Matteo del, von Verona, war Schüler des N. Avanzi und G. Mondella. Er hatte schon in Italien rühmliche Proben seines Talentes gegeben, als ihn Franz I. nach Frankreich berief. Nassaro zerschlug einst eine seiner Arbeiten, weil sie ein Edelmann weder hoch genug bezahlen, noch als Geschenk nehmen wollte. Im kais. Cabinet zu Paris ist von ihm ein vortrefflicher Sardonyx mit der Reiterschlacht des Constantin, und O. P. N. S. bezeichnet. Auch ein meisterhaft geschnittener Kopf des Königs Franz von Frankreich wird daselbst aufbewahrt. — Das erstere dieser Werke gibt Mariette und der Trésor de Numism. pl. 16, Nr. 4 in Abbildung. Man weiss aus Vasari noch von einer, in rothgefleckten Jaspis geschnittenen

Abnehmung vom Kreuze, die er so ordnete, dass die rothen Flecken die Wunden Christi treffen mussten. Fontenai nennt, als eine der berühmtesten Arbeiten dieses Meisters, den Kopf der Dejanira in einen Achat geschnitten, der so mannigfaltig gefärbt war, dass der Künstler das Fleisch, die Haare und die Löwenhaut ausdrücken konnte. In der Derschau'schen Sammlung war ein prächtiger Stein mit dem Bildniss des Kaisers Galenus mit Strahlen gekrönt. Im Museum zu Florenz ist das Bildniss des venezianischen Generalen Alviano. (Intàglio.) Nach dem Unglücke des Königs Franz in der Schlacht bei Pavia ging Nassaro nach Italien zurück, kam aber später wieder nach Frankreich und verblieb in jenem Lande bis zu seinem, um 1548 erfolgten Tod.

Natale, Flaminio, angeblich aus Lüttich, dessen Vater Münzgraveur in Diensten des Kurfürsten von Cöln und Bischofs von Lüttich war. Natale arbeitete in Rom, und starb daselbst 1596 im 55. Jahre.

Natter, Johann Lorenz, Edelsteinschneider und Medailleur, wurde 1705 zu Biberach in Schwaben geboren, und von dem Siegelschneider R. Oxe in Bern unterrichtet. Mit grossem Talente begabt, machte er selbst unter mittelmässiger Anleitung bedeutende Fortschritte, und da er unablässig nach Vollkommenheit strebte, war auch bald sein Ruf als einer der ausgezeichnetsten Edelsteinschneider gegründet. Er lebte einige Zeit in Rom, kam dann 1732 in Dienste des Grossherzogs von Toscana, und führte in dieser Eigenschaft einige sehr bewunderte Werke aus. Die Bildnisse des Grossherzogs, des Cardinals Albani u. a. wurden für besonders schön gehalten. — Im Jahre 1735 verliess er den toskanischen Hof, da ihm von allen Seiten Aufträge zuflossen. Er arbeitete für die meisten Fürsten Europa's, und besonders reichlich bezahlten ihn Wilhelm IV. von Oranien und König Christian VI. von Dänemark. Er reiste nach England und begab sich von da nach Kopenhagen, wo er längere Zeit lebte und Ruhm erwarb. Als sein Hauptwerk aus jener Zeit erklärt man eine Schaumünze auf Sir R. Walpole. Von Kopenhagen ging der Künstler 1762 nach St. Petersburg, wohin schon früher Werke von seiner Hand kamen; allein er starb im folgenden Jahre.

Die im kaiserlichen Kabinete zu St. Petersburg aufbewahrten Arbeiten Natter's beschreibt Bernouilli IV. 248. Mehrere von ihm geschnittene Steine bezeichnete er mit Ὑδρου, was Lippert verführte, diese Gemmen für griechische Arbeit zu nehmen. Auf dem Carneol mit der Medusa des Sosikles in der Hemsterhuys-Galizin'schen Sammlung, setzte er den Buchstaben N. Auch in Göthe's Winckelmann und sein Jahrhundert wird dieser Künstler gewürdigt. Natter war in der Geschichte und Mythologie sehr erfahren. Wir haben von ihm eine Abhandlung von der Weise der Alten in Edelstein zu arbeiten (1754, und die Fortsetzung 1764, mit Kupfern fol.). Er bezeichnete seine Arbeiten mit: NATTER.

Nentwig, Josef, Steinschneider zu Prag. Er starb daselbst 1740.

Neuss, Johann Jacob, Medailleur und Edelsteinschneider, wurde 1770 zu Augsburg geboren. Er schnitt das Bildniss des Prinzen Karl von Baiern 1824 zweimal in Carneol, und eine bedeutende Anzahl anderer Bildnisse sind von ihm in Medaillen vorhanden.

Nigroli, Filippo, arbeitete im 16. Jahrhundert, und war ein Nebenbuhler der Misuroni.

Ochs, Johann Rudolf, wurde 1673 zu Bern geboren. Mehrere seiner Werke kamen nach England. Er wurde Obermünzmeister in London und starb daselbst 1750.

Oexl oder **Oexlein**, Christof Daniel, Medailleur und Edelsteinschneider, hatte um 1720 in Nürnberg den Ruf eines geschickten Künstlers und lebte noch 1737 in Regensburg. Auf seinen Werken stehen die Buchstaben, O. oder O. F. D. C. O. oder O. E.

Oexlein oder **Oechsel**, Johann Lorenz, Medailleur und Edelsteinschneider, wurde 1715 in Nürnberg geboren und von dem obigen Künstler unterrichtet, bis er 1735 nach Wien reiste, wo sich Richter und Sennaro seiner annahmen. Später begab er sich an den Hof des Königs von Polen und Sachsen und erhielt dort den Titel eines polnisch-sächsischen Hofmedailleurs. Er schnitt auch in Edelsteine, hat aber in dieser Beziehung keinen Ruf.

Otto, A. E., Graveur zu Berlin, ein geschickter, jetzt lebender Künstler, dessen Arbeiten zu den besseren dieser Art gehören. Es sind diess Wappen in Stein und Metall, erhoben und vertieft geschnittene Köpfe und andere Darstellungen.

Passaglia, Steffano, war um die Mitte des vorigen Jahrhunderts in Italien bekannt.

Pescia, Piermaria da, lebte in Rom unter Leo X. und zur Zeit, als Raphael und Michel Angelo die herrlichsten Blüthen der Kunst entfaltet hatten. Fürsten verlangten seine Werke und reiche Kunstliebhaber waren stolz auf deren Besitz. Im Verlauf der Zeit mag aber manche der von ihm gefertigten Gemmen für antik gehalten worden sein. Dieses ist zum Beispiel mit dem berühmten Siegelring des Michel Angelo der Fall, welcher nach der jetzt so ziemlich allgemeinen Meinung von P. da Pescia gefertigt worden ist. Es ist diess ein sehr kleiner, vertieft geschnittener Carneol von 12 sehr schön geordneten Bacchischen Figuren, welche die Weinlese feiern, von einer wunderbaren Vollendung. Unter dem Boden der eigentlichen Vorstellung ist ein angelnder Fischer als Namenszeichen des Künstlers eingegraben.

Pichler, Joseph Anton, ist nach der langen Pause, die mit dem Verschwinden der Cinquecentisten eintrat, in der That als der Wiederhersteller der Steinschneidekunst zu betrachten. Er wurde 1697 zu Brixen in Tirol geboren und von seinem Vater, einem Arzte, zum Kaufmanne bestimmt. Pichler hatte aber keine Neigung zu diesem Stande, sondern verliess seine Condition in Nizza und begab sich nach Neapel. Hier fand er einen Freund, der sich mit Steinschneiden beschäftigte und gewann für diese Kunst eine solche Vorliebe, dass er ohne Lehrer sich selbst die nöthigen Instrumente verfertigte und es in kurzer Zeit zur Meisterschaft brachte. Die glücklichen Umstände, dass man eben zu dieser Zeit wieder die Antike hervorhob, brachte es mit sich, dass er zu dem wohlverdienten Rufe gelangte, der ihm zu Theil wurde. Pichler zog 1750 nach Rom und starb daselbst 1779. In S. Lorenzo in Lucina ist die Grabstätte des Künstlers. Pichler erzeugte mehrere Kinder. Sein älterer Sohn war Architekt, starb aber schon im 20. Jahre; der zweite ist der berühmte Edelsteinschneider Johann Pichler. Aus seiner zweiten Ehe, die er in Rom mit Cajetana Migozzi schloss, stammen Joseph und Ludwig-Pichler, welche ebenfalls als Steinschneider berühmt sind. Seine Schwester heirathete den berühmten Dichter

Monti. Pichlers vorzüglichste Werke belaufen sich auf 40 Stücke, von denen sein Sohn Luigi Glaspasten besass*). Pichler hat seinen Namen immer griechisch geschrieben, so wie seine drei Söhne (ΠΙΧΛΕΡ) und seine Art der Buchstabensetzung ist ganz so wie bei Giovanni Pichler, nämlich enger zusammen. (Luigi und Giuseppe haben die Buchstaben weiter auseinander gesetzt, und Luigi hat immer das Λ voraus.)

Pichler's berühmteste Arbeiten sind folgende:

A. Intaglien:

**Diana. — **Kopf des Antinous.

Unbekannter bärtiger Kopf. — Unbekannter Frauenkopf.

*Leda, mit dem Schwan.

*Ein Centaur, auf seinem Rücken ein Liebesgott.

**Sabina. — Perseus.

Medusenhaupt. — Sokrateskopf.

Kopf des Cicero.

Kopf des Aeskulap (nach einer antiken Gemme von Aulos).

**Brutus. — Apollo.

**Kopf des Septimius Severus.

*Priamus, welcher von Achilles den Leichnam seines Sohnes Hektor begehrt.

**Psyche tanzt, Amor spielt auf einer Leyer und Anteros bläst die Doppelflöte.

**Der dem Tode nahe Herkules auf dem Oeta.

*Priamus überreicht dem Achilles auf den Knieen kostbare Geschenke; — sämmtlich in Carneol geschnitten.

*Chalcedon: Homer.

Krystall: Pallas.

**Topas: Apollo.

**Chalcedon: Marc Anton und Cleopatra.

**Topas: Julius Caesar.

**Carneol: Bacchanal (genau copirt nach Michel Angelo's Siegelring.)

---

*) Alle mit diesem Zeichen ** versehenen Arbeiten sind nach Antiken gemacht, die mit dem Zeichen * sind die gelungensten.

B. Cameen:

Onyx: **Antigone und Ismene. (Grosser Stein, Pichler's berühmtestes Werk.)

Unbekannter männlicher Kopf.

Pichler, Giovanni, der Sohn des Obigen und der berühmteste der Familie wurde 1734 zu Neapel geboren, und von seinem Vater mit solchem Glücke in der Kunst unterrichtet, dass er schon vor seinem 20. Jahre eine hohe Stufe darin erreicht hatte. Anfangs bezeichnete er seine Werke nicht mit seinem Namen, daher viele seiner Steine unbekannt sind. Giovanni zeichnet sich dadurch vor allen neuen Künstlern aus, dass er eine Technik besass, die kein Gleichzeitiger mit ihm theilte. Er ist breit in der Anlage und entwickelt die Formen vollkommen plastisch, so dass die Muskeln bei vielen Figuren wirklich belebt erscheinen; zugleich war er desshalb so berühmt, weil er seinen Schnitten eine Politur zu geben verstand, welche jener der antiken Künstler durchaus nichts nachgab. — Seine Zeichnung ist immer rein und empfunden; man sieht, dass er sich tief in den Geist seiner antiken Vorbilder einstudirte, wesshalb er auch bei all' denjenigen sehr viel galt, welche durch Winckelmann auf den Werth und die Würde der antiken Steinschneidekunst aufmerksam gemacht wurden. Unter den Neuen ist diesem Meister nur ein Künstler gegenüber zu stellen, nämlich der Engländer Marchant, der sich zu ihm, auf eine ähnliche Weise verhält, wie Thorwaldsen zu Canova. Bei dieser Meisterschaft Giovanni Pichler's ist es daher auch gar nicht zu wundern, dass sogar Winckelmann eine seiner Copien für antik hielt. Pichler's Arbeiten sind zerstreut und alle berühmten Sammlungen besitzen Arbeiten von ihm. Seine Werke bezeichnete er mit: *ΠΙΧΛΕΡ*. Er schnitt meist nur Intaglien, höchst selten Cameen.

Von den 200 Steinen, die er schnitt, sind folgende die vorzüglichsten:

Intaglien:*)

**Minerva, stehend, in der Rechten den Speer; am Fusse der Göttin richtet sich eine Schlange auf.

*) Die mit * versehenen sind die hervorragendsten, die mit ** bezeichneten sind nach Antiken copirt.

Minerva, stehend, mit doppeltem, hohem Helmbusche, am Fusse der Göttin richtet sich eine Schlange auf.

*Merkur, auf einer Basis stehend, hält in der Rechten den Caduceus und in der Linken das Vliess.

**Merkur, auf einem Widder sitzend, im linken Arm den Caduceus haltend.

Venus, nackt, auf einer Basis stehend.

*Venus, dieselbe Vorstellung, aber etwas grösser.

Venus, ähnliche Vorstellung. Nur ist hier die Göttin leicht bekleidet.

*Venus Anadyomene.

Venus, leicht bekleidet.

*Venus, im Laufe, leicht bekleidet.

Venus, schlafend und ganz entblösst, liegt auf einem Ruhebette.

*Hermaphrodit.

*Die Grazien, sich umschlungen haltend.

**Tuccia, eine Priesterin der Vesta.

Leda, mit dem Schwan. (Mehrere Male in verschiedenen Grössen copirt.)

**Apollo, Brustbild.

Apollo, auf einer Basis stehend, unbekleidet.

**Apollo, über seinen linken Arm hält er einen Mantel.

Apollo, mit der Rechten sich auf eine Säule stützend, hält in der Linken einen Mantel.

*Clio, auf einem Stuhle sitzend, hält in der Linken eine Pergamentrolle.

**Urania, sich auf eine Säule stützend, zu ihren Füssen die Erdkugel.

*Urania.

*Melpomene, lehnt sich auf eine attische Säule.

**Thalia, in der Rechten eine komische Maske haltend.

Erato sitzt auf einem Stuhle, vor ihr eine Urne und ein Kranz.

**Eine Muse.

Ariadne, auf einem Felsen sitzend, vor ihr steht Amor.

*Eine tanzende Bacchantin.

**Eine betrunkene Bacchantin, in der Rechten den Thyrsus haltend.

*Eine betrunkene Bacchantin, nur halb bekleidet, kniet auf einem Altar, vor ihr eine Priapsäule, rückwärts ein Liebesgott.

**Pan sitzt auf einem Ziegenfell und hält in den Händen die Doppelflöte.

Die Herme des Priapus wird von Nymphen geschmückt.

*Hebe spendet dem Adler Ambrosia.

Psyche (Brustbild).

*Amor und Psyche umarmen sich.

**Ein Centaur, auf seinem Rücken ein Liebesgott.

Aeskulap (Brustbild).

**Medusenhaupt.

**Brustbild des Perseus, mit geflügeltem Helm in Gestalt eines Greifen, hinter im die Hippe.

*Perseus reicht der geretteten Andromeda, welche vom Felsen herabsteigt, die Hand.

**Herkuleskopf, hinten eine Keule.

Herkules trägt die Himmelskugel.

*Herkules, den nemäischen Löwen erwürgend.

*Omphale, bekleidet mit der Löwenhaut, die Keule im rechten Arm haltend.

**Victoria, geflügelt einherschreitend.

Die Zeit, vorgestellt durch Amor, welcher sich auf eine Sense stützt.

*Ein Opfer des Pan und des Aeskulap.

Trophäen einer überwundenen Stadt oder Provinz.

Derselbe Gegenstand, aber etwas grösser.

Köpfe des Ajax, Raphael, Paris, Mäcenas, Apollo, Laokoon, Amor, Herkules, Merkur etc., ferner der Iole, Omphale, Ariadne, Psyche, etc.

Pichler, Giuseppe. In der Familie Pichler, der am mindesten bedeutende, doch hat auch er in seinen Arbeiten eine gute Technik. Er copirte meistens nach antiken Gemmen, fertigte aber auch mehrere Portraite nach der Natur. Unter diesen letzten ist der Kopf eines Jünglings (nach rechts gewendet) unstreitig die beste seiner Arbeiten. Modellirung und Anordnung der Form sind geschmackvoll und naturwahr. Auch ein Frauenkopf mit einem Diadem, gehört zu seinen besten Arbeiten nach der Natur. Im Kabinet zu Berlin befinden sich von ihm folgende drei Intaglien: Ein Löwenkopf in Bergkrystall; die drei Grazien nach Canova, in braunem Sarder, und Bacchus und Amor. In der Erémitage zu St. Petersburg, ist von ihm eine Copie nach dem berühmten Hundskopfe von Gaeus (mit dem Namen ΣΚΤΛΛΟΣ) in Topas geschnitten. Diesen Stein hatte er um 100 Ducaten an einen Negozianten in Rom verkauft. Aehnliche Löwen- und Hundsköpfe, sehr tief gearbeitet, hat Pichler öfter geschnitten.

Pichler Luigi, Medailleur und Edelsteinschneider, Professor an der k. k. Akademie zu Wien, geboren in Rom, und gestorben daselbst um 1856. Pichler's Arbeiten zeichnen sich durch eine besondere Nettigkeit und Zierlichkeit aus, wie er überhaupt ein Meister der Technik war, und auch das Poliren der Steine auf eine ganz vorzügliche Weise verstand. Seinen berühmten Stiefbruder Giovanni Pichler erreichte er aber nicht; jedenfalls aber gehört er zu den bessern Künstlern neuerer Zeit. Auch ist noch besonders zu bemerken, dass Pichler ein besonderes Augenmerk auf schönes Material verwendete, und zu seinen Arbeiten sich meistens der schönsten orientalischen Onyxe und Sardonyxe bediente. Er schnitt so wie alle Pichler seinen Namen immer griechisch (*ΠΙΧΛΕΡ*) und setzte meisten das *Λ* vor seinen Namen. Manchmal bediente er sich auch blos der zwei griechischen Lettern *Λ. Π.* Alle hier angeführten Arbeiten haben entweder seinen Namen vollständig oder die zwei Anfangsbuchstaben. Auch Ludwig Pichler schnitt meistens Intaglien und sehr selten Cameen.

Itaglien:*)

Carneol. Amor einen Pfeil abschiessend.
Sarder. *Amor und Psyche (nach Thorwaldsen).
Sarder. *Psyche.
Sarder. Amor (Brustbild).
Carneol. Amor und Psyche umarmen sich.

---

*) Alle die mit * bezeichneten Vorstellungen sind nach den Antiken copirt, die mit ** bezeichneten gehören unter seine besten Arbeiten.

Sarder. Amor und Psyche.

Carneol. Amor spielt mit einem Löwen.

Carneol. Anadyomene, zu ihren Füssen zwei Delphine.

Sarder. *Venus Anadyomene.

Sarder. *Amor an eine Säule gebunden.

Topas. Kopf des Achilles.

Sarder. Ariosto (nach einer Büste).

Sarder. **Artemisia.

Sarder. Alexanderkopf.

Sapphir. **Michel Angelo (nach einer Büste).

Topas. Portrait Carl Albert's, König von Sardinien.

Carneol. *Antinous.

Carneol. Kopf der Ariadne.

Sarder. Apollo.

Amethyst. *Kopf des Ajax.

Carneol. *Aurora.

Sarder. Alexander, Kaiser von Russland.

Carneol. *Kopf des Augustus.

Sarder. Bocaccio (Kopf.)

Topas *Bacchus (Kopf) mit Weinlaub bekränzt.

Sarder. Bacchantin.

Topas. Bacchantin.

Sarder. *Bacchus und Amor (nach Thorwaldsen.)

Sarder. Theseus, die getödtete Laja in den Armen haltend.

Sarder. *Theseus den Minotaurus erlegend (nach Canova.)

Sarder. *Gladiator.

Carneol. Bildniss der Fürstin Metternich (geborene Leykam.)

Carneol. Bildniss Machiavelli's.

Sarder. Portrait des Grossfürsten Alexander von Russland.

Sarder. Peter I. von Russland mit seinem Vater und seiner Mutter.

Sarder. Tasso (nach einer Büste).

Sarder. Napoleon I. (nach Canova).

Carneol. **Bildniss des Numismatikers Heckel.

Sarder. Die Fürstin Liechtenstein.

Sarder. Nikolaus I. Kaiser von Russland.
Sarder. Semiramis (Kopf.)
Sarder. Canova (nach seiner Büste.)
Sarder. Kopf der heiligen Maria.
Carneol. Maria Anna, Kaiserin von Oesterreich.
Sarder. Papst Gregor XVI.
Carneol. Ferdinands, Kaisers von Oesterreich.
Chalcedon. Kopf des heil. Johannes (nach Canova.)
Sarder. Pichler, Giovanni.
Sarder. Schiller.
Sarder. Galileo, Galilei (nach einer Büste.)
Carneol. *Sappho (Kopf.)
Sarder. Erzherzogin Sophie.
Sarder. Metastasio.
Topas. Petrarca.
Carneol. König Maximilian v. Baiern.
Carneol. Papst Pius VII.
Sarder. Dante (nach einer Büste.)
Sarder. Quirino Visconti, Numismatiker.
Sarder. Nikolaus Poussin.
Chalcedon. Thorwaldsen (nach einer Büste.)
Carneol. **Pellerin (Numismatiker.)
Sarder. Brustbild des Tasso.
Chalcedon. Herzog von Reichstadt.
Amethyst. **Eine sitzende Muse.
Carneol. *Eine sitzende Muse, zu ihren Füssen ein Storch.
Carneol. **Eine Muse lehnt sich an eine attische Säule und spannt die Saiten der Lyra.
Sarder. Der Morgen, nach der bekannten Vorstellung von Thorwaldsen.
Sarder. Die Nacht.
Sarder. *Medusenhaupt.
Sarder. **Herkuleskopf.
Sarder. **Herkules, die Hirschkuh der Diana bei dem Geweih fassend.
Sarder. **Kopf des Herkules.
Sarder. **Herkules den nemäischen Löwen erdrückend.

Carneol. *Herkules die Keule in der rechten Hand, die Löwenhaut auf dem linken Arm haltend.

Sarder. Faun und Nymphe, beide tanzend.

Sarder. **Faun.

Sarder. Ganymedes vom Adler getragen.

Sarder. **Neptun und Amphitrite.

Sarder. **Laokoon mit seinen zwei Söhnen.

Sarder. Kopf eines Sohnes des Laokoon.

Sarder. Merkur.

Sarder. Opfer des Priapus.

Sarder. Victoria.

Sarder. Eine Vestalin.

Sarder. **Cleopatra.

Sarder. Leda mit dem Schwan.

Sarder. Fortuna stehend, hält in der linken eine Kugel.

Carneol. **Kopf der Omphale.

Carneol. Venus, leicht bekleidet.

Carneol. **Venus.

Carneol. **Kopf der Ceres.

Carneol. **Vestalin.

Carneol. **Ein Centaur, auf seinem Rücken ein Liebesgott.

Sarder. **Terpsichore (nach Thorwaldsen).

Sarder. **Tänzerin.

Topas. **Hebe (nach Canova).

Sarder. Die drei Grazien (nach Canova).

Chalcedon. **Iris.

Carneol. **Tänzerin (nach Canova).

Sarder. Flora (Kopf).

Amethyst. **Kopf des Palamedes (nach Canova).

Carneol. **Othriades.

Carneol. Kopf des Perseus.

Carneol. **Castor (nach Thorwaldsen).

Sarder. **Kopf des Paris (nach Canova).

Sarder. **Kopf des Apollo (nach der Antike).

Carneol. Ein Löwe fällt einen Stier an.

Sarder. **Bellerophon.

Amethyst. **Der geblendete Oedipus wird von seinen Töchtern Ismene und Antigone aus Theben geführt.

Carneol. **Discobulus (Kopf).

Sarder. Anadyomene, zwei Delphine haltend.

Sarder. **Idealisirter Kopf der Unschuld.

Topas. Venus und Amor.

Sarder. **Hektors Abschied von Andromache.

Sarder. **Vulcan, Venus, Amor und Mars (nach Thorwaldsen.)

Die drei folgenden Steine hat Pichler nach antiken Gemmen copirt, und die Namen berühmter griechischer Edelsteinschneider hineingeschnitten. Aber er that diess nicht um zu betrügen, sondern setzte den Käufer davon in Kenntniss, dass diese Arbeiten mit griechischen Namen von ihm seien. Diese drei geschnittenen Steine gehören unter seine besten Copien, sie sind:

1. Phaeton stürzt mit dem Sonnenwagen aus dem Olymp mit dem Namen: (*ΠΑΜΦΙΛΟΣ*), (Sarder.) Intaglio. 2. Ariadne. Mit dem Namen *ΛΤΛΟΤ.* (Sarder.) Intaglio. 3. Kopf des Cicero. Mit dem Namen *ΥΛΛΟΥ.* (Carneol.) Intaglio.

Cameen.

Medusenhaupt.

Amor stehend, einen Schmetterling liebkosend.

Kopf der Ceres. —

Der sterbende Alexander.

Der gefesselte Amor.

Ein Satyr stösst sich mit einem Bock.

Kopf des Diogenes.

Jupiterkopf.

Alle diese Cameen sind in Onyx geschnitten, und nach antiken Gemmen copirt.

Pilaja. Antonio, von Messina, arbeitete in der zweiten Hälfte des 17. Jahrhunderts in Rom.

Pollio, ein Edelsteinschneider, dessen Bracci, Praef. ad Comment. II. p. 6 erwähnt.

Pistrucci, Medailleur und Steinschneider zu London, ein berühmter Künstler des 19. Jahrhunderts. Mit ausgezeichnetem

Talente begabt, war er auch vielseitig gebildet. Er war erster Münzmedailleur der Königin Victoria von England, und starb in London im October 1855, über 90 Jahre alt. Im k. k. Antikenkabinet zu Wien befindet sich das Brustbild des aufwärts sehenden Flussgottes der Tiber, mit Schilf in den Haaren. Dreilagiger brauner, weiss-brauner Onyx. Seine Werke bezeichnete er mit: (PISTRVCCI.)

Polo, Domenico, von Florenz, aus der ersten Hälfte des 16. Jahrhunderts. Er war Schüler von Giovanni dalle Carniole, schnitt mehrere Bildnisse und um 1532 z. B. jenes des Alessandro de' Medici. Sein Todesjahr ist unbekannt, wir wissen nur, dass er (um 1565) ein Alter von 65 Jahren erreicht habe.

Pompadour, Jeanne Antoinette Poisson, Marquise de, wurde 1720 geboren und starb 1765. In der kaiserlichen Bibliothek zu Paris befinden sich nachstehend verzeichnete Gemmen: Der geflügelte Genius der Musik, bezeichnet mit POMPADOUR F. 1751 Achat-Onyx. Diese Camee wurde von der Marquise, unter der Nummer 40, ihrer Sammlung von Kupferstichen, von ihr selbst radirt. Pompadour schnitt noch mehrere Steine und unter andern auch (1751) eine Camee auf die Geburt des Herzogs von Burgund, wozu der Maler Boucher die Zeichnung machte. Wie es scheint, dürfte diese vielbeschäftigte Dame an diesen Arbeiten wohl nur einen geringen Antheil gehabt haben, indem die Technik der Steinschneidekunst viel zu mühsam und langwierig für eine Dame von so lebhaftem Geiste sein musste. Das Meiste wurde ohne Zweifel von ihrem Meister Guay gearbeitet. Ein weiterer bekannter geschnittener Stein ist ein Intaglio, auf den Sieg von Lützelburg 1758 (Carneol), eine Trophäe von Waffen vorstellend, wozu ebenfalls Boucher die Zeichnung machte.

Price, Georg, aus London, arbeitete in der zweiten Hälfte des 18. Jahrhunderts und noch in dem ersten Decennium des folgenden. Er schnitt die Bildnisse von Nelson, Pitt und Fox.

Putinati, Francesco, Medailleur und Edelsteinschneider zu Mailand, geboren um 1775. Ein berühmter Künstler.

Ranisch, Nicolaus, aus Dresden, starb 1640 im 72. Jahre.

Rega, Filippo, aus Neapel, wurde um 1760 geboren und zum Bildhauer bestimmt. Seine Werke in Edelsteinen fanden allgemeinen Beifall, sowohl die Bildnisse als die Figuren. Im Jahre 1804 wurde Rega correspondirendes Mitglied des französischen National-Institutes, und starb nach 1812. Er bezeichnete seine Werke mit REGA und zuweilen mit *ΡΕΓΑ*.

Reissen, Carl Christian, Vater und Sohn. Der erstere war aus Trondheim, und stand in Diensten des Königs Wilhelm III. von Holland, mit welchem er auch nach England reiste. Der Sohn übertraf ihn in der Kunst schon im seinem zwanzigsten Jahre. Er copirte mit grosser Genauigkeit einige antike Gemmen im Cabinete des Grafen von Oxford und lieferte auch Bildnisse nach dem Leben. Mehrere seiner Werke kamen nach Dänemark, Deutschland und Frankreich. Er starb 1725 im 46. Jahre.

Reuss, Johann Wilhelm, Edelsteinschneider und Kupferstecher, geboren zu Koburg 1787.

Rey, vide **Suzan.**

Richter, Abraham, Edelsteinschneider und Goldschmied zu Eybenstock im sächsischen Erzgebirge, um 1670.

Ries, Johann Helfrich, wurde 1656 zu Cassel geboren, wo sich der Stammvater dieser Familie, Bernhard Ries aus Schmalkalden, niederlies. Seine Söhne Matthias, Johann und Jacob übten gleiche Kunst.

Ries, Mathias, der Sohn des Obigen, wurde 1685 zu Frankfurt geboren. Er besuchte Rom. Seine Werke, worunter mehrere Charakterköpfe sind, fanden ihrer feinen Bearbeitung wegen grossen Beifall, und gingen zu hohen Preisen weg. Zu seinen Hauptwerken gehören die Bildnisse des Kurfürsten Johann Wilhelm von der Pfalz und seiner Gemalin in einen thalergrossen Carneol geschnitten. Auch ein Bacchuskopf in Carneol (en face), der nach Schweden kam, wird gerühmt. Zu seinen Lebzeiten liess er von seinen Arbeiten keine Abgüsse machen, erst nach seinem 1738 erfolgten Tode wurden seine Werke in Abdrücken bekannt.

Romano, Domenico, arbeitete um die Mitte des 16. Jahrhunderts zu Florenz und ist demnach nicht mit Domenico dei Camei (Compagni) eine Person, wie Giulianelli glaubt. Er schnitt den siegreichen Einzug Cosmus I. in Siena. In der florentinischen Gallerie ist das Bildniss dieses Herzogs, welches er 1557 schnitt, und neben der Jahreszahl, mit „Dominicus Romanus fecit“ bezeichnete.

Rosi, Geronimo, von Livorno, daher Livornese genannt, arbeitete um 1730 in Rom. Man rühmte einen Apollo, den er sehr tief schnitt.

Rossi oder **Rubeus**, Giovanni Antonio, Edelsteinschneider und Medailleur aus Mailand, einer der vorzüglichsten Künstler seiner Zeit. Vasari sagt, er habe sich durch einen Cameo mit dem Bildnisse des Grossherzogs Cosmo I. und seiner Gemalin berühmt gemacht, und dass er wirklich für den Hof zu Florenz gearbeitet habe, beweist auch ein Schreiben an den Herzog welches von 1539 datirt und bei Gaye (Carteggio inedito 1. Nr. 12) abgedruckt ist, dann haben wir von Rossi auch mehrere Bildnissmedaillen.

Sacchi, blühte zu Rom, im Anfange unsers Jahrhunderts. Er war Schüler von Morelli, und schnitt meistens Cameen.

Salviati, Giuseppe de, Edelsteinschneider und Elfenbeinarbeiter, arbeitete in der zweiten Hälfte des 18. Jahrhunderts in Berlin und bekleidete da die Stelle eines königlichen Inspectors. Es finden sich von seiner Hand kleine Basreliefs mit mythologischen und andern Figuren. Das Bildniss Friedrichs des Grossen schnitt er zu wiederholten Mahlen. Salviati blühte um 1780—1790.

Santarelli, Giovanni Antonio, wurde 1769 in den Abruzzen geboren, und entwickelte sich ohne allen Unterricht, blos von seinem Genius geleitet, in Florenz zu einem der ersten Künstler seiner Zeit. In der Zeichnung vollkommen geübt und Meister in einer so schwierigen Technik, arbeitete er mit ungewöhnlicher Reinheit, sowohl erhoben als vertieft. Er copirte auch mehrere antike Steine, Köpfe und Figuren, ist aber in eigener Erfindung nicht weniger zu rühmen. Unter seinen Bildnissen rühmt man besonders jene des Kaisers Napoleon, des Grossherzogs Felix von Toskana und seiner Gemalin Elisa, der Maria Louise von Parma, des Lucian Bonaparte und seiner ganzen Familie, jene verschiedener Generale u. s. w. Das Bildniss des Grossherzogs und seiner Gemalin hatte er auch in Sardonyx geschnitten. Ueberdiess hat man von Santarelli auch eine Reihe von Basreliefs in Wachs mit Darstellungen von zwei oder mehreren Figuren. Santarelli war Professor an der Academie zu Florenz, starb 1826 und bezeichnete seine Arbeiten mit SANTARELLI.

Santini, Andrea, Edelsteinschneider, wird von Giulianelli ohne nähere Würdigung erwähnt.

Saracchi, ein berühmter Goldschmied, der in der zweiten Hälfte des 16. Jahrhunderts in Mailand lebte. Er fertigte viele Gefässe und Schmuckwerke, und schnitt mit grosser Kunst in Krystall. Der Herzog von Baiern bezahlte 1579 für einen von Saracchi in Krystall gearbeiteten Helm, 6000 Scudi d'oro.

Scharff, Medailleur und Edelsteinschneider, arbeitete zu Wien. Im k. k. Antikencabinet ist von ihm das Brustbild Kaiser Franz Joseph's I. mit dem Orden des goldenen Vliesses, bezeichnet mit: SCHARF. F.

Schaupp, Johann Christoph, Medailleur und Edelsteinschneider, wurde 1685 zu Biberach geboren. Er ist berühmt durch eine Folge von 197 erhoben in Carneol geschnittenen Bildnissen der römischen Kaiser bis auf Kaiser Franz I.; dann die der orientalischen Herrscher. Diese Sammlung fertigte Schaupp für den reichen Cassier des schwäbischen Kreises, Hartmann in Ulm. Dann kam sie in den Besitz der Familie von Neubron, und 1832 bot sie der Grosshändler Aron Schwab in Ichenhausen zum Verkaufe aus. Schaupp starb 1757.

Schild, Christian Lebrecht. Er schnitt die Siegel des Kaisers Carl VII. und des Kaisers Franz I. Für ein Handsiegel des Königs von Spanien erhielt er 100 Ducaten. Ueberdiess erwähnt man von ihm einen schönen Herkules. Er starb zu Frankfurt 1751. Seine Tochter Charlotte Regina übte die gleiche Kunst.

Schneider, Johann Abraham, arbeitete im ersten Decennium zu Meissen.

Schwaiger, Christoph, angeblich von Augsburg. Er war im Dienste des Kaisers Rudolph II., scheint aber später in München gelebt zu haben. J. v. Aachen malte dort sein Bildniss, und Lucas Kilian hat es gestochen. Er starb 1600 im 68. Jahre. Sein Sohn Hans Schwaiger übte gleiche Kunst.

Schwaiger, Ulrich, wurde von Kaiser Ferdinand I. und von den Herzogen von Baiern beschäftiget. Er schnitt ausgezeichnet schöne Siegel und erhielt zuletzt das Privilegium, im ganzen deutschen Reiche seine Kunst zu üben, trotz des Widerspruches der Goldschmiede. Er lebte in Augsburg und starb zu Anfang des 17. Jahrhunderts. Seine beiden Brüder Gregor und Clemens so wie sein Sohn Anton übten gleiche Kunst.

Schwanhart, Georg und Hans, berühmte Krystallschneider, lebten im 17. Jahrhundert zu Nürnberg. Georg wurde 1601 geboren. Doppelmayer sagt, dass seine Arbeiten bei allen Grossen dieser Erde beliebt waren. Georg arbeitete viel für Kaiser Rudolph II. und starb 1667.

Schwanhart, Heinrich und Georg, die Söhne des obengenannten Georg, waren ebenfalls als Krystallschneider berühmt, besonders Heinrich. Er erfand um 1670 die Kunst, Schrift und Zeichnung erhoben und vertieft in Glas zu ätzen. Von dieser Entdeckung wurde damals viel Wesens gemacht. Georg Schwanhart starb 1676. Der Bruder überlebte ihn lange.

Schwarzeburger, Johann Bernhard, wurde 1672 zu Frankfurt geboren und in seiner Jugend von einem Bildhauer unterrichtet, bis er an B. und S. Hess weitere Lehrer in der Steinschneidekunst fand. Er fertigte für die Juden viele nach antiker Weise gearbeitete Brustbilder in Relief. Bei diesen Arbeiten halfen ihm auch seine Söhne Franz, Valentin und Adolph. König August II. von Polen und Sachsen besass von ihnen eine Reiterstatue in Bernstein, welche den König selbst vorstellt, und zwar nach eigener Zeichnung desselben. Sie kam später in das grüne Gewölbe zu Dresden. Der alte Schwarzeburger starb 1741, die Söhne alle vor ihm.

Schweinberger, Anton und Franz, Edelsteinschneider und Goldschmiede von Augsburg, arbeiteten im Dienste des Kaisers Rudolph II. Sie waren besonders als Siegelschneider berühmt. Anton starb 1587, Franz 1610, beide zu Augsburg.

Seaton, aus Schottland, war in London Schüler von C. Ch. Reisen. Er schnitt verschiedene Bilder in Edelsteine, fleissig aber geistlos. Arbeitete in der ersten Hälfte des 18. Jahrhunderts.

Seidlitz, Johann Georg, Edelsteinschneider und Medailleur, blühte um 1699—1711 in Wien, und lebte noch 1730. Er hinterliess mehrere Werke, die mit den Initialien seines Namens versehen sind.

Selli, von Goethe im Leben des Ph. Hackert erwähnt.

Simon, Henry Chev. Edelsteinschneider und Medailleur von Brüssel. Er schnitt die Bildnisse Napoleons, des Kaisers Alexander von Russland und Ludwigs XVIII. von Frankreich, jene des Herzogs von Bordeaux, des Königs Carl X., des Königs Louis Philipp und seiner Gemalin, des Herzogs und der Herzogin von Orleans, des Prinzen Poniatowsky, des Schauspielers Talma u. A., alle in Edelsteine, meistens in Carneol. Dann schnitt er auch ganze Figuren, wie einen Aeskulap, einen Amor u. s. w.

Simon, Jean Marie Amable Henry, Sohn des Vorigen, welcher noch jetzt zu Paris arbeitet. Die meisten Steine, welche er schnitt, verfertigte er auf ministeriellem Auftrag. Nachstehend verzeichnete Werke befinden sich in der kais. Bibliothek zu Paris in den Kabineten der Medaillen und Antiken:

Die Bildnisse von Carl X. — Ludwig Anton Herzog von Angoulême. — Carl Ferdinand Herzog von Berry. — Ludwig Philipp. — Ludwig XIV. und Ludwig Philipp. — Ludwig Philipp und Marie Amélie. — Ferdinand von Orleans und Helene von Schwerin. — Ludwig Philipp und seine Gemalin. — Helene von Mecklenburg-Schwerin. — Der Graf von Paris. — Herzog von Aumale. — Herzog von Montpensier. — Victor von Sachsen-Coburg-Gotha. — Francisca von Braganza, — Friedrich Wilhelm, Alexander von Würtemberg. — Marie von Orleans, Herzogin von Würtemberg. — August Ludwig Victor Herzog von Sachsen-Coburg-Gotha. — Clementine von Orleans, Herzogin von Sachsen-Coburg-Gotha. Die hier bezeichneten Steine sind sämmtlich Intaglien und in Carneol geschnitten. Alle seine Werke sind bezeichnet mit: SIMON FILS. Ausser den hier genannten Steinen hat Simon noch viele andere geschnitten.

Siries, Louis, Edelsteinschneider und Goldschmied, bildete sich in Paris zum Künstler heran und war bereits Hofgoldarbeiter, als er 1647 in Dienste des Grossherzogs von Florenz trat, wo er die Aufsicht über die grossherzogliche Gallerie übernahm.

In Florenz arbeitete er meistens in Edelsteinen. Seinen früheren Arbeiten fehlte es an der Zeichnung, und es wurden ihm auch desshalb Vorwürfe gemacht. Dieses veranlasste ihn zu einer öffentlichen Erklärung, welche dahin lautete, dass er Demjenigen, der eine Figur, die das goldene Zeitalter vorstellte, correcter in Sardonyx schneiden würde als er, für die Arbeit 1000 Dublonen zahlen wolle. Uebrigens unterliegt es keinem Zweifel, dass Siries durchaus kein so geschickter Künstler war, als man seiner Zeit aus ihm machte, und er daher einem Giovanni Pichler, Natter, Giovanni Cerbara, Girometti und vielen andern nicht an die Seite gesetzt werden kann. Was die Quantität Steine betrifft, welche er geschnitten hat, so dürften ihn wohl darin Wenige erreicht haben. Als Beweis hierüber mag Folgendes dienen. Siries kam 1740 nach Florenz und schon im Jahre 1757, also nach 15 Jahren, erschien von ihm ein Catalog von 168 Steinen, welche er während dieser Zeit in Florenz geschnitten hatte. Die Kaiserin Maria Theresia kaufte sie und noch mehrere dazu, so dass sich jetzt im k. k. Antiken-Kabinete zu Wien 179 Stücke geschnittener Steine von ihm befinden. Unter diesen ist auch sein grösstes Werk, nämlich: Kaiser Franz der Erste mit dem Lorbeer und dem goldenen Vliesse geschmückt, und Maria Theresia sitzend, den Prinzen Joseph im Arme haltend. Vor ihnen stehen etwas tiefer die übrigen eilf im Jahre 1755 lebenden Erzherzoge und Erzherzoginnen. Das Aeussere umgeben die 12 Himmelszeichen. Sehr schöner Onyx, auf der Vorderseite mit 3 Lagen: braun, bläulich, braun, Rückseite bloss braun. 3'' 3''' hoch, 4'' 7½''' breit. Für diesen Stein erhielt Siries laut einer Bestätigung des k. k. Schatzmeisteramtes am 24. Jänner 1757, 2681 fl. in Silber. Ferner sind von ihm die Brustbilder Kaiser Franz I. und Maria Theresia, bezeichnet mit: L. S. (Onyx. 11''' hoch, 1'' 4''' breit.) — Brustbild der Kaiserin Maria Theresia mit einem Diadem auf dem Scheitel, bezeichnet mit: L. S. (Louis Siries). (Intaglio, 1'' 7¾''' hoch, 1'' 4''' breit.) u. a. m. Diese Arbeiten sind alle zu loben. Die historischen Compositionen dieses Künstlers gehören aber ganz gewiss zu dem Barokesten, was je im Bereiche des Intaglio erschien. Sie zeigen meist eine grosse Zahl von Figuren, die aber ohne allen Zusammenhang, d. h. ohne artistische Gruppirung dastehen und den deutlichsten Beleg für den gänzlich gesunkenen Geschmack seiner Zeit geben. Um diesem etwas hart scheinenden Ausspruch gehörigen Nachdruck zu verschaffen, will ich nur in grösster Kürze vier solche Compositionen von diesem stolzen Meister bemerken, der so kühn war, die oben angeführte Wette anzubieten.

I. Ein Bacchantenzug, in der Mitte Silen auf einem Esel, zuletzt ein Knabe mit einem Geisbock. Alle Figuren stehen einzeln und gleichen mehr Gliederpuppen als Menschen. Um so viel die Füsse des Esels zu kurz sind, um so viel ist sein Hals zu lang, u. s. w. Der Stein ist bezeichnet mit LOVIS SIRIES. 1756.

II. Semiramis, welche sich die Pläne der hängenden Gärten zeigen lässt. Ihre fünf Dienerinnen, von denen die kleinste den Sonnenschirm hält, stehen wie Soldaten in einer Reihe. Im Hintergrunde kleine ameisenähnliche Männchen, die am Bau arbeiten. Der Stein ist bezeichnet mit LOVIS SIRIES 1756.

III. Triumph des Bacchus. Der Gott sitzt in einem grossen Wagen, der von zwei Elephanten gezogen wird. Der Vordergrund wird meist von grossen Weingefässen ausgefüllt, die Figuren sind mehr Nebensache; hinten ein Gebäude, das an den Thurm von Nanking erinnert. (Bezeichnet mit LOVIS SIRIES 1757.)

IV. Herkules auf dem Scheiterhaufen. Die drolligste Composition, die man sich denken kann. Durch den ganzen Stein zieht sich eine Wolke, die nach vorn einen spitzen Winkel bildet. Auf dem oberen Theil derselben reiten alle Gottheiten, auf dem unteren kutschirt Apollo den Sonnenwagen. Auf der Erde liegt Herkules mit Keule und Löwenhaut, eine wahre Jammergestalt. Dieser Stein, den wir nicht weiter beschreiben wollen, ist bezeichnet mit LOVIS SIRIES. 1754.

Man kann sich in der That nichts Abgeschmackteres denken als diese Arbeiten, die nur desshalb interessant werden, weil sie zeigen, wie sehr eine Kunst, die zu den edelsten ihrer Art gehört, durch Aufgeblasenheit und Missgriffe herabgewürdigt werden kann.

Sirletti, Flavio, Goldschmied und Edelsteinschneider in Rom, wollte aus der Familie des berühmten Cardinals Sirlet stammen. Er fertigte mehrere Bildnisse von berühmten Männern seiner Zeit, die meistens hochgeschnitten sind. Auch Copien antiker Cameen hinterliess er. Seinen Ruf gründeten aber vornehmlich seine Abbildungen nach antiken Statuen in Edelsteinen; besonders die Gruppe des Laokoon. Dann schnitt er auch den Apollo von Belvedere, den farnesischen Herkules, den Caracalla und den Bacchus auf dem Panther, aus dem Palaste Giustiniani, den letzteren veränderte er aber in einen Merkur. Zur Bezeichnung seiner Werke bediente er sich der Anfangsbuchstaben seines Namens, und zwar in griechischen Lettern, konnte aber nicht der Versuchung widerstehen, Arbeiten seiner Hand als antike auszugeben. So schnitt er einen Faun mit dem Namen: *ΚΛΕΩΝ*. (Bracci 256, tab. 47.) Auch Creuzer macht auf Sirletti's Falsification aufmerksam. Dieser Künstler starb zu Rom 1737.

Sirletti, Francesco und Raimondo, die Söhne des obigen Künstlers, traten in die Fusstapfen des Vaters. Der erste erwarb sich ebenfalls Ruf und scheint jener Sirletti zu sein, dessen Goethe im Leben Hackert's erwähnt. Raimondo starb bald nach dem Vater.

Smart, Edelsteinschneider und Medailleur, war Schüler von C. C. Reisen. Er arbeitete um 1772 zu Paris.

Spiller, Gottfried, aus Böhmen, arbeitete in Berlin. Er schnitt Landschaften, Historien, Gefechte und Blumen flach und erhoben, die sehr theuer bezahlt wurden.

Steinschneider, Jacob, aus Galizien gebürtig, arbeitete in Wien um 1830. Man kennt von ihm eine Venus in Ketten geschlossen, Amor und Psyche, und eine Kopie der Minerva nach der bekannten Medaille von Haller u. s. w.

Stephani, Johann Christian, trat 1764 in Dienste des sächsischen Hofes und starb 1784 zu Leipzig.

Stiehl, Christian Gottlieb, war Schüler von Schmieder in Dresden, und wurde 1753 daselbst als Hofsteinschneider angestellt. Er erfand eine Art von Mosaik und starb 1792 im 84. Jahre.

Suzan, genannt Rei, Edelsteinschneider und Medailleur, lebte um 1700 zu Rom. Er schnitt Bildnisse nach dem Leben.

Tagliacarne, Giacomo, von Genua, arbeitete mehrere Jahre in Rom während der Regierung Innocenz VIII. (1484—1492) bis unter Leo X., so dass seine Blüthezeit bis um 1510 auszudehnen ist. Er schnitt viele Porträte und Figuren, welche in italienischen Sammlungen anzutreffen sind, wo sie vielleicht als Arbeiten berühmterer Künstler gelten.

Talani, Therese, zu Neapel, war die Gattin eines Kunsthändlers. Sie blühte um 1790.

Tassini, Marco, arbeitete um 1496 zu Florenz. Er scheint nur nach seinem Grabsteine in St. Maria Novella bekannt zu sein.

Tettelbach, Gottfried Benjamin, geboren zu Dresden 1750, stand sechs Jahre beim Hofsteinschneider Kitt in der Lehre. Er fertigte Grotesken und nach Watteau's Vorbildern, Schäferfiguren im Flachrelief, womit damals Uhrengehäuse, Dosen, Stockknöpfe u. s. w. geziert wurden. Im Jahre 1771 begab er sich nach Berlin, wohin seine meisten Arbeiten gekommen waren, allein er fand keine Aufträge und kehrte daher wieder nach Dresden zurük. Endlich wurde er mit dem Professor Lippert bekannt. Von dieser Zeit an ahmte er die Antike nach, und lieferte gute Werke. Ein Stein, womit ein Bracelet der Churfürstin von Sachsen geschmückt wurde, erregte endlich die Aufmerksamkeit und man entdeckte den Namen des Verfertigers darauf, der jetzt viele Bestellungen bekam. Den Namen setzte er selten auf seine Werke und daher wurden mehrere von Händlern für antik verkauft. Er arbeitete vertieft und erhoben und wusste auch die hohe Politur der Alten zu geben. Zu seinen vorzüglichsten Gemmen gehört eine Copie des berühmten Siegelringes Michel Angelo's. Ein Opfer der Flora mit sieben Figuren bezeichnete er mit dem Namen *ΑΘΗΝΙΩΝ*. Ein Opfer der Vesta mit acht Figuren hat den Namen *ΣΠΑ ΘΗΡΙΑΞ*. Ferner sind bekannt ein Oedipus, Leda mit dem Schwane, weiss auf schwarzem Grunde, als Ringstein, Herkules, den Cerberus erwürgend, Thetis und Peleus, Herkules, wie er dem Admet die Alceste zurückgibt, in Carneol, eine Muse in Chalcedon, beide mit dem Namen des Künstlers in griechischer Schrift, ein Kopf des Achilles, Achilles mit der Leier, als Cameen, Melpomene als Intaglio, u. s. w. Tettelbach wurde 1793 an Klett's Stelle Hofsteinschneider und starb zu Dresden 1813.

Tettelbach, Carl Felix, geboren zu Dresden 1788, war Schüler seines Vaters, Gottfried Benjamin, und stand diesem, so wie später seinem Bruder Clemens zur Seite.

Tettelbach, Paul Clemens Alexander, geboren zu Dresden 1776, Schüler seines oben erwähnten Vaters. Von ihm sind in Russland viele Cameen und Intaglien zu finden. Erstere wurden höher geachtet als die Arbeiten in der Tiefe. Wir verdanken diesem Künstler mehrere Bildnisse in Edelsteinen, z. B. jenes des Königs von Sachsen, Peter des Grossen, der Kaiserin Katharina II., des Kaisers Alexander des I., als Cameen von beträchtlicher Grösse. Von zwei anderen Cameen in Onyx, stellt eine den Mercur, die andere die Minerva dar. Ein Intaglio in Carneol stellt den Ganymed vor, wie er den Adler füttert. Die drei Grazien schnitt er erhoben in Carneol, so wie ein Medusenhaupt, beide von vortrefflicher Arbeit. Die Muse Melpomene schnitt er vertieft. Tettelbach war Mitglied der Akademien in Dresden und St. Petersburg.

Tietze, Ernst, geboren zu Glatz um 1780, besuchte die Akademie in Berlin, und begab sich dann nach Rom, wo er um 1810 durch seine Schnitzwerke in orientalischen Muscheln Beifall fand. Später liess er sich in Berlin nieder und erwarb sich hier durch seine Arbeiten in edle Steine Beifall. Im Jahre 1841 wurde er Mitglied der Akademie in der Abtheilung für Kunst und Industrie.

Torricelli, Cajetan, der Sohn des folgenden, Schüler von T. Redi, und B. Luti. Als sein Meisterstück nennt man eine Minerva in Achat. ' Er hatte einen Sohn, Namens Giuseppe, der ihm in der Kunst nachfolgte. Im k. k. Antikenkabinet zu Wien, ist ein Kopf des Laokoon, mit einer Schlange. Auf dem rechten Arm steht: GAETANO TORRICELLI. Gelber Chalcedon.

Torricelli, Giuseppe Antonio, Bildhauer und Edelsteinschneider, stand zu Florenz in Diensten des Hofes, und schnitt mehrere Köpfe im höchsten Relief. In der von Derschau'schen Sammlung war ein zweifarbiger Carneol mit dem Bildniss des Pompejus. Zuweilen bediente er sich eines Steines aus dem St. Gotthard, welchen er Giuggiello nannte. Andere seiner Arbeiten sind unter dem Namen Lavoro di comesso bekannt. Torricelli hinterliess eine handschriftliche Abhandlung über seine Kunst und über die Steine, deren er sich bediente, welche Schrift aber nicht gedruckt wurde. Er starb 1719 im 57. Jahre.

Tortorino, Giuseppe, arbeitete um 1690 zu Mailand, und nach Guarienti's Versicherung wurden seine Werke mit den Antiken verglichen. König Philipp II. von Spanien erwarb von ihm mehrere Figuren zur Ausschmückung der Heiligthümer des Eskurial. Der Herzog von Abrantes besass ausser mehreren geschnittenen Steinen von ihm eine mit Figuren im antiken Stile verzierte grosse Schüssel von Bergkrystall.

Traut, Jacob, war um 1630 Bürger und Meister zu Frankfurt am Main. Zu gleicher Zeit lebte auch ein Edelsteinschneider Johann Traut in dieser Stadt. Sie waren vermuthlich Brüder des Formschneiders Wilhelm Traut.

Trezzo, Jacopo da, Bildhauer, Edelsteinschneider und Medailleur von Mailand, hatte schon zur Zeit, als Vasari die erste Ausgabe seiner Künstlerbiographien besorgte (1550), den Ruf eines tüchtigen Meisters, war aber damals noch in jungen Jahren. Er scheint sich zuerst durch Portraitmedaillons bekannt gemacht zu haben. Als Edelsteinschneider theilte er den Ruf mit Philippo Nigroli, und den beiden Misuroni. Der Gouverneur von Mailand Giov. Fidarola, dessen Bildniss Trezzo gearbeitet hatte, empfahl ihn dem Könige Philipp II, von Spanien, welcher damals für den Hauptaltar der Kirche des Escurial ein grosses und kostbares Tabernakel aus Edelsteinen fertigen liess. Trezzo sollte diesen Tabernakel in 7 Jahren für die Summe von 20,000 Ducaten herstellen. Er musste acht Säulen aus blutrothem Jaspis fertigen, und andere harte Steine verarbeiten. In dem grossen Tabernakel steht ein kleiner von Gold und Silber und mit Edelsteinen besetzt, ebenfalls das Werk dieses Künstlers. Der König fand sich durch die Arbeit vollkommen befriediget. Im Verlaufe der sieben Jahre welche Trezzo mit der Ausführung dieses doppelten Tabernakels zubrachte, fertigte er für den Escurial auch ein Reliquiarium aus Lapis Lazuli. Den 7. October 1585 wurden ihm dafür 300 Ducaten ertheilt, und 1587 erhielt er eine weitere Gratification von 1500 Ducaten. Dann fertigte er das königliche Wappen, welches in der grossen Kapelle des Klosters angebracht wurde, wofür er 50 Ducaten erhielt. Baldinucci, Giulianelli u. a. sagen, Trezzo habe das königliche Wappen in Diamant geschnitten. Den 31. December 1587 erhielt der Künstler weitere 500 Ducaten für ein Wappen in Diamant. Der König gab ihm 1589 eine lebenslängliche Pension von 100 Ducaten. Trezzo genoss aber diese Gnade nur wenige Tage, indem er starb. Er bewohnte in Madrid ein eigenes Haus, welches Juan de Herrera erbaute. Es soll auch die Strasse nach seinem Namen genannt worden sein. Ueberdiess bemerken wir noch, dass Vasari und Lomazzo einen Cosmo da Trezzo in Spanien arbeiten lassen. Sie unterscheiden den Edelsteinschneider Jacopo da Trezzo, der nach ihrer Angabe um die Mitte des 16. Jahrhunderts in Mailand blühte. Von einem Cosmo da Trezzo wissen die spanischen Acten nichts. Sie sind beide eine Person.

Vetravino, lebte in der zweiten Hälfte des 18. Jahrhunderts in Neapel. Seiner erwähnt Göthe im Leben Hackert's.

Vilcot, von Lüttich, hielt sich längere Zeit in Paris auf, und ging beim Ausbruch der Revolution nach Erfurt. Er bossirte Bildnisse in Wachs, machte sich aber noch mehr durch seine Arbeiten in Steatit (Speckstein) bekannt. Dieser wurde im Feuer gehärtet, gefärbt und geschnitten, wodurch er glänzend wie Achat wurde. Einige Cameen haben die Farbe des Onyx. Dalberg gab darüber eine Schrift heraus.

Vogt, D. Auf einem Steine im k. k. Antikencabinet zu Wien, ist von seiner Hand das Brustbild Kaiser Leopold's I., mit dem Lorbeer in den langen herabwallenden Haaren. Auf dem rechten Arme, steht: D. VOGT FECIT. Smaragd. 1″ $3\frac{1}{2}$‴hoch, 1″ $1\frac{1}{4}$‴ breit. Dieser Stein zeichnet sich sowohl durch die Grösse und Schönheit, insbesondere aber durch die gute Arbeit, des sonst nicht bekannten Künstlers aus.

Voigt, Carl Friedrich, vollendete in München die schon in Rom in Arbeit genommene grosse Camee mit dem, den Pegasus bändigenden Bellerophon. Später schnitt er das Bildniss der Fürstin von Liegnitz in Onyx, welches der König von Preussen erwarb. In der neuesten Zeit wurde nur eine grosse Camee bekannt, welche sich auf des Königs Ludwigs Wirken für Kunst und Wissenschaft bezieht, und als Meisterwerk der modernen Steinschneidekunst zu preisen ist. Voigt ist Ritter des königlich griechischen Erlöserordens, Mitglied der Akademie zu Rom, München, Berlin, Florenz etc. Im Jahre 1838 wurde er auch zum Ehrenprofessor der Akademie in Florenz ernannt. Sein Bildniss befindet sich in der Portraitsammlung des Hofmalers Vogel von Vogelstein in Dresden. Therese Voigt hat sein Bildniss in Miniatur gemalt.

Walther, Johann Thomas, arbeitete um 1780 in Coburg, wurde aber von seinem Sohne Johann Ludwig übertroffen. Sie arbeiteten auch in versteinertem Holz. Ihre Werke fanden in Berlin Beifall.

Walwyn, Franz, war in der ersten Hälfte des 17. Jahrhunderts in England thätig.

Weber, Lorenz Maria, war der Sohn eines Deutschen, der als Officier in der Leibwache des Grossherzogs von Florenz diente. Man zählt ihn zu den Schülern des Soldani Benzi, bei welchem auch sein Bruder, wahrscheinlich J. Z. Weber die Kunst erlernte. Lorenz lieferte für den Grossherzog Arbeiten in edle Steine und fertigte mehrere Medaillen.

Wedder, Johannes, war in der zweiten Hälfte des 18. Jahrhunderts thätig. Er bezeichnete seine Gemmen mit W. J. Sie sind in Sardonyx, Chalcedon etc. ausgeführt. Seiner erwähnt Göthe im Leben Hackerts.

Weidlich, Joseph, von Steinschönau (Böhmen), lebte längere Zeit in Rom und Neapel, wo er 1795 thätig war. Er war vermuthlich der Sohn des Glasschneiders Franz Weidlich, welcher 1735 zu Steinschönau geboren wurde.

Weller von **Malsdorf**, Alexander, wurde durch Füssly jun. bekannt. Er ist zu Freyberg in Sachsen geboren, und kam 1505 (wahrscheinlich bei einem Goldschmied) in die Lehre. Später unternahm er Reisen nach Italien, ging dann auch nach Antwerpen,

Hamburg, Lübek und Danzig, und wurde zuletzt Bürger und Mitglied des grossen Rathes in Nürnberg. Der Kaiser Carl V. hielt ihn in hohen Ehren, und schmückte das Wappen des Künstlers mit einer goldenen Krone. Im Jahre 1547 beschenkte ihn der Kaiser auch mit einer goldenen Kette. Gegen Ende seines Lebens erfuhr Weller in Nürnberg Undank, was er sich so zu Herzen nahm, dass er 1559 starb.

Wendt, Carl Friedrich, zu Berlin, wurde um 1760 geboren und zum Bildhauer herangebildet. Er schnitt Wappen und Bildnisse in edle Steine und hinterliess auch treffliche Arbeiten in Glas und Krystall. Einige seiner Gefässe sind mit mythologischen und historischen Darstellungen geziert. Wendt war Hof-Steinschneider zu Berlin und starb um 1810.

Werner, Jeremias Paul, zu Nürnberg, war der Sohn des Adam Rudolf Werner. P. A. Dallinger war sein Schüler. Werner starb um 1825.

Wiener, Jacob, geboren zu Vanloo 1815, war Schüler von L. Baruch in Aachen, bildete sich dann zu Paris unter Levesque und ging nach Brüssel. Schnitte sind von ihm weit seltener als Medaillen.

Williams, J. T., zu London, wurde um 1780 geboren und zum Bildhauer herangebildet. Seinen Ruf als Edelsteinschneider gründete er durch mehrere Cameen und Intaglien.

Wolf, Aaron, aus Brandenburg, war Schüler von M. Vais, lebte um 1728 in Dresden und kam später nach Italien. Er war um 1750 in Siena thätig, wo Giulianelli von ihm Kunde erhielt. Dieser Schriftsteller rühmt eine Leda mit dem Schwan in Sardonyx, und das Wappen des Königs beider Sicilien in Saphir.

Wolf, E., Goldschmid und Edelsteinschneider zu Dresden stand in letzterer Eigenschaft 1681 in Diensten des Hofes und starb 1697.

Da es den Leser interessiren dürfte welche Preise die neueren Steinschneider für ihre Arbeiten erhielten, kann ich nach einer Karte welche ich von Luigi Pichler besitze, mit Bestimmtheit angeben, dass dieser Künstler für einen Kopf (Portrait) 40 Dukaten und für eine Figur 80 Dukaten erhielt, wobei ihm der Stein noch besonders und zwar oft mit 10 Dukaten bezahlt werden musste. Die gleichen Preise bekamen Girometti, Giovanni Cerbara und Morelli.

Ueber die grössten bekannten Steine.

Bis jetzt sind folgende Steine als die grössten bekannt*):

1. Der Stein des Cardinals Carpegna**), ehmals von diesem in die Bibliothek des Vaticans***) und dann in das Museum Napoleon gekommen†). Diese ausserordentliche Camee von fünf Lagen stellt den Triumph des Bacchus und der Ceres auf einem von vier Centauren, zwei männlichen und zwei weiblichen, gezogenen Wagen vor. Der Stein ist 1 Schuh $3^1/_8$ Zoll breit und $10^3/_4$ Zoll hoch. Er befand sich noch im Jahre 1848 in den Tuilerien.

2. Der zweite Stein, 10″ breit, $11^7/_8$″ hoch, ist die Apotheose August's, in der k. Bibliothek zu Paris. Der Stein ist in drei Theile getheilt; der obere stellt den Olymp vor, in welchem Caesar thront, neben diesem Drusus der ältere, mit Lorbeern in den Haaren. Amor führt die Zügel des Pegasus, auf dem August emporsteigt; zu diesem wendet sich Julius, die Weltkugel haltend. In der mittleren Abtheilung sitzt Tiberius belorbeert, die Aegis deckt seine Füsse, in der rechten Hand hält er den Lituus, in der linken Hand einen langen Scepter. Neben Tiberius sitzt Livia als Ceres. Rückwärts von beiden steht Drusus der Jüngere, der seiner auf einem sphinxgeschmückten Stuhle sitzenden Gemalin Julia Livia die

*) V. Arneth. Cameen etc

**) Buonarrotti (Filippo osservazioni istoriche sopra alcuni Medaglioni antichi. Roma. 1698 p. 427. Mayer H. hielt ihn für Glas. Curiositäten IV. 479.

***) Millin. Galérie mythologique. I. p. 70. n. 275. pl. XLVIII.

†) Gestochen in: Alb. Rubens Graevius Thes. Antiquit. R. XI. 1336. Millin Gal. M. pl. CLXXIX. n. 677 Mongez Iconogr. R. pl. XXVI. Lenormant Iconogr. R. pl. XII. p. 23.

Aufnahme Augusts im Olymp anzeigt. Auf der andern Seite steht Germanicus, neben ihm seine Mutter Antonia, rückwärts seine Gemalin Agrippina, vor ihr sein Sohn Caligula. Im unteren Felde gefangene Germanen und Asiaten. Die hier vorgestellten Ereignisse machen wahrscheinlich, dass der Stein zur Verherrlichung der Ovation gearbeitet wurde, welche Tiberius dem Germanicus und Drusus wegen der in Germanien und Asien erfochtenen Siege im Jahre 19 n. Chr. Geb. bewilligte.

3. Die folgenden geschnittenen Steine sind an Grösse ungefähr gleich, jedoch kann man annehmen, dass die Apotheose (Triumph des Augustus) 8½" breit, 7⅛" hoch, zu Wien der dritte in der Reihe ist. Von diesem wird unten ausführlicher gesprochen.

4. Diesem zunächst, also der 4. an Grösse ist wahrscheinlich der Adler zu Wien, 8½" zirkelrund, von dem ebenfalls unten weitläufiger gesprochen werden wird. Von gleicher Grösse wie dieser ist:

5. die aus der Sammlung der Farnese, Herzoge von Parma, nach Neapel gekommene Onyx-Schale. Aussen ein Medusenhaupt, innen sieben Figuren, von denen die mittlere die Hauptgestalt ist. Dieselbe stellt entweder Alexander den Grossen, oder den mit diesem von Tacitus *) so schön verglichenen Germanicus vor. Dieser Stein ist in Kupfer gestochen bei Maffei **), Visonti ***), Millingen †). Die beste Erklärung von allen Figuren gibt Visconti;

6., ein Onyx, 6" 6‴ breit, 10" 3½‴ hoch, ist im Haag. Dieser stellt den über die Britannier triumphirenden Claudius vor, der den Blitz schleudert, seine Gemalin Messalina ist als Ceres abgebildet; vor Claudius steht der kleine Britannicus ganz bewaffnet. (Gestochen bei Millin ††).

---

*) Annales II. 73.
**) Mus. Veron. 356. Osserv. lett. t. II. p. 339.
***) Mus. Pio. Clem. III. 75 C. n. t. f. III. t. A. 9. ANXTPPOE. A. F. p. 367. 37.
†) Ancient unedites Monuments II. pl. XVII. p. 29.
††) Gallerie. Myth. II. pl. CLXXVII. 678 und in der Grösse des Originals in einem sehr seltenen Blatte von S. Fokke. S. Prem. Suppl. à la Not. sur le Cabinet de médailles et de pierres gravées a. S. M. le Roi des Pays-bas. 1824. p. 14—16.

7. Ein **Achat**, 4″ 5‴ hoch, 4″ 10″ im Durchmesser — aus dem Schatze von St. Denis. Auf einer Seite ist eine Bacchantin mit der Doppelflöte, sechs Bacchische Masken, ein Triton, ein Ziegenbock, ein Tisch, worauf mehrere Gefässe, Weinstöcke, Vorhänge, und auf der andern Seite sind: ein Tisch mit Sphinxfüssen, worauf fünf Gefässe und Masken, eine Cista mystica, eine Syrinx, ein Ziegenbock, ein Panther, aus einem gebrochenen umgestürzten Gefässe trinkend, und Anderes eingegraben. Dieses Gefäss ist ein Geschenk des Königs von Frankreich Karls III. an die Abtei von St. Denis und jetzt im Antiken-Kabinete des Louvre*).

Der 8. Stein an Grösse — $6^1/_8$″ breit und $5^1/_8$″ hoch — ist ein **Gefäss**, ehemals im Besitze der Gonzaga's, Herzoge von Mantua, jetzt Eigenthum Carls, Herzogs von Braunschweig. Stellt wahrscheinlich **Germanicus** und **Agrippina** als Triptolemus und Ceres vor, denen die vier Jahreszeiten opfern. (Gestochen bei Gronovius **).

Diesen Steinen kommen an Grösse zunächst:

9. Der 7″ hohe und 5″ breite **Onyx**, **Trajan** vorstellend, von Cybele (?) gekrönt, zu St. Petersburg und

10. ebendaselbst, der berühmte $5^3/_4$″ hohe Stein aus dem Museum Odescalchi ***), einst im Besitze Josephinens, Gemalin Napoleon's, und von diesem dem Kaiser Alexander von Russland geschenkt, jetzt in der Eremitage aufbewahrt.

---

*) Montfaucon. L'. A. E. I. 167 p. 256—260. Clarac Musée T. II. p 415—421. Pl. 125. Waagen, Künstler und Kunstwerke in Paris. Berlin 1839. S. 187.

**) Thes. Antig. Gr. VII. p. 72. Eggelingii Mysteria Cereris et Bacchi.

***) Museum Odescalchum I. Tab. XV. p. 19. Visconti Iconogr. Grecque. p. 53. T. III. p 209—211. Von diesem Steine gibt es auch eine in Petersburg gemachte Abbildung mit einem Blatte Text, welcher ganz dem des Visconti beipflichtet.

Berühmteste griechische und römische antike Gemmen, welche sich im k. k. Antikenkabinet zu Wien befinden*).

Cameen.

I. August's pannonischer Triumph.

Auf einen ungemein schönen Onyx von zwei Lagen sind mit nicht bedeutender Erhöhung im — flachen Relief — wie die schönsten Werke der Alten, wie die Reliefs um die Cella der Parthenon's in die weisse obere Schichte auf braunem Grunde zwanzig Gestalten geschnitten, deren grossartige Zusammenstellung, natürliche Verbindung, hoher Ernst und Ruhe des Ausdrucks, vollendete Ausführung den edelsten Werken aller Zeiten gleichkommt und sie an Pracht des Materials übertrifft, in seiner Art das erste Werk, das uns übrig geblieben ist. Die Gestalten, welche den Stein zieren, sind folgende: das erste Augenmerk ziehen die zwei mittleren auf sich, es sind: Augustus und die Roma. Augustus, in der rechten Hand den Augurstab haltend, die Linke auf den Scepter gestützt, über ihm der Capricornus, sitzt halb entkleidet auf einem Throne, den er mit der Roma theilt. Augustus stellet seine Füsse auf einen Schild; unter dem Throne befindet sich ein Adler. Hinter dem Augustus, ihm eine Eichenkrone aufsestzend, ist Cybele mit Thurmkrone und Schleier; dann Neptun, welcher seinen rechten Arm auf die Lehne des Thrones legt. Zu ihren Füssen, die rechte Hand auf dem Throne aufstützend, mit der linken ein Füllhorn oder Trinkgefäss haltend, sitzt eine jugendliche Frau mit Epheu in den Haaren, ihr zur Seite stehen zwei Kinder, von denen eines zwei Aehren hält. Rechts von Augustus sitzt auf dem nämlichen Stuhle die Roma, den Helm auf dem Haupte, vorwärts gewendet; sie hält in der rechten Hand einen Speer, die linke Hand ruht auf dem Griffe des Schwertes. Den linken Fuss stellt Roma auf den gleichen Schild

*) S. Arneth. Cameen etc. — Die meisten Gemmen im k. k. Antikenkabinet sind in prachtvollen goldenen Fassungen und viele mit Edelsteinen und Perlen besetzt.

wie Augustus, den rechten auf einen ausgeschnittenen, worauf auch noch ein Helm liegt, neben ihrem rechten Fuss lehnt ein dritter Schild. Rechts der Roma steht Germanicus gepanzert, die rechte Hand auf die Hüfte gestützt, mit der Linken den Griff des Schwertes zeigend. Rechts von Germanicus befindet sich ein von vier Rossen gezogener Triumphwagen, auf welchem die Victoria steht, die in jeder Hand zwei Zügel und eine Peitsche hält. Tiberius, in die Toga gekleidet, das Haupt mit dem Lorbeer umgeben, in der rechten Hand eine Rolle haltend, in der linken einen Scepter, ist im Begriffe vom Triumphwagen, unter dem ein Helm liegt, abzusteigen. Im unteren Felde wird von vier römischen Soldaten ein Siegeszeichen errichtet. Am Fusse dieser Trophäe sitzt, die Hände auf dem Rücken gebunden, ein wild blickender Mann mit einer Frau. Gegenüber steht ein geharnischter Soldat mit einem sonderbaren Kopfputz. Er hält in der linken Hand zwei Speere und fasst mit der rechten das Haar eines zu seinen Füssen gesunkenen bärtigen Mannes. Ebenso fasst ein zweiter Soldat eine Frau bei den Haaren. Onyx, 7″ 2½‴ hoch, 8″ 7‴ breit.

Ptolomäus, Philadelphus und Arsinoë. Eine der besten Arbeiten, die aus dem Alterthum übrig geblieben sind. Ebenso merkwürdig ist der Stein, so dass man nicht leicht etwas Schöneres sehen kann. Onyx 4″ 5‴ hoch, 4″ 3‴ breit.

Jupiter im Gigantenkriege. (Vortreffliche griechische Arbeit.) Onyx von 9 Lagen, 2″ 4½‴ hoch, 2″ 4½‴ breit.

Aphrodite und Adonis in einer Biga. (Vortreffliche griechische Arbeit.) Onyx, 1″ 2½‴ hoch, 1″ 7½‴ breit.

Neptun auf dem Isthmus zu Korinth. Onyx, 2″ 7‴ hoch, 3″ 3‴ breit.

Der ausserordentlich grosse römische Adler. Onyx, (zirkelrund) 8″ 4‴ Durchmesser.

Augustus halb entkleidet, auf einem mit einer Sphinx verzierten Stuhle sitzend. An seiner Seite sitzt Roma, das Haupt mit einem Helm bedeckt. Chalcedon 4″ 2¼‴ hoch, 3″ 9¼‴ breit.

Vorwärts gewendete Büste des Tiberius. Chalcedon, 5'' 6½''' hoch, 3'' 10½''' breit.

Kopf des Kaisers Claudius und der Messalina, gegenüber die Köpfe des Tiberius, und der Livia. (Vortreffliche Arbeit.) Onyx, 4'' 7½''' hoch, 5'' 9½''' breit.

Belorbeertes Brustbild des Tiberius. (Stein und Arbeit sind gleich bewunderungswerth.) Onyx, 5'' 2'' hoch, 3'' breit.

Livia als Priesterin der Cybele, das Portrait des unter die Götter versetzten Augustus mit der Strahlenkrone haltend. Onyx, 3'' 4¼''' hoch, 2'' 6½''' breit.

Diana und Endymion. (Ausgezeichnete Arbeit.) Onyx, 2'' 8''' hoch, 2'' 5½''' breit.

Apollo Actiacus. Onyx, 2'' 3''' hoch, 2'' 6''' breit.

Epheubekränzter Bacchus. (Vortreffliche Arbeit.) Chalcedon, 11''' hoch, 1'' 2''' breit.

Kopf des Augustus, von seltenem Relief. (Vortreffliche Arbeit.) Chalcedon, 1'' 10''' hoch, 1'' 3½''' breit.

Kopf des Tiberius. (Vorzügliche Arbeit.) Chalcedon, 1'' 4½''' hoch, 1'' 2''' breit.

Kopf des jungen Claudius, mit einem Eichenkranze, zu welchem die braune Lage des Steines benützt ist. Onyx, 2'' 5''' hoch, 1'' 8½''' breit.

Brustbild einer römischen Kaiserin. (Agrippina junior) als Ceres mit zwei Kornähren und Mohnblumen. (Ausserordentlich schöner Stein.) Onyx, 2'' 10¾''' hoch, 2'' 7½''' breit.

Brustbild des jungen Comodus belorbeert. (Arabischer Stein von vier Lagen.) Onyx 2'' 7''' hoch, 1'' 9''' breit.

Brustbild des Vespasian. Onyx, 2'' 2¼''' hoch, 1'' 9¼''' breit.

Kopf der Cybele mit der Thurmkrone. Onyx 2'' 7''' hoch, 2'' breit.

Brustbild Constantin des Grossen. Plasma, 2'' hoch, 1'' 5½''' breit.

Brustbild des Titus. Onyx, 1'' 6''' hoch, 1'' 2''' breit,

Belorbeerter Kopf des Claudius. (Lorbeer braun, Gesicht weiss, Grund braun.) Onyx, 1'' 4''' hoch, 1'' ½'''

Ein Amor opfert dem Priapus, ein Anderer bläst auf der Doppelflöte, unter einem Baume ist eine Bacchus-Maske auf einer Ara. Chalcedon.

Eine auf einem Wagen sitzende Victoria, die im Begriff zu sein scheint, die Pferde aufzuhalten, um von der Biga abzusteigen. Onyx in weisser und dunkler Lage.

Hiero, König von Syracus zu Pferde, einen Eber jagend. Onyx in brauner und weisser Lage.

Apollo sitzend, mit der rechten Hand auf die Leyer gestemmt, vor ihm kniet ein Jüngling unter einem Baum, ihm einen Raben überreichend. Onyx mit brauner und weisser Lage.

Victoria im langsam schreitenden Zweigespanne, neben ihr zu Fuss Pallas. Onyx mit röthlich weisser und röthlicher Lage.

II. Ringsteine (Steine welche Ringfassung haben).

Liegender Löwe. Onyx mit braunen und weissen Lagen.

Schreitende Kuh. Chalcedon.

Stehender Hirsch. Chalcedon.

Der Vorderleib einer ägyptischen Sphinx. Jaspis, mit weissen und schwarzen Lagen.

Der Centaur Chiron auf der Leyer spielend. Onyx mit weissen und braunen Lagen.

Eine komische Maske. Plasma.

Kopf der Lucilla, Gemalin des Lucius Verus. Onyx von weisser und brauner Lage.

Brustbild der Agrippina, Gemalin des Claudius. Onyx von brauner und weisser Lage.

Kopf des Helvetius Pertinax. Onyx, von brauner und weisser Lage.

Kopf des Herkules, belorbeert, um den Hals, die Löwenhaut gebunden. Onyx von brauner und weisser Lage.

Kopf des Agrippa. Onyx mit weisser und brauner Lage.

Kopf des Neptun. Ganz rund gearbeitet. Chalcedon.

Maske eines Kindes mit einer Binde. Chalcedon.

Haupt der Medusa mit Flügeln versehen. Onyx mit brauner und weisser Lage.

Kopf der Pallas vom ältesten Styl. Onyx mit brauner und weisser Lage.

Kopf der Pallas aus den Zeiten Alexanders des Grossen. Onyx mit weisser und brauner Lage.

Ungemein schöner, ganz vorwärts gewendeter, hoch herausgearbeiteter Kopf eines Kindes mit einer Binde von Früchten um den Hals.

Genius des Frühlings. Annius Verus (?), der Sohn des M. Aurelius und der Faustina der Jüngeren. Carneol.

Kopf eines Amor, en face. Plasma.

Amor, stehend, mit gehobenem linken Flügel, hält in der linken Hand einen Schmetterling, in der rechten Hand eine Fackel, mit der er diesen zu verbrennen begriffen ist. Türkis.

Die Liberalitas, stehend, die rechte Hand auf ein Gefäss gestützt, in der linken Hand ein Täfelchen haltend. Chalcedon.

Ein tanzender Faun, über der linken Schulter den Lagobulus haltend. Onyx mit weisser und brauner Lage.

Ein tanzender Faun, auf Weintrauben springend, hält in der erhobenen Linken eine Weinrebe. Vortreffliche Arbeit. Onyx mit brauner und weisser Lage.

Bacchus stürzt sich auf Ampelus, der den Thyrsus trägt. Onyx mit weisser und dunkler Lage.

Harpokrates, die rechte Hand auf den Mund gelegt, in der linken ein Füllhorn, auf dem Haupte die Lotusblume. Türkis.

Maske des Appollo mit der Binde. Sehr schön gearbeitet. Onyx, mit brauner und weisser Lage.

Faun (?) Silen (?), auf einer Doppelflöte blasend, vor ihm eine Frau, die ein Schwein zum Opfer bringt. Jaspis-Achat.

Rasende Mänade mit gezücktem Dolche. Chalcedon.

Die Genien des Schlafes und des Todes stützen sich auf umgestürzte Fakeln. Onyx mit weisser und dunkler Lage.

Weibliche Maske mit Diadem. Smaragd.

Aurora (?) Luna (?) oder Victoria im Zweigespanne. Schöne Arbeit. Onyx mit brauner, weisser und dunkler Lage.

Libera auf Felsen (?), mit Eupheu gekrönt, hält mit der linken Hand den jugendlichen Dionysos und hat die rechte Hand auf das Tympanum gestützt. Vorzügliche griechische Arbeit. Onyx mit weisser und dunkler Lage.

Sirene, deren Kopf und Arme weiblich, der Vogelleib ist mit Gefieder versehen, die Füsse sind auch die eines Vogels. In gewölbtem Carneol geschnitten.

Aeskulap, stehend, in der Haud den Schlangenstab. Onyx in weisser und dunkler Lage.

Drei Liebesgötter, von denen einer auf einem Delphin reitet, zwei schwimmen. Schöne Composition. Chalcedon.

Im k. k. Antiken-Kabinet befinden sich, was Cameen anbelangt, die schönsten und seltensten griechischen und römischen Arbeiten, die man kennt. Auch ist daselbst eine der grössten Seltenheiten zu finden, nämlich eine kleine weibliche Figur (Venus ?) aus Plasma ganz im Runden gearbeitet. Winckelmann III. 249) erwähnt ebenfalls einer kleinen „sitzenden Figur" aus Smaragd-Plasma, deren Sockel sowohl, als die hintere Säule mit Hieroglyphen bezeichnet ist*). In Berlin befindet sich ebenfalls eine solche Statue, die Pietas aus Chalcedon, $5^1/_2$" hoch.

Im Kabinet zu Wien befindet sich ferner auch als aussergewöhnliche Merkwürdigkeit die grösste bisher bekannte aus orientalischem Achat gefertigte Schale. Die Schrift XRISTO FXXI, (andere sehen: BXRISTO RSXXX.**) ist eingebeizt***). Die Schale mit den zwei Handhaben ist aus Einem Stücke.

---

*) Auf derselben Seite (III. 249) in der Anmerkung 2 berichtet Meier von einer Maske in der Gemmensammlung zu Florenz, die beinahe Lebensgrösse hat und von ägyptischer Arbeit zu sein scheint. Sie ist aus einem den Chrysopras ähnlichen Stein geschnitten, die Augen sind von Schmelz eingesetzt.

**) Fuhrmann, Beschreibung der Stadt Wien. III. Band 111.

***) Das Einbeizen kommt öfter vor. Der Fürst Prosp. Sinzendorf hatte einen ähnlichen schönen Onyx mit drei Lagen, worauf ΕΥΤΟΙΧΩΣ ΧΡΩ ΚΥΡΙΑ (Εὐτοχῶς χρω κύρα) gebeizt war, so auch in den Abhandlungen der Accad. di Cort. VII. 35—48, und bei Buonarotti Vetri, p. 193, wo auf einem antiken Achate, mit einem Skelete steht ΚΤΩ ΧΡΩ (besitze, benütze). Desgleichen ist wahrscheinlich alles gebeizt auf dem Steine, den beschrieben hat: Pierre Clament. Description d'une pierre précieuse unique. Paris 1845.

Der Tradition nach wurde diese Schale, bei der Eroberung Constantinopels durch die Kreuzfahrer gefunden*), kam an das Haus Courtenay, dann an Karl den Kühnen von Burgund und durch die Vermählung Marias von Burgund an Kaiser Maximilian I.**). Die in der Schlacht bei Granson von den Schweizern erbeuteten Kostbarkeiten beschreibt Johann v. Müller***), und die bei der Zusammenkunft Friederichs IV. und Karls zu Trier 1473 ausgestellten Kostbarkeiten: Crusius†) und Freher††). Merkwürdig ist der Bericht eines Augenzeugen über die Zusammenkunft†††), wo auch die Kleinodien vorkommen, welche Karl der Kühne auf seinem Hute trug: „Auch auft den Hut aber ein kostlich klainot das wunder was, das het IIII Rubin dy waren bei der gross," hier folgt im Originalbericht die Zeichnung, „vnd zewen demant dy waren bei der gross", „vnd drei perlein, dy waren so gross" u. s. f. — „dy hingen als dy flinder vast kostlich." Hierüber wären ebenfalls die irrigen Ansichten des Lambecius*†) zu berichten, wo auch die Schale in Contour gestochen ist; auf dem nämlichen Blatte des Lambecius befindet sich auch die Abbildung des Gefässes, (welches jetzt in der k. k. Schatzkammer ist, aus Smaragd. Laut Uebereinkunft Kaiser Maximilians II., der Erzherzoge Ferdinand und Karl, vom Jahre 1564 am 11. August, ferner des Kaisers Rudolf II., der Erzherzoge Ferdinand, Ernst, Mathias, Maximilian vom 2. August 593 soll diese Achatschale immerwährend im Besitze des Hauptes der a. h. Familie bleiben. Die betreffenden Urkunden sind im k. k. geheimen Haus-, Hof- und Staatsarchive aufbewahrt. (Grösse $28\frac{1}{2}$" mit den Handhaben im Durchmesser.)

Ferner sind noch zu bemerken, eine ovale Schale mit goldener emaillirter Einfassung; die Handhabe endiget in einen Frauenkopf; innen, diesem gegenüber, ein Löwenkopf von Email. Onyx-Achat, 2" hoch.

---

*) Cf Caylus. Antiquité's. V. 140.

**) Von Olivier de la Marche 1474 aufgesetzt, 1616 zu Bruxelles herausgegebene Mémoires.

**) Schweizer-Geschichte, Theil V. p. 34.

†) Schwäbische Chronik, Theil II. p. 97.

††) Scriptores Rer. Germanic. II. 156. Agricolae Opuscula edita ex Pet. Aegydio. Antwerpen 1551.

†††) N. Mittheilungen aus dem Gebiete historisch antiquarische Forschungen. Halle 1835, II. Bd. S. 78. 84.

*†) I. p 47.

Dann eine tiefe Schale aus herrlichem Onyx mit einer sehr schönen, mit Füllhörnern von aussen, mit Adlern von innen gezierten Einfassung von Gold. Die Handhabe stellt eine geflügelte, unten in einem Fisch sich endigende Sirene vor. Das Gefäss antik, die Einfassung von der ausgezeichnetsten Art des 15. und 16. Jahrhunderts. Agath-Onyx, 4" gross.

Und dann ein hohes Gefäss, in Form einer Giesskanne, oben und unten mit Gold verziert und emaillirt; die Handhabe bildet einen Drachen, dessen Flügel auf den Rücken gelegt sind. Das Gefäss antik, vortreffliche Fassung, unter Rudolph II. gemacht. Onyx-Achat, $7^3/_4$"

Endlich eine flache Kanne, rohe Arbeit, schon in alten Zeiten mit eisernen Haken zusammengehalten. Schönes Motiv der, einen Stengel mit Weinlaub vorstellenden Verzierungen. In Siebenbürgen bei Zalathna in einem Walde gefunden. Krystall 3" hoch.

Kaiserliche Eremitage zu St. Petersburg.

1. Grosser Camee Onyx. 7" hoch und 5" breit. Trajan von Cybele gekrönt.

2. Der berühmte $5^3/_4$ Zoll hohe Onyx, welchen Napoleon I. dem Kaiser Alexander zum Geschenke machte. Ich habe seiner bereits in dem Abschnitte über die grössten geschnittenen Steine erwähnt.

3. Ein männliches und weibliches Bildniss Sardonyx, Camee, mit einer vertieft geschnittenen Inschrift, deren Erklärung sich bei Köhler III. S. 84 findet. Dieser Stein wurde schon vor 600 Jahren in einem französischen Kloster aufbewahrt, kam dann in den Kirchenschatz St. Germain des Prées, und wurde für den Trauring Josefs und Mariens gehalten. Dieser Stein ist merkwürdiger Weise bezeichnet mit: *ΑΛΦΗΟC . . . . . CΤΝ . . . . . ΑΡϵΘωΝ.*

Kopf des dodonae'schen Jupiters. Sardonyx.

Jupiter Ammon (en face.) Carneol.

Jupiter auf dem Thron mit dem Adler. Carneol.

Jupiter im Kampf mit einem Titan. Carneol.

Leda mit dem Schwan, daneben ein Amor. Achat-Onyx. Camee.

Leda mit dem Schwan. Smaragd.

Ganymed. Sardonyx. Camee.

Ganymed mit dem Adler, neben ihm sein Hund. Sardonyx.

Minerva. Sardonyx.

Brustbild der Minerva. Achat-Onyx. Camee.

Ceres auf dem Thron mit 2 Achren. Jaspis.

Kopf der Proserpina. Schwarzer Achat.

Kopf der Diana. Achat-Onyx, Camee.

Kopf der Diana. Achat-Onyx, Camee.

Merkur, auf einem Felsen sitzend. Carneol.

Merkur als Gott der Beredsamkeit. Jaspis.

Hermaphrodite mit Amoretten. Achat-Onyx, Camee.

Merkur als Führer der Seelen. Amethyst.

Nereide auf einem Seepferd. Amethist.

Kopf eines Flussgottes. Sardonyx.

Venus Anadyomene und Merkur. Sardonyx.

Venus von Knydos. Achat.

Venus und Amor. Achat-Onyx, Camee.

Venus an einem Felsen. Achat-Onyx, Camee.

Venus und Mars von Vulkan überrascht. Sardonyx.

Die Macht Amors. Amethyst.

Amor. Achat-Onyx, Camee.

Amor auf den Wellen. Achat-Onyx, Camee.

Amor die Psyche fesselnd. Achat-Onyx.

Amor und Psyche. Achat-Onyx.

Symbol des Todes. Carneol.

Kampf von zwei Hahnen. Amethyst.

Mars. Carneol.

Brustbild der Victoria. Amethyst.

Dieselbe in Sardonyx.

Dieselbe, ganze Figur. Sardonyx.

Dieselbe auf einer Biga. Achat-Onyx.

Aurora auf einer Biga. Achat-Onyx, Camee.

Aurora die Sonnenpferde führend. Achat-Onyx, Camee.

Apollo mit der Lyra auf einem Sessel sitzend. Carneol.

Apollo und Marsyas. Rother Jaspis.

Terpsichore. Sardonyx.

Eine tragische Maske. Achat-Onyx.

Eine satyrische Maske. Achat-Onyx.

Bacchus mit Thyrsus und einem Pokal, neben ihm ein Hund. Carneol.

Brustbild des Silen. Amethyst.

Silen auf einem Esel.

Ein Faun, eine Ziege liebkosend. Achat.

Opfer des Pan. Achat-Onyx, Camee.

Bacchantin, die Leyer spielend. Sardonyx.

Ein jugendlicher Herkules. Amethyst.

Euridice, Blumen pflückend. Carneol.

Brustbild des Ulysses. Amethyst.

Die Köpfe des Hektor, der Andromache und des Astianax. Topas.

Kopf des Ptolomäus Soter. Achat-Onyx, Camee.

Ein männlicher Kopf. Amethyst. Vor dem Kopf ist ein Pinienzapfen angebracht, unter dem Kopf, welcher das Horn des Ammon's hat, steht das Wort: *ΜΑΓΑΣ*.

Kopf eines persischen Königs, um denselben zieht sich im Bogen eine Inschrift mit persischen Buchstaben.

Jugendlich unbekanntes Bildniss. Carneol, bezeichnet mit: *ΕΛΛΗΝ*.

Ein jugendlicher Kopf, bezeichnet mit: *ΑΤΚΙ*.

Jugendlicher Frauenkopf, vom Kinn bis an die Nase hinauf verschleiert. Achat-Onyx.

Ein Frauenkopf, vor demselben unter dem Kinn steht der Name: *ΤΛΛΟΤ*, rückwärts vom Kopf aber LAVR. MED. (Laurenzo Medici.)

Kopf des Germanicus, der Agrippina und ihres Sohnes Cajus mit dem Namen: *ΑΛΦΗΟΤ*.

Rosenbekränzter Jüngling in Hyacinth, von Bathyllos.

In der Sammlung zu Petersburg befinden sich sehr viele ausgezeichnete antike Steine, so wie überhaupt eine sehr grosse Anzahl der vorzüglichsten Gemmen, so dass dieses Cabinet zu den ersten von Europa gehört, und es hier viel zu weit führen würde, um all das Schöne erst noch weitläufig zu besprechen, nachdem diese Schätze ohnediess in vielen Werken abgebildet und beschrieben worden sind.

Kaiserliches Museum zu Paris*).

A. Cameen.

Nr. 36. Minerva und Neptun. Sardonyx, eine der ausgezeichnetsten Cameen dieser Sammlung.

Nr. 86. Amphitrite auf einem Meerstier. Sardonyx, bezeichnet mit *ΓΛΥΚΩΝ*. Ebenfalls vorzüglich.

Nr. 106. Ein Heros, der seine vier Pferde tränkt. Vorzügliche Arbeit. Sardonyx.

Nr. 159. Perseus, König von Macedonien. Orientalischer Carneol.

Nr. 188. Apotheose des Augustus. Dieser Stein ist bekannt unter dem Namen der Sainte Chapelle. Er besteht aus drei Abtheilungen und ist schon Seite 126 genau beschrieben worden.

Nr. 191. Belorbeertes Bildniss des Augustus. Achat.

Nr. 209. Apotheose des Germanicus. Sardonyx. Eine der schönsten und grossartigsten Cameen der Welt.

Nr. 213. Kopf des Drusus, des Aeltern. Ausgezeichnetes Porträt, in Achat-Onyx.

---

*) S. Catalogue Chabouillet, 1858. Paris.

Nr. 218. Belorbeerter Kopf des Caligula, bezeichnet mit CALIGVLA. Sardonyx.

Nr. 228. Kopf der Messalina. Sardonyx. Ausgezeichnete Arbeit.

Nr. 230. Agrippina. Sardonyx. Bewunderungswürdige Arbeit und Material.

Nr. 240. Belorbeerter Kopf Trajans. Sardonyx. Ausgezeichnete Arbeit.

Nr. 249. Die Familie des Septimuis Severus. Sardonyx. Vortreffliche Arbeit.

Nr. 254. Julia, Cornelia und Paula. Achat. Julia war die erste Gemalin von Heliogabolus. Diese Porträts sind ausserordentlich selten.

Nr. 255. Triumph des Licinius. Erst 1851 angekauft. Eine der vorzüglichsten römischen Arbeiten.

Nr. 257. Valentinian I. mit Lorbeern gekrönt. Sardonyx.

Nr. 277—78. Von Büsten aus Achat sind zwei Jupiterköpfe vorhanden, einer von braunem, einer von weissem Achat.

Nr. 279. Becher des Ptolomäus, mit bacchischen Basreliefs. Orientalischer Sardonyx.

Nr. 280. Ein Schiff, aus Sardonyx, mit verschiedenen Steinen und Emaìl eingefasst. Früher in St. Denis.

Nr. 281. Ein Schiff von Jade vert. Früher in St. Denis.

Nr. 282. Becher von Sardonyx.

Nr. 283. Fragment eines Bechers, von Sardonyx.

Nr. 284. do. einer Vase do.

Nr. 285. do. do. von lichtem Carneol.

Nr. 286. do. eines Pferdes, von Bergkrystall.

Nr. 287. Ferner die Büste Constantins des Grossen mit einem Kreuz auf der Rüstung. Achat.

Nr. 288. Derselbe Kaiser mit einem Lorbeerkranz. Achat. Antike-Becher etc.

Besonders seltene Gemmen.

Nr. 700. Kopf einer mexikanischen oder peruanischen Gottheit. (Nephrit).

Nr. 701. Ganze sitzende Figur einer solchen Gottheit (in grünem Kiesel).

Nr. 702. Ein babylonischer Stein, oben mit symbolischen Charakteren, unten mit Keilschrift. Schwarzer Serpentin.

B. Mythologische Intaglien.

Nr. 1409. Cybele mit der Thurmkrone. Nicolo. (Mariette II. 4.)

Nr. 1467. Geflügelter Genius. Amethyst. M. 2. pl. 17.

Nr. 1541. Geflügelte Victoria. Nicolo. M. 2. 18.

Nr. 1580. Venus mit dem Medusenschild. Carneol. M. II. 67.

Nr. 1581. Nymphe, von Pan im Bade überrascht. Sardonyx bezeichnet im Grunde mit *ΠΑΝΑΙΟΤ* und am Rande mit *ΑΦΡΟΔΙΤΗ*.

Nr. 1597. Merkur mit gespitztem Bart. Carneol. Bezeichnet mit *ΑΕΤΙΩΝ*. (Angekauft in Egypten.)

Nr. 1615. Der Fuss des Merkur, kennbar an den geflügelten Sandalen, daneben der Schmetterling, das Sinnbild der Psyche, und die Buchstaben *HTAC*. Carneol. M. II. 62.

Nr. 1627. Bacchus mit dem Thyrsus, ausgezeichnete griechische Arbeit. Carneol.

Nr. 1637. Der dionysiche Stier, mit einer Epheuranke und dem Namen *ΤΑΛΟΤ*. Achat-Chalcedon.

Nr. 1644. Silen und Bacchus. Ausgezeichnete griechische Arbeit. Achat. 1848 in Syrien angekauft.

Nr. 1648. Betrunkener Faun. Sardonyx. Ausgezeichnete Arbeit. M. II. 40.

Nr. 1658. Ein sitzender Faun mit der Doppelflöte. Carneol. Ausgezeichnete griechische Arbeit.

Nr. 1677. Faun, vor einer Herme des Priapus sitzend. Ausgezeichnete griechische Arbeit. Sardonyx.

Nr. 1699. Thetis auf einem Seepferd. Beryll.

Nr. 1720. Nemesis. Carneol. Ausgezeichnete Arbeit auf der untern Fläche eines doppelten Scarabäus.

Nr. 1752. Herkuleskopf mit dem Löwenfell. Carneol. Ausgezeichnete griechische Arbeit.

Nr. 1760. Der Streit um den Dreifuss.. Scarabäus von Sardonyx. Einer der merkwürdigsten Steine dieser Sammlung.

Nr. 1766. Herkules besiegt die lernäische Schlange. Scarabäus. Carneol. M. II. 132.

Nr. 1776. Herkules, durch das Meer schreitend. Scarabäus. Pierre de Touche. Merkwürdig wegen der Seltenheit des Gegenstandes.

Nr. 1815. Achilles Citharodus. Amethyst. Bezeichnet mit: *ΠΑΝΦΙΛΟΥ*. Dieser Stein ist vielleicht der vollkommenste Intaglio der Pariser Sammlung. Er wurde mehrere Male abgebildet bei Stosch, Bracci, Mariette etc.

Nr. 1866. Aurigos, eine Quadriga lenkend. Chalcedon. Ausgezeichnete griechische Arbeit.

Nr. 1898. Ein junger Mann, auf einem Dreifuss sitzend, mit einer Tafel in der Hand, worauf 4 Buchstaben angebracht sind. Bezeichnet mit: *ΑΓΕCΑΡ* (?). Carneol.

Nr. 1933. Ein trinkender Löwe, bezeichnet mit *ΕΥΠΟCΙΑ*. Gelber Jaspis.

Nr. 2051. Amastris, Königin von Paphlagonien. Carneol. Sehr schöne Arbeit.

Nr. 2077. Bildniss des Mäcenas. Amethyst. Bezeichnet mit *ΔΙΟCΚΟΥΡΙΔΟΥ*.

Nr. 2080. Antonia, Gemalin des Drusus. Amethyst. Ausgezeichnete Arbeit.

Nr. 2089. Julia, Tochter des Titus. Aquamarin. Bezeichnet mit *ΕΥΟΔΟC ΕΠΟΙΕΙ*.

Nr. 2096. Commodus zu Pferde. Nicolo. Ausgezeichnet an Material und Arbeit.

Nr. 2111. Der ältere Brutus. Amethyst. Ausgezeichnete Arbeit. Angekauft 1848.

Die kaiserl. Sammlung besteht aus 2536 Gemmen und zwar antike Cameen . . . . . von Nr. 1 bis Nr. 276.

Büsten und Vasen	„	277	„ „	293.
mittelalterliche und Renaissance	„	294	„ „	324.
Renaissance und moderne	„	325	„ „	699.
do. Babylonier	„	700	„ „	702.

Heidnische Cylindersteine	Nr.	703	bis	Nr.	973.
Christliche Cylindersteine	„	974			—
Scarabäen und Kegel	„	975	„	„	1329.
Christliche Intaglien aus Asien	„	1330	„	„	1334.
do. do.	„	1335	„	„	—
Persische Intaglien	„	1336	„	„	1383.
Andere orientalische Intaglien	„	1384	„	„	1400.
Orientalische Cameen	„	1401	„	„	1406.
Antike mythologische Intaglien	„	1407	„	„	1851.
Verschiedene Thiere, Spiele u. s. w. . . .	„	1852	„	„	2015.
Aegyptische Mythologie	„	2016	„	„	2030.
Orientalische do.	„	2031	„	„	2034.
Griechische Bildnisssteine	„	2035	„	„	2070.
Römische do.	„	2071	„	„	2121.
Verschiedene Steine	„	2122	„	„	2137.
Griechische Inschriftsteine	„	2138	„	„	2142.
	„	2143	„	„	2164.
Christliche Steine	„	2165	„	„	2167.
Gnostische Steine	„	2168	„	„	2255.
Talismane	„	2256	„	„	2284.
Moderne mythologische Darstellungen . .	„	2285	„	„	2398.
do. historische do. . .	„	2399	„	„	2452.
do. Porträts	„	2453	„	„	2475.
Andere moderne Steine	„	2476	„	„	2536.

Diese Collection in Paris ist nach der Sammlung im k. k. Antiken-Kabinet zu Wien bei weitem die reichste an Bildnissen von fürstlichen Personen.

Unter der Nummer 2337 des Kataloges von Chabouillet wird der allbekannte Intaglio, welcher einst im Besitze Michelangelo Bonarrotti's war und als dessen Siegelring galt, angeführt. Es ist auf demselben ein Bachanal mit vielen Figuren vorgestellt, welches man überall beschrieben und abgebildet findet. Es wurde immer für antik gehalten, allein man hätte sogleich an den vielen Figuren, welche von den antiken Künstlern stets vermieden wurden, sowie an der Art der Technik, besonders aber an dem unten angebrachten Fischer erkennen sollen, dass es die Arbeit eines Cinquecentisten sei.

Königliches Museum zu Berlin*).

A. Altägyptische Arbeiten.

I. Classe.

Nr. 1. Der heilige Falk. Orientalischer Sardonyx.

Nr. 2. Ein sitzender ägyptischer Fürst huldigt einem Götterwesen. Fragment. Achat-Onyx.

Nr. 3. Brustbild der ägyptischen Göttin Athor, antiker blauer Glasfluss.

Nr. 4. Der ägyptische Herkules. Streifiger Jaspis-Achat.

B. Meisterhafte Umbildungen ägyptischer Darstellungen durch griechische Kunst.

I. Classe

Nr. 39. Isis mit dem Sistrum und Scepter auf dem Sirius sitzend. Smaragd-Plasma.

Nr. 52. Kopf des Serapis. Carneol.

Nr. 67. Serapis auf einem Blitzstrahl stehend. Smaragd-Plasma.

Nr. 84. Harpokrates als Kind. Achat-Onyx.

C. Vierarmige Götterwesen, wie sie Cailliaud und Lepsius in Aethiopien fanden.

Nr. 114. Eine männliche Göttergestalt, auf einer Schlange. Topas.

Nr. 115. Eine ähnliche Gottheit, ebenfalls auf einer Schlange. Grüner Jaspis.

Nr. 116. Dieselbe Vorstellung, ohne Inschrift. Brauner Jaspis

Etruskische Gemmen.

II. Classe.

Nr. 60. Hermes-Psychompompus. Carneol, von einen Scarabäus abgesägt.

Nr. 74. Perseus mit dem Haupte der Medusa. Carneol.

---

*) Vide Toelken's Verzeichniss. Zahlreiche, höchst werthvolle ägyptische und äthiopische Gemmen, grösstentheils in schweren Goldfassungen enthält das besondere ägyptische Museum in Berlin.

Nr. 75. Fünf der Helden von Theben, Carneol, von einem Käfer abgesägt, der unter Nr. 76 aufgestellt ist.

Nr. 10. Tod der Semele. Antiker Glasfluss.

Nr 943. Tydeus. Carneol.

Griechische Gemmen.

II. Classe.

Nr. 70. Herkules. Carneol, von einem Scarabäus abgesägt.

Nr. 72. Cadmus. Carneol, von einem Scarabäus abgesägt.

Nr. 77. Ein Löwe. Carneol.

Nr. 86. Pegasus. Carneol.

Nr. 93. Triton. Brauner Sarder.

Nr. 114. Apollo. Quergestreifter Sardonyx.

Nr. 120. Bacchus. Quergestreifter Sardonyx.

Nr. 138. Die 4 Pferde des Diomedes. Plasma.

Nr. 150. Nestor. Carneol.

III. Classe.

Nr. 77. Jupiter Panhellenius. Chalcedon.

Nr. 90. Jupiter, als Schicksalslenker. Achat-Onyx.

Nr. 174. Neptun entführt Amphitrite. Heller Sarder.

Nr. 477. Amor als Jüngling. Sardonyx von 2 Lagen.

Nr. 612. Amor Krotos. Achat-Onyx.

Nr. 680. Kopf der Psyche. Schwarzer Obsidian.

Nr. 888. Merkur. Smaragd.

Nr. 978. Akratos. Carneol.

Nr. 980. Hermaphroditischer Genius. Achat-Onyx.

Nr. 1061. Brustbild einer Bacchantin. Violette antike Paste.

Nr. 1120. Pan und ein Ziegenbock. Sardonyx von 3 Lagen.

Nr. 1198. Aeskulap. Carneol.

Nr. 1215. Victoria. Smaragd.

Nr. 1276. Die 3 Horen. Gelbe antike Paste.

Nr. 1284. Eine Parze. Carneol.

Nr. 1315. Eine Muse. Carneol. etc.

Römische Gemmen.

III. Classe.

Nr. 1369. Virtus. Lapis-Lazuli.

Nr. 1371. Honos. Smaragd-Plasma.

Nr. 1379. Römischer Genius. Trübes Plasma.
Nr. 1386. Die Stadt Laodicaea. Carneol.
Nr. 1387. Die Stadt Antiochia. Rother Jaspis.

V. Classe.

Nr. 86. Kopf des Romulus. Carneol.
Nr. 87. Romulus Quirinus. Carneol.
Nr. 88. Kopf des Tatius. Dunkler Sarder.
Nr. 92. Brustbild des Junius Brutus. Bergkrystall.
Nr. 102. Kopf des Pompejus. Rother Jaspis.
Nr. 131. Kopf des Augustus. Carneol.
Nr. 132. Augustus und Livia. Violette antike Paste.
Nr. 143. Antonia, Gemalin des Nero. Carneol. etc.

Unter den ausgestellten Cameen älteren Besitzes sind griechischen Ursprunges und von vorzüglicher Schönheit:

1. Die vereinigten Köpfe des Ptolomäus Philadelphus und der Arsinoë, das Vorbild vieler Nachahmungen,

2. das Urtheil des Paris. ($3\frac{1}{2}$ Z. lang, $2\frac{3}{4}$ Z. hoch.)

3. Herkules den Cerberus bändigend. Alle drei in Onyx. Aus der Alt-Brandenburgischen Sammlung und bereits von Beger publicirt, Thesaur. Brandenb. Vol. III.

Von den Cameen aus römischer Zeit sind vor andern bemerkenswerth:

1. Apotheose des Septimius Severus, Onyx $8\frac{11}{16}$ Z. lang, $7\frac{1}{2}$ Zoll hoch.

Bereits von Sandrart im 2. Band der „deutschen Academie“ 1679, unter dem Namen des Edelsteins Constantins des Grossen publicirt.

2. Onyxgefäss $4\frac{1}{3}$ Z. hoch, umgeben mit der Reliefdarstellung der Lustration eines Enkels des Augustus unter dem Schutz der Venus Victrix.

3. Fragment. Triumph eines Mitgliedes des Juli'schen Kaiserhauses, wahrscheinlich Germanicus, mit dem unversehrten Namen *ΑΘΗΝΙΩΝ* in Relief, woraus sich ergibt, dass auch der berühmte Jupiter auf dem Donnerwagen, von demselben Künstler aus römischer Zeit ist.

4. Ceres (*Κουροτρόφος*) fast 3 Z. hoch, $2\frac{1}{4}$ Z. breit.

5. Statuette der betenden Pietas in Chalcedon $5^1/_2$ Zoll hôch.

Die Gemmensammlung zu Berlin beläuft sich, wie schon angeführt, auf 5365 geschnittene Steine, und 2379 antike Pasten, in folgender Ordnung.

I.	Classe	von	Nr. 1	bis	196.	ägyptisch und orientalisch.
II.	„	„	„ 1	„	181.	älteste griechische und etruskische Gemmen.
III.	„	„	„ 1	„	1497.	griechische und römische mythologische Darstellungen.
IV.	„	„	„ 1	„	435.	Heroen.
V.	„	„	„ 1	„	260.	geschichtliche Darstellungen.
VI.	„	„	„ 1	„	209.	Beschäftigung, Gebräuche.
VII.	„	„	„ 1	„	363.	Waffen und Geräthschaften.
VIII.	„	„	„ 1	„	363.	Thiere.
IX.	„	„	„ 1	„	132.	Denkmäler aus der Zeit der gesunkenen Kunst.

Zu dieser Summe von 3636 geschnittenen Steinen kommt nunmehr der seither erfolgte Neueinkauf, durch welchen die oben angegebene Summe ergänzt wird. In Beziehung auf Intaglien bleibt die Berliner Sammlung sowohl in Betreff der Menge als der Schönheit und Seltenheit derselben, von keiner der andern Sammlungen übertroffen.

Berühmteste Gemmen des königlichen Museums zu Neapel.

(Da sie meistens aus dem Farnesi'schen Nachlasse herrühren, so wird die Sammlung auch öfters die Farnesi'sche genannt.)

Jupiter, welcher die Titanen erlegt. Camee, Sardonyx. Mit dem Namen des Künstlers: *ΑΘΗΝΙΩΝ.*

Kopf des Maecenas. Mit dem Namen des Künstlers: *ϹΟΛΩΝΟϹ.*

Aurora. Camee, Onyx mit 4 Lagen.

Kopf des Serapis. Camee, Agath.

Kopf der Iole mit der Löwenhaut. Camee, Onyx.

Medusenhaupt. Camee. Eines der schönsten Gorgonenhäupter die man kennt.

Perseus. Intaglio, Carneol. Mit dem Namen des Künstlers: *ΔΙΟСΚΟΥΡΙΔΟΥ.*

Theseus, die erschlagene Laja in den Armen haltend.

Der betrunkene Herkules.

Ein Seepferd. Intaglio, Carneol. Mit dem Namen des Künstlers: *ΦΑΡΝΑΚΟΥ.*

Die Hochzeit des Amor und der Psyche. (Sehr schöne Arbeit.)

Diana montana. Sie lehnt sich auf eine Säule zwischen zwei steilen Felsen, und hält in der Hand eine Fackel. Intaglio, Amethyst. Mit dem Namen des Künstlers: *ΑΠΟΛΛΟΝΙΟΥ.*

Eine Nereide, auf einem Seepferd, welches sie fest umfasst hält. Camee. Mit dem Namen des Künstlers: *CΩCΤΡΑΤΟΥ.*

Victoria auf einer Biga. Cameo, Onyx. Mit dem Namen des Künstlers: *CΩCΤΡΑΤΟΥ* und mit dem neuen Zusatze Laur. Med. d. i. Laurenzo de Medici.

Schale aus Achat-Onyx, mit erhobenen Figuren, bekannt unter dem Namen: der Farnesi'schen Schale.

Das königliche Museum zu Neapel besitzt noch eine grosse Anzahl von geschnittenen Steinen, da diese aber ohnedem schon in den betreffenden Werken abgebildet und beschrieben worden sind, so glaube ich weiter nichts mehr darüber anführen zu sollen.

Grossherzogliches Museum zu Florenz*).

Die Strafe des Marsyas. Intaglio, Smaragd-Plasma. Diese Gemme wird auch gewöhnlich das Siegel des Nero genannt, und steht keiner an Schönheit nach. Schade dass man

*) V. Galeria di Firenze.

den Künstler nicht weiss, welcher eine so vortreffliche Arbeit lieferte.

Tritonen-Familie. Intaglio, Amethyst.

Herkuleskopf mit Lorbeer bekränzt. Intaglio, Carneol. Mit dem Namen des Künstlers: *ΑΛΛΙΩΝΟC.*

Herkules sitzend, die nackte Iole, die vor ihm steht, umarmend. Intaglio, Amethyst. Mit dem Namen des Künstlers: *ΤΕΥΚΡΟΥ.*

Amor auf einem Löwen, die Leyer spielend. Camee. Mit dem Namen des Künstlers: *ΠΡΩΤΑΡΧΟΥ.*

Schildförmiger Onyx, in dessen Mitte der Sonnenwagen. Am Rande und umher der Thierkreis, flach vertieft.

Eros und Anteros, einen Globus tragend.

Kopf des Oceanus.

Ganymedes und andere Figuren. Camee, Onyx.

Amor, Jupiters Donnerkeil zerbrechend.

Keule des Herkules, welcher Palmenzweige entspriessen, über ihr der Caduceus und unten Kornähren.

Kranich, eine Trompete tragend.

Krähender Hahn, in der Krümmung einer antiken Trompete.

Theseus. Intaglio.

Tod der Penthesilea, Königin der Amazonen.

Ein Todtengerippe.

Bärtiger, behelmter Kopf, angebliches Bild des Königs Pyrrhus. Intaglio.

Kopf Vespasians. Camee. Ausgezeichnete Arbeit.

Terpsichore an einer Säule stehend, ihre Leyer stimmend, mit dem Namen des Künstlers: *ΑΛΛΙΩΝΟC.*

Bacchus und Ariadne auf einen Panther sitzend. Mit dem Namen des Künstlers: *ΚΑΡΠΟΥ.*

Ein von bacchischer Wuth ergriffener Faun, mit der Rechten schwingt er den Thyrsus, an dem zwei Klapperstäbe hängen. Zu den Füssen eine umgestürzte Vase. Mit dem Namen des Künstlers: *ΠΕΙΓΜΟ.*

Die Köpfe des Herkules und der Iole. Mit dem Namen des Künstlers: *ΚΑΡΠΟΥ.*

Kopf eines Philosophen. Mit dem Namen des Künstlers: *ΤΑΛΟΥ.*

Herkules gehend, die Hände auf den Rücken gebunden, einen Amor mit grossen Flügeln auf den Schultern.

Kopf eines jungen Herkules, mit Lorbeer bekränzt. Mit dem Namen des Künstlers: *ΟΝΗCΑC.*

Diomedes mit dem Palladium.

Amor mit dem Bogen bewaffnet. Sardonyx.

Der gefangene Amor. Amethyst.

Ganymed mit dem Adler. Smaragd.

Leda mit dem Schwan. Sardonyx.

Die Gottheit des Capitols. Chalcedon.

Zwei Grazien mit dem Amor. Sardonyx.

Ein römischer Soldat mit dem abgeschnittenen Kopf eines Feindes in der Hand. Onyx.

Der Sturz des Phaeton. Sardonyx.

Mars und Venus. Smaragd.

Deiphobus als Sieger des Ascalophus. Sardonyx.

Römischer Soldat. Sardonyx.

Die Prüfung der Psyche. Sardonyx.

Das Glück. Sardonyx.

Die Entführung Europa's. Sardonyx.

Jupiter bekämpft einen Titan. Sardonyx.

Opfer des Priap.

Jupiter, den Blitz nach einem Titan schleudernd. Sardonyx.

Triumph des Bacchus. Jaspis.

Merkur und die Fortuna. Jaspis.

Merkur als Führer der Seelen. Onyx.

Opfer des Merkur. Achat.

Ein junger Faun, mit welchem seine Mutter spielt. Blutjaspis.

Bacchus als Sieger in Indien. Sardonyx.

Ein junger Faun. Sardonyx.

Herkules von Amor gebändiget. Jaspis-Achat.

Merkur von der Fortuna gekrönt. Sardonyx.

Merkur mit dem Beutel in der einen und den Thyrsus in der andern Hand. Sardonyx.

Amor als Sieger des Herkules. Sardonyx.
Amor und Ariadne. Sardonyx.
Herkules legt den Cerberus in Ketten. Sardonyx.
Herkules erwürgt den nemäischen Löwen. Jaspis.
Ein Faun mit einem Amor spielend. Amethyst.
Ein Bacchant tränkt einen Panther. Sardonyx.
Apollo sich auf die Leyer lehnend. Sardonyx.
Apollo ruhend, die Leyer zu seinen Füssen. Hyacinth
Ein Ziegenhirt. Sardonyx.
Ein ruhender Schäfer. Amethyst.
Amor vor einer Trophäe kniend. Sardonyx.
Mehrere Faune feiern eine Orgie. Achat.
Tritone spielen auf den Wellen. Amethyst.
Der himmlische Merkur. Sardonyx.
Merkur, einen Widder tragend. Sardonyx.
Ein junger Faun. Sardonyx.
Der gefesselte Amor. Sardonyx.
Amor als Sieger des Mars. Hyacinth.
Der Streit des Ulysses mit Diomedes. Sardonyx.
Fortuna sitzend, hält in der Rechten ein Füllhorn. Sardonyx.
Fortuna stehend, hält in der Linken ein Füllhorn. Sardonyx.
Der Gott der Gärten.
Ein Opfer des Priap.
Herkules kommt aus der Unterwelt. Sardonyx.
Herkules besiegt die Hydra. Sardonyx.
Apollo, einen Reigen anführend. Sardonyx.
Genius des Glücks. Jaspis.
Eine Bacchantin von Pentheus verfolgt. Sardonyx.
Ein sterbender Krieger. Onyx.
Ein junger Bacchus.
Eine Bacchantin.
Das beständige Glück. Amethyst.

Cameen.

Perseus mit dem Haupte der Medusa. Chalcedon.
Die Göttin Roma. Sardonyx.
Ein Opfer der Venus. Sardonyx.

Ein Krieger ein Opferthier führend. Sardonyx.
Achilles ergreift seine Waffen. Onyx.
Penthesilea von Achilles getödtet. Sardonyx.
Telephus wird aus dem Kasten gezogen. Sardonyx.
Narcissus. Sardonyx.
Erythia von Boreas entführt. Sardonyx.
Victoria, Kränze austheilend. Sardonyx.
Ein triumphirender Krieger. Sardonyx.
Diomedes mit dem Palladium. Sardonyx.
Opfer des Amor. Sardonyx.
Meleager. Sardonyx.
Der stygische Merkur. Amethyst.
Der Dornzieher. Sardonyx.
Juno säugt den Herkules. Onyx.
Perseus besiegt die Medusa. Sardonyx.
Die Victoria, auf einen Schild schreibend. Sardonyx.
Cassandra und Ajax. Sardonyx.
Ein Krieger das Bild der Siegesgöttin tragend. Achat.
Der Gott des Meeres (Occan.) Sardonyx.
Victoria mit einem Helm. Sardonyx.
Cajus und Lucius. Sardonyx.
Opfer des Apollo. Sardonyx.
Achilles und Nestor. Sardonyx.
Theano und Diomedes. Sardonyx.
Bacchus. Hyacinth.
Ein Bacchant. Sardonyx.
Herkules trägt die Siegesgöttin. Sardonyx.
Ein Fechter. Sardonyx.
Eine schlafende Frau. Sardonyx.
Merkur. Sardonyx.
Bellerophon und die Chimära. Onyx.
Zwei Siegesgöttinnen und der Genius des Lebens. Onyx.
Amor als Beherrscher des Weltalls. Sardonyx.
Bacchus und ein Genius. Chalcedon.
Merkur. Sardonyx.
Ein Faun spielt mit einer Ziege. Onyx.

Jupiter mit dem Adler. Sardonyx.
Venus und Amor. Jaspis.
Fortuna. Smaragd-Plasma.
Fortuna. Sardonyx.
Griechische Reiter. Geschnitten von Aulos. Sardonyx.
Ganymed mit dem Adler. Sardonyx.
Venus Anadyomene. Onyx.
Opfer der Cybele. Agath.
Ein Krieger. Sardonyx.
Die Erziehung des Achilles. Sardonyx.
Herkules mit den Stieren des Geryon. Sardonyx.
Ariadne in den Himmel geführt. Sardonyx.
Die Toilette der Venus. Jaspis.
Ein Hermaphrodit mit zwei Genien. Chalcedon.
Venus und Adonis. Chalcedon.
Phoebus seinen Sonnenlauf beginnend.
Ganymed, Jupiter und Juno. Sardonyx u. s. w.

Königliches Museum zu Kopenhagen.

Das königliche Museum in Kopenhagen besitzt eine sehr schöne Sammlung von geschnittenen Steinen, der ältere Theil dieser Sammlung besteht aus beiläufig 1000 Gemmen, die neue von eben solcher Anzahl wurde von Thorwaldsen während seines vieljährigen Aufenthaltes in Italien gesammelt, und enthält höchst schätzenswerthe geschnittene Steine, wofür schon der Name des als Künstler hochgefeierten Sammlers bürgt. Er verehrte diese Sammlung dem königlichen Museum, aber ich bin nicht in der Lage Nachricht darüber zu geben, indem ich zwar zweimal an den dortigen Director schrieb, aber niemals eine freundliche Antwort erhielt.

Königliches Museum in Haag*).

Claudius, triumphirt über die Britannier. Cameo. Der 6. Stein an Grösse (siehe S. 127).

Diomedes raubt das Palladium. Carneol, geschnitten von Dioskurides (siehe S. 54).

Kopf der Livia. Cameo. Nach Angabe M. Jonge's ebenfalls von Dioskurides (siehe S. 54).

Antinous als Harpokrates, geschnitten von Ellen (siehe S. 54).

Capricornus, Intaglio von Pharnakos (siehe S. 64).

Männlicher Kopf, mit dem Namen Epikuros (siehe S. 55).

Venus Victrix. Intaglio, geschnitten von Epidonos.

Der dyonisische Stier, von Hyllos in Carneol geschnitten (siehe S. 59).

Pallas mit dem Medusenhaupte. Intaglio, geschnitten von Hyllos (siehe S. 59).

Harpokrates. Sardonyx, geschnitten von Musicus (siehe S. 61).

Amor in Chrysolith, von Nestor geschnitten (siehe S. 61).

Churfürstliches Museum zu Cassel.

Auch das churfürstliche Museum zu Cassel besitzt eine reiche Sammlung von geschnittenen Steinen, da aber kein Catalog darüber existirt, so bin ich auch nicht im Stande, etwas näheres darüber bekannt zu geben, besonders, da schon mehrere Jahre verflossen, seit ich diese Sammlung das letzte Mal besuchte.

---

*) Die königliche Gemmensammlung in Haag ist von Jonge hinlänglich bekannt gemacht, so dass eine weitere Beschreibung derselben hier nicht für nöthig erachtet werden kann.

Königliches Museum zu Dresden.

Im sogenannten grünen Gewölbe zu Dresden befinden sich sehr viele Gemmen, die aber fast durchgängig auf goldenen und silbernen Gefässen eingelegt sind.

Es ist zu bedauern, dass sich über diese geschnittenen Steine kein wissenschaftliches Verzeichniss vorfindet, da sich unter denselben gewiss ganz vortreffliche Kunstwerke befinden, wovon ich mich durch mehrmalige Besichtigung vollkommen überzeugte.

Ungefasste Steine, meistens Intaglien in Carneol und Sarder, finden sich ebenfalls mehrere. Sie zeigen grösstentheils Bildnisse von Päpsten, Kaisern, Königen und andern fürstlichen Personen.

Die ganze Sammlung beläuft sich in der neuesten Zeit auf 1100 Gemmen, wozu die minder guten nicht gerechnet sind. Herr von Landsberg in seiner Beschreibung des grünen Gewölbes vom Jahre 1843, p. 87 u. s. f. spricht ebenfalls nur sehr im Allgemeinen von dieser Sammlung, so dass auch ich nichts Näheres anzuführen im Stande bin.

Museum des Herzogs von Blacas.

Die berühmte Sammlung des Herzogs von Blacas, welche sich Anfangs unseres Jahrhunderts zu Rom befand, kam später mit mehreren andern, besonders orientalischen Merkwürdigkeiten nach Paris, und wurde mit diesen von M. Reinaud beschrieben.

Beschreibung

sämmtlicher

Intaglien und Cameen

welche sich in meiner Sammlung

(Wien, St. Ulrich Nr. 153)

befinden.

Vorwort.

Von frühester Zeit ein Freund der schönen Künste, befasste ich mich vorzüglich mit dem, immer seltener werdenden Studium der geschnittenen Steine, und begann allmählig zu sammeln.

Wie Anderen, so erging es auch mir, und ich hatte so manches Lehrgeld zu bezahlen, bis mein Auge geübt genug war, den vielen Fälschungen nicht weiter zu unterliegen. Auf meinen vielen Reisen durch ganz Europa hatte ich Gelegenheit die vorzüglichsten Kabinete wiederholt zu sehen, und deren berühmteste Schätze zu studiren. Auch konnte mir nur durch diese häufigen Reisen Gelegenheit werden, eine Sammlung, wie die meinige, zu Stande zu bringen, indem an einzelnen Orten immer nur sehr wenig zu finden ist, und man auch da Plage genug hat, dieses Wenige kennen zu lernen und an sich zu bringen.

Ich habe weder Zeit und Mühe, noch die Kosten gescheut, um meine Collection so reich und vollständig als möglich zu machen, und das nachfolgende Verzeichniss wird den Kenner und Kunstfreund eine zwar nur gedrängte, aber deutliche Vorstellung meiner sämmtlichen Gemmen darbieten.

Aegyptisch.

Amulet. Aegyptische antike Paste. Es ist bekannt, dass man die ältesten Amulete bei den Aegyptern findet, wo sie meistens die Gestalt eines Käfers (Scarabäus) hatten, auch die Griechen bedienten sich solcher Anhängsel, und nannten sie Phylakterion. Plinius erwähnt ebenfalls solcher Amulete, da sie bei den Römern ganz gewöhnlich waren. Auch auf der vorliegenden Paste ist der Vordertheil eines Käfers vorgestellt, und zwar auf sehr mystische Weise. Der Kopf desselben ist nämlich beschuppt und verlängert, so dass er sammt dem Hals an die Form eines Crocodils mahnt, zu beiden Seiten erhebt sich symmetrisch das erste Fusspaar des Scarabäus, welches mit einer scharfen hinaufgebogenen Kralle endigt. Es braucht nicht weiter erwähnt zu werden, dass Pasten mit derlei Vorstellungen äusserst selten vorkommen, während die Scarabäen, zu den gewöhnlichen Erscheinungen gehören, und in den meisten Kabineten sehr viele existiren.

Ein **Ibis** in sehr stark gewölbten **Melit**. Der Ibis ist hier ganz eigenthümlich vorgestellt, und trägt auf seinem Kopfe zwei kurze feine Hörnchen. Der Hals ist geschlängelt. Besonders seltsam ist der Schweif des Vogels dargestellt, der fast bis an die Erde herabreicht. Die geraden Federn des Flügels, die runde Wölbung der Brust die technische Behandlung der Beine, so wie die des Schweifes, deuten in ihrer Einfachheit und Charakteristik auf ägyptische Arbeit.

Persisch.

Ein **Genius** in einer Biga, zwei Greifen lenkend. **Melit** (Honigstein), der nur in der Wüste Sahara gefunden wird. **Sanft** gewölbt, breit 11 Linien, hoch 7 Linien. Persische Arbeit von der grössten Seltenheit. Der Genius ist nackt, er hält in der Linken die Zügel, in der Rechten die Gerte. In seinem Angesicht spricht sich ganz der persische Typus aus, so wie sein Haar rückwärts am Scheitel in einem Knoten gebunden ist. Seine Flügel haben ebenfalls persischen Charakter, und jene runden Punkte, die man bei vielen Flügeln persischer Arbeit findet. Die Biga ist einfach und ohne Zierathen. Auf den ersten Blick als echt persisch in die Augen fallend, sind die beiden Greife, die mit erhobenen Vorderbeinen daher springen. Ihre Köpfe sind kurz, der Rachen geöffnet, die Ohren breit, die Mähnen gestutzt. Aus der Stirne wächst das Horn, welches bei so vielen heiligen Thiergestalten der Perser zu sehen ist. Ebenso charakteristisch wie die dieses Horn, sind die leyerförmigen Flügel, welche den strengsten Vergleich mit ähnlichen plastischen Arbeiten in den Ruinen von Persepolis aushalten. Was eben den Stein ganz untrüglich als einen echt persischen bezeichnet, ist der Gliederbau, Haltung, Stellung und Umrisse der beiden Greife. Die Extremitäten sind vollkommen so modellirt wie jene des grossen Stieres und Greifen in den oben erwähnten Ruinen und in andern Denkmälern persischer Vorzeit. Was den Schnitt dieses Steines anbelangt, so gehört er im Vergleich zu den gewöhnlichen persischen Intaglien, wo man oft ganz bestimmt den plumpen Zug des Rades sieht, zu den ungewöhnlich schönen, indem er ganz vollendet, und mit dem grössten Fleisse polirt ist. Dieser Stein, den wir hier nur in Kürze beschreiben können, gäbe in allen seinen Theilen, sogar sein Materiale mit inbegriffen, Anlass zu einer interessanten wissenschaftlichen Abhandlung.

Etruskisch.

Apollo und **Bacchus**. Intaglio. **Schwarzer Onyx,** (im Durchsehen gegen das Licht mit blutrothen Bänder) 2" hoch 1" 10'" breit. Apollo hält unter dem linken Arm die fünfseitige Leyer und in der Rechten das Plectrum. Er ist vollkommen nackt und trägt ebensowenig irgend einen Zierath. Nur das Haar ist zierlich geordnet und durch eine Binde festgehalten. Bacchus, ebenfalls vollkommen unbekleidet, lehnt mit dem linken Arm, in welchem er den Thyrsusstab trägt, auf einer mit einem Tuch belegten Säule. In der Rechten hält er ein kleines zweihenkliges Gefäss. Zu seinen Füssen befindet sich ein (sehr kleiner) Panther. Dieser Intaglio gehört unstreitig zu den seltensten geschnittenen Steinen, da bisher nur äusserst wenige etruskische Arbeiten dieser Art bekannt wurden, die sich nur in einigen der vorzüglichsten Kabinete Europas befinden. (Siehe Steinschneidekunst d. Etrusker p. 33.) Apollo und Bacchus stehen sich ganz allein, ohne alle weitern Hintergrund, Draperien u. s. w. gegenüber. Diese Ungeschmücktheit und Einfachheit der Darstellung gilt schon als der erste Beleg für das hohe Alter und die wirkliche Antiquität dieses Steines. Betrachten wir nur diese schlanken jugendlichen Gestalten, jede mit breiter voller Brust, kräftigen Schultern und den schmalen Hüften, die wir bei allen Figuren auf den Vasen der schönen etruskischen Epoche wiederfinden und die ein besonderes Kennzeichen der Arbeiten dieses Volkes sind, untersuchen wir die Muskulatur dieser Leiber, die in ganz einfachen grossen Formen ausgedrückt ist, beschauen wir ferner die schlanken Arme und Füsse, das Weiche der Stellungen, und selbst die im Verhältniss zum ganzen Wuchs etwas zu grossen Köpfe, so gewahren wir eine Arbeit vor uns, die keinem anderen Styl und keiner anderen Zeit angehören kann als den oben angegebenen. Diess wird noch mehr bestätigt durch die Behandlung der Gelenke und vorzüglich der Knie und Knöchel, wo der Künstler, der in seiner Kindlichkeit die Anatomie mehr ahnte als gründlich verstand, das Schnittrad in gerader Richtung ansetzte und dadurch kleine Kugelformen bildete, die ganz besonders charakteristisch sind, indem sie sich auf allen wirklich echten etruskischen Intaglien vorfinden, von denen aber keiner die Grösse des vorliegenden erreicht, der sich ebenso durch sein sehr seltenes Materiale als ganz vorzüglich durch seine Politur auszeichnet, die den höchsten Glanz erreicht, den man sich nur zu denken vermag.

Griechisch.

A. Intaglien.

Ein **knieender Krieger. Sardonyx.** Der Krieger im ältesten griechischen Costüme mit hohem Helme, kreisrundem Schild, kurzem Schwert und den Beinschienen an den Unterschenkeln, kniet (wahrscheinlich vor einem Standbilde der Pallas) in tiefer Ehrfurcht. Er hält in seiner Rechten den Stab des Friedens. In der ganzen Arbeit zeigt sich eine Einfachheit und Reinheit des Styles, und eine Schönheit der Form, wie diese nur in der blühenden Epoche des Phidias zu finden sind, und man könnte kaum glauben, dass sich eine so hohe Vollendung, ein so feines Gefühl ein so reiner Geschmack, und eine so zarte Durchführung in einem so kleinen Raum entwickeln liesse, wie dieser Stein darbietet, wenn man ihn nicht selbst vor Augen hätte. So vollendet als die Zeichnung, ist ebenfalls die Technik, indem sich kein schärferer Schnitt und keine glänzendere Politur mehr denken lässt.

Amor stehend mit dem Bogen und zwei Pfeilen. **Indischer Granat.**

Amor mit einer Vase auf der Achsel. Orientalischer **Smaragd.** Sehr seltener Stein, nach dem Diamant der härteste.

3 Steine in einen Ring gefasst.

A. Oberster Stein. Der **gefesselte Amor. Sardonyx.** Amor, dem die Hände auf den Rücken gebunden sind, befindet sich halb sitzend, halb kniend, vor einer gewundenen Säule, an welcher sein Bogen und sein Köcher angebunden sind. Politur sehr glänzend. B. Eine **weibliche Figur** (Pomona?) auf einem Ruhebett mit einem Füllhorn in der Linken. **Sardonyx** von dunklerer Farbe als der obige. C. Ein **Schmetterling** ebenfalls **Sardonyx.** Schöne Politur.

Amor und **zwei Stiere. Sardonyx.** Amor hat den beiden Stieren das Joch aufgelegt, und treibt sie vor sich her. Rückwärts zeigt sich eine Art von Herme mit Schild, Keule und Helm. Die Modellirung ist sehr schön, ausgezeichnet aber sind die beiden Stiere, welche deutlich zeigen, dass die griechischen Künstler sehr fleissig nach der Natur studiren mochten, da es sonst unmöglich gewesen wäre, eine solche Vollendung in einen so kleinen Stein zu legen, wie es hier wirklich der Fall ist. Schnitt und Politur von blendendem Glanze.

Ein **behelmter Reiter** auf einem, mit einem sonderbaren Kopfputz verzierten Pferd. **Sardonyx.** Sehr alte Arbeit.

Ein **knieender Jüngling. Smaragd, Plasma,** sehr kleiner Stein.

Thetis mit den Waffen des Achilles. **Ophit.** Der Stein ist sehr selten, wurde nur in Aethiopien gefunden und erhielt den Namen **Ophites** oder **Serpentin** von seiner grünen Farbe und den Flecken, welche einer Schlangenhaut ähnlich sind. Thetis lehnt an einer Säule, sie hält in der Linken den gesenkten Speer und in der Rechten den mit einen Rosshaarbusch versehenen Helm, den Vulkan auf ihre Bitte für ihren Sohn Achilles schmiedete. Zu ihren Füssen lehnt der mit Zierathen versehene Schild.

Mars mit Spiess, Helm und Schwert mit dem rechten Fuss auf einen kleinen Schild stehend. Sehr alte Arbeit. **Sardonyx.** Politur sehr glänzend.

Juno. Smaragd - Plasma, (kleiner Stein). Die Göttin hält in der Rechten einen langen Stab (das Scepter) und in der Linken ein becherähnliches Gefäss; die Arbeit ist sehr alt und die Draperien äusserst einfach.

Apollo. Sardonyx. Der Gott lehnt an einer Säule, auf welcher eine grosse Lyra mit einem Lorbeerkranze steht. Die Draperie, welche seine Füsse umgibt, ist so durchsichtig, dass man diese deutlich wahrnimmt. Schnitt und Politur glänzend.

Victoria mit einem Kranz in der linken Hand, führt mit der Rechten ein Pferd. **Carneol, Onyx.**

Victoria. Sardonyx. In annähernd etruskischem Style, daher unzweifelhaft ein Stein aus der ältesten griechischen Schule. Schnitt und Politur glänzend, besonders in den Tiefen.

Victoria. Orientalischer Granat, gewölbt (sehr kleiner Stein). Die geflügelte Siegesgöttin steht auf einer Biga, welche von zwei muthigen Rossen gezogen wird. Sie hält in der Linken die Zügel und in der Rechten einen Kranz (Corona). So klein dieser Stein ist, so ausgezeichnet ist die Arbeit, die Pferde besitzen ein Leben und ein Feuer, welches bei den räumlich grössten Kunstwerken nicht besser ausgedrückt sein könnte, und er gehört jedenfalls zu den ausgezeichnetsten meiner Sammlung; da schon die Politur eines Steines von so geringer Grösse eine unbeschreibliche Kunst und Fleiss erfordert.

Pluto. Sardonyx, braun und milchweiss, tiefgeschnitten. Pluto sitzt und hält in seiner Linken eine grosse Fackel. Ihm zur Seite fliegt ein Schmetterling, wahrscheinlich auf die Psyche hindeutend. Ganz ausgezeichnet ist die Politur dieses Steines.

Pluto, stehende Figur mit einer Strahlenkrone. In der Rechten eine Geissel haltend und die Linke wie drohend erhoben. **Grüner Jaspis.**

Triton auf einem Seepferd. Antiker **rother Jaspis.**

Triton und **Nereide. Sardonyx.** Nereide sitzt auf einem Delphin und hält den Schleier bogenförmig über sich hin. Der Triton zu ihrer Linken, ist nur bis auf den halben Leib sichtbar.

Mänade. Sardonyx. Rückenfigur mit aufgelöstem Haar, mit dem linken Fuss auf einer Ara knieend, sie hebt ihren Schleier bis zu ihrem Angesicht empor und scheint in wilder Begeisterung zu sein. Politur sehr glänzend.

Mänade. Chalcedon. Rückenfigur sitzend, sie hält den Kopf hinüber gebeugt, so dass die Haare aufgelöst herabhängen und hält in der Rechten die kleine Figur einer Gottheit. Zu ihrer Seite steht die Herme eines Priapus, gegenüber ein knieender Knabe, der aus einem Gefässe trinkt. Die Modellirung ist äusserst reich und zart; Schnitt und Politur vorzüglich.

Ein **trunkener Bacchant. Sardonyx.** Der Jüngling scheint zu Ehren seines Gottes ein Uebriges gethan zu haben, denn sein Gang ist schwankend, er hält mit der Rechten den Thyrsus und mit der Linken, das eine Ende seines leicht flatternden Mantels. So unendlich klein sein Köpfchen auch ist, so bemerkt man doch in demselben einen Ausdruck von Schläfrigkeit, wie sich denn auch bei dem schönen Bau der ganzen Figur, durchaus eine gewisse Ermattung ausspricht. Zeichnung und Modellirung gehören der schönen griechischen Epoche an, und erinnern an die antiken Statuen jener Zeit. Schnitt und Politur ausgezeichnet.

Sitzender Faun. Sardonyx. Der Faun sitzt auf einem Pantherfell und hält in seiner Rechten die Syrinx. Sein bärtiger Kopf ist mit Epheu bekränzt, rückwärts von ihm steht eine Vase, auf welcher mit ungemeinem Fleisse zwei sehr kleine Figürchen, nämlich zwei tanzende Bacchantinnen abgebildet sind. Vor dem

Faun schlingt sich eine Epheuranke empor, an welcher die Doppelflöte hängt. Schnitt und Politur sind ganz vorzüglich.

Ein **Satyr. Sardonyx.** Der Satyr scheint sehr heiterer Laune, indem er den linken Fuss wie zum Tanze erhebt, er hält in der Rechten, die lange gekrümmte Hirtenpfeife und in der Linken einen bebänderten Thyrsus. Zu seinen Füssen lehnt an einem Stück Felsen die Syrinx.

Herkules den Anteus von der Erde emporhebend. **Rother antiker Jaspis.**

Herkuleskopf mit Lorbeer gekrönt. **Sardonyx.** Schöne Politur.

Herkuleskopf. Sardonyx. Profil nach rechts gewendet, kraftvolle starke Physiognomie mit geringelten Haaren und stark gekräuseltem Bart, das Haupt und der Nacken mit Löwenfell bedeckt, dessen Tatzen vorn am Halse zu sehen sind. Der Stein ist von ungewöhnlich schöner Politur und tiefemSchnitt.

Kopf des jugendlichen **Herkules. Sardonyx.** Sehr fleissig vollendete Arbeit, mit fein empfundenen Gesichtszügen. Politur und Schnitt glänzend.

Herkuleskopf. Grüner Chalcedon mit weissem Bandstreife quer durch die Mitte. Der jugendliche Kopf ist voll Trotz, und die die etwas herabgezogenen Augenbrauen deuten auf Entschiedenheit des Charakters. Rückwärts des Kopfes ist die Keule, als das Kennzeichen dieses Heros angebracht. Der Schnitt ist wie bei aller antiken Arbeit fein, und die Politur ausgezeichnet.

Herkules mit dem **Cerberus. Carneol.** Herkules, welcher den Cerberus mittelst einer Schlinge fing, hat ihn nunmehr ganz an sich herangezogen, so dass dieses vielköpfige Thier nun zwischen seinen Beinen durchbrechen will, und sich mit seinen Tatzen an denselben festhält. Zur Seite an einem Baum befindet sich die Löwenhaut. Modellirung, Zeichnung, Schnitt und Politur lassen nichts zu wünschen übrig.

Kopf der **Omphale. Sardonyx.** Sehr hübsches, nach links gewendetes Profil, das Haar halb bedeckt, halb in den Nacken herabwallend. Politur ausgezeichnet.

Diana. Achat-Onyx, in 2 Lagen, obere Lage (Grund) blaugrün, untere Lage (Figur) braun. Eine äusserst zierliche geschmeidig bewegte Gestalt, mit leichter wehender Draperie, sie hält in der Linken einen kurzen Wurfspiess. Zeichnung und Modellirung sind von besonderer Weichheit und Schönheit, die Drapirung einfach und leicht, der Schnitt scharf und glänzend.

Eine **Muse**, stehend, mit der Lyra in der Hand, an eine Säule gelehnt. Zarte schlanke Figur mit ruhiger, aber geschmeidiger Haltung. **Lichter Sardonyx.** Politur bis in die feinsten Theile gelungen.

Bellerophon, Onyx-Nicolo. Bellerophon schreitet, und trägt in der rechten Hand eine Lanze, mit der Linken hält er den Zügel des Pegasus, der sich gerade ober ihm befindet, ein Uebelstand, der nur durch das Alter des Steines entschuldigt werden kann.

Chimära. Chalcedon. Der oberste Theil dieses wunderlichen Gebildes zeigt einen schlangenähnlichen Kopf, der einen Ring im Rachen hält; der Hals ist lang und schuppig und geht in einen Körper über, der das behelmte Haupt eines bärtigen Kriegers darstellt. Rückwärts endet der Leib in einen buschigen Hahnenschweif. Die Chimära geht auf zwei Vogelfüssen, zwischen denen ein Kreisel steht, dessen Schnur seitwärts, vor dem Kriegerkopf angebracht ist. Diese Vorstellung ist eine höchst seltene, indem die Chimära gewöhnlich mit Löwen- und Ziegenköpfen abgebildet erscheint.

Luna (Mond). **Achat-Onyx** von 2 Lagen, der Rand vertieft, das Angesicht erhoben geschnitten. (Camee-Intaglio.) Eine sehr interessante Arbeit von bedeutendem Alter. Das Angesicht, zu welchem die dunklere Lage des Steines benützt wurde, ist, wie man sich eben den Mond denkt ohne Haar, noch sonst irgend einen Schmuck dargestellt. Die Züge und der Schnitt deuten auf eine frühere Epoche der griechischen Kunst, namentlich sind die grossen Augen hervorzuheben.

Kopf eines **Kriegers. Chalcedon**, sehr tief geschnitten. Der bärtige Krieger trägt einen einfachen Helm. Der Stein ist bezeichnet mit: *ἀμιλκαρ* die vier ersten Buchstaben sind von früherer, die drei letzten (*καρ*) von späterer Hand. Vielleicht wollte man aus diesem Kopf einen Hamilkar gestalten, und grub desshalb lange, nachdem der Stein geschnitten war, diese schwer lesbaren Zeichen hinein. An Schnitt und Politur vortrefflich.

Frauenkopf. Amethyst, sanft gewölbt. Das Profil sieht nach links. Das Haar ist eigenthümlich angeordnet, und besteht aus lauter kleinen Flechten, so dass es beinahe das Ansehen eines Netzes gewinnt, was dem Künstler gewiss bedeutende Schwierigkeiten machte, indem er fortwährend das Ausspringen des Steines befürchten musste.

Frauenkopf in $^3/_4$ Profil mit üppigem in die Stirne herabreichendem Haar und einem etwas schmerzhaften Ausdruck. **Saphir.** Sehr tief geschnitten. Merkwürdig, weil die Alten höchst selten in Saphir schnitten, da dieser gleich dem Rubin und orientalischen Smaragd nach dem Diamant zu den härtesten Steinen gehört.

Frauenkopf. Carneol. (Profil nach links.) Nette zierliche Arbeit, das Haar ist durch eine Binde festgehalten.

Bildniss der **Julia,** Tochter des **Titus. Onyx-Nicolo** von zwei Lagen, obere (Grund) bläulich, untere (Kopf) braun. Das Profil ist nach links gewendet, die Züge sind mit grosser Naturwahrheit und Empfindung wiedergegeben. Das Haar mit der bekannten abenteuerlichen Frisur dieser Frau, ist mit grossem Fleiss ausgeführt. Schnitt und besonders die Politur sind von ausgezeichneter Schönheit.

Brustbild der **Ariadne. Sardonyx.** Das Profil nach links gewendet, der Kopf etwas geneigt, das Haar wellenförmig vom Scheitel herabkommend, und an der Stirn und den Schläfen ebenfalls wellenförmig hinaufgebunden. Schulter und Brust sind nackt. Politur ganz ausgezeichnet. Eine ungeschickte Hand des 17. Jahrhunderts fand es für nothwendig, diesen hübschen griechischen Frauenkopf in eine Lukretia umzuwandeln und schnitt desshalb in die Brust derselben einen Dolch, den man aber an der Form des Heftes alsogleich, weder für einen griechischen noch römischen, sondern für einen des genannten Jahrhunderts halten muss.

Brustbild der **Pallas** mit dem Helm auf dem Haupt; Profil nach links gewendet. **Sardonyx.** Politur sehr glänzend.

Weibliches Brustbild. Sardonyx. Sehr schöne Technik, ausgezeichnete Politur.

Kopf eines mit **Lorbeer bekränzten Jünglings** mit ungewöhnlich reichem Haar, welches gegen den Nacken herab ganz eigenthümliche Ringeln bildet. Das Profil ist, da Stirn und Nase in einer Linie liegen, griechischen Charakters. **Grüner Beryll.** Politur glänzend.

Brustbild eines **römischen Consuls.** Profil nach links. **Heliotrop.** Ein ernstes Antlitz mit scharfen Zügen die durch den haarlosen Scheitel noch mehr hervortreten. Der Stein trägt an der Rückseite einen kleinen Scorpion.

Kopf eines **Greises**, in $^3/_4$ Profil. **Sardonyx.**

Die **Triumviren. Sardonyx.** 2 Profile sind nach links und das 3. (gegenüber) nach rechts gewendet. Hinter dem letzten befindet sich ein Augurstab und diesem gegenüber ein Krug. Schnitt und Politur lassen nichts zu wünschen übrig.

Kopf des **Silen. Orientalischer Granat**, tief geschnitten. Der Kopf sieht gerade (en face) heraus, und ist mit Epheublättern bekränzt. Um die Schulter hängt ihm ein Ziegenfell. Die Züge sind regelrecht und charakteristisch geschnitten, was bei der grossen Tiefe des Intaglio grosse Schwierigkeiten darbieten mochte. Schnitt und Politur von ausgezeichneter Reinheit.

Kopf des **Merkur. Antiker rother Jaspis.** Profil nach links gewendet, sehr jugendlich, Haare kurz und kraus. Hinter dem Kopf ist der Caduceus zu sehen.

Kopf des **Homer**, dessen Haare und Bart mit ausserordentlicher Feinheit geschnitten sind. **Bergkrystall.**

Kopf des **Scipio Afrikanus. Sardonyx.** Profil nach rechts gewendet, etwas geneigt, das Haupt ist von einem Tuch bedeckt. Die Politur ist vorzüglich.

Sokrates und **Plato** (Brustbilder). **Sardonyx.** Der Stein ist schon deshalb sehr interessant, weil hier der Künstler, die beiden grössten Philosophen des Alterthums neben einander stellte, und dadurch eine treffliche Gelegenheit zum Vergleich ihrer Physiognomie darbot. Die Bildnisse dieser beiden grossen Männer sind zu bekannt, um einzeln beschrieben zu werden. Der Ausdruck ist bei der Kleinheit der hier geschnittenen Bildnisse vollkommen wahr und edel. Der Stein besitzt eine Randeinfassung, die aus einer Reihe Perlen besteht.

Sokrateskopf. Sardonyx. Sehr schöne Politur.

Kopf des **Sokrates**, nach links gewendet. **Weisser Avanturin** tief geschnitten; sehr plastisch behandelt. Haare und Bart weich und bewegt.

Kopf des **Priamus. Sardonyx**. Es kann nicht bald eine feinere und edlere Physiognomie geben als sie dieses Bildniss des Priamus besitzt und es gehört in jene Zeit, welche man mit Recht die blühende Epoche der griechischen Kunst nennt. Das Haar reicht tief in die Stirne herab, was bei den Griechen als besonders schön galt, indem auch Anakreon seinen Bathyllos mit tief in die Stirn herabreichenden Haaren beschreibt. Auch der Bart wallt in einfachen Linien herab. Eine phrygische Mütze bedeckt das Haupt. Unten gewahrt man die Agraffe der Chlamys, die Arbeit ist eine vollkommen ausgezeichnete, alle Formen sind so rein, und so reich, dass man es für unmöglich halten sollte, sie in einem so harten Materiale hervorzubringen. Die Umrisse lösen sich bestimmt, aber ohne Härte vom Grund. Ich rechne diesen Stein zu den vorzüglichsten meiner Sammlung.

Kopf des **Jupiter-Amon-Serapis, Sardonyx**. Eine ernste Physiognomie mit tief liegendem Auge, ober dem Ohre zeigt sich das gewundene Horn, welches auf Ammon, und auf dem Haupte der Scheffel, welcher auf Serapis hindeutet. Rückwärts zeigen sich 8 Strahlen. Das Haar geht nach unten in eine Art von Zopf über. Die Arbeit ist sehr fein, von hoher Vollendung, die Politur besonders glänzend.

Jupiterkopf. Sardonyx. Das Profil ist nach rechts gewendet, das reiche Haar wird von einem Lorbeerkranz gehalten, dessen Band in den Nacken hinabfällt. Der Bart ist kurz und kraus wie das Haar. Hals und Schulter sind nackt. Schnitt und Politur so schön wie man sie bei echten griechischen Gemmen zu sehen gewohnt ist.

Ein **Schaaf**, vor demselben befindet sich eine Distel.(Dipsacus). **Sardonyx**. Politur glänzend.

Scarabäus. **Carneol**. Auf der untern flachen Seite eine Chimära.

Scarabäus. **Carneol**. Auf der untern flachen Seite eine Sphinx.

Scarabäus. Carneol. Auf der untern flachen Seite ein unförmliches Thier.

B. Cameen.

Medusenhaupt. Achat-Onyx von zwei Lagen: röthlich und weisslich, Breite 2 Zoll, Höhe 1" 11''', Dicke 1". Die Geschichte der Medusa ist zu bekannt, als dass sie hier noch erwähnt zu werden brauchte. Für die antiken Künstler blieb die Darstellung des Medusenhauptes immer ein höchst wichtiger Gegenstand, den sie nie zu erschöpfen vermeinten. In verschiedenen Zeiten hatten sie verschiedene Ansichten von dieser Darstellung, indem sie sich in der ersten Periode das Antlitz der Medusa so schrecklich, so verzerrt als möglich dachten, während sie in der zweiten mehr das leichenhaft Starre hervorzuheben trachteten. In dieser Periode bekam dann das Antlitz der Medusa bei schöneren Lineamenten noch etwas Unheimlicheres, Leichenhaftes. Das vorliegende Medusenhaupt ist also von einem Künstler gefertigt, welcher der ersteren Ansicht beipflichtete, woraus auch zugleich hervorgeht, dass er vor Praxiteles gelebt haben muss, da dieser Bildhauer, wie bekannt, der Erste war, welcher dem Gorgoneion eine erhabene Schönheit verlieh. Die Formen sind alle stark, die Züge sehr bewegt, es ist noch volle Leidenschaftlichkeit in diesem Antlitz, welches wie im Starrkrampf seine Augen auf die rechte Seite wendet, und durch den geöffneten Mund noch Gift zu hauchen scheint. Haare und Schlangen sind dicht mit einander verwebt und bilden grosse bewegte Massen. Der Beschauer wird bei längerer Betrachtung noch immer mehr der Einzelheiten entdecken, die ihn an diese ganz ungewöhnliche Camee fesseln. In Beziehung auch die Technik, mit welcher dieses Medusenhaupt geschnitten ist, liesse sich eine ganze wissenschaftliche Abhandlung schreiben, denn sie gehört zu dem Vollendetsten ihrer Art. Der Stein hat, wie schon oben erwähnt, die Dicke eines Wiener Zolles und von diesem sind neun Linien auf das Hautrelief des Kopfes und nur drei Linien auf die untere Lage zu rechnen. Der Künstler wandte alle Mittel an, den Schnitt so kühn und so hervortretend als möglich zu halten und verschmähte selbst die nöthigen Unterarbeitungen nicht, um den Effect des Ganzen zu vermehren. Man kann sich denken, welche Schwierigkeiten sich boten, als die Camee schon geschnitten war, und nun alle, auch die zu tiefst liegenden Stellen erst noch die Politur erhalten mussten. Der bekannte Steinschneider Luigi Pichler sah diesen Stein mehrmals bei mir und erklärte jedesmal, dass er zu den kunstvollsten gehöre, die ihm in seinem Leben vorkamen und es ist sehr zu bedauern, dass der Meister dieses Werk's es verschmähte, seinen Namen darauf zu schneiden.

Hektor's Abschied. Chalcedon, von 2 Lagen, 3 Zoll, 3 Linien breit, 2 Zoll, 5 Linien hoch. Die untere Lage ist hellgrau, die obere weisslich. Die Gruppe zeigt vier Figuren, und das Kind der Andromache. Der Hintergrund wird durch 2 Pferde ausgefüllt, welche an die Biga Hektor's gespannt sind. Sie erheben sich kampfbegierig, und scheinen zu wiehern. Neben ihnen steht der Wagenlenker Hektor's, der indessen den Schild dieses Heros trägt. Der Schild ist oval, und zeigt den Blitz des Zeus. Der Wagenlenker trägt die phrygische Mütze, und ist mit einer Tunika bekleidet. Er hat mit der Rechten die Zügel erfasst, und wendet sein Angesicht, der Hauptgruppe zu, indem ihm der Abschied seines Gebieters natürlicher Weise sehr zu ergreifen scheint. Hektor, der voll Eifer ist, sich in die Schlacht zu begeben, und desshalb schon den Speer ergriff, wendet sich noch einmal liebend zu seiner Gemalin, die sich, ihre Linke auf seine Achsel legend, noch einmal an ihn schmiegt. Sowohl ihre Stellung, als der Ausdruck ihres Angesichtes zeigt, dass sie von dem Momente tief ergriffen sei; gewisser Massen als ob sie ahnte, dass sie ihren Gemal nicht mehr wieder sehen würde. An ihrer Seite steht die Amme, welche das Pfand ihrer Liebe, den kleinen Astyanax trägt. Auch die Amme nimmt wehmüthigen Antheil an dem Abschiede, und sehr schön ist es von dem Künstler gedacht, dass unter allen Anwesenden eben der Knabe es ist, der in echter Kindlichkeit, nicht am Abschiede Theil nimmt, sondern sich, wie seine abgewandte Haltung andeutet, mehr vor dem flatternden Helmbusch seines Vaters fürchtet, und sich desshalb an seine Amme schmiegt. Die Stellung sämmtlicher Figuren ist sehr reich, lebendig und gefällig. Die Modellirung ist von ausgezeichneter Weichheit, und der Ausdruck in den Köpfen voll Leben und Innigkeit. Die Gewandung zeigt sich einfach und fliessend, Die Technik des Schnittes besitzt allenthalben die gleiche Vollendung, und die Politur ist von der Art, dass sich, besonders bei einer Camee, keine schönere denken lässt, und zwar um so mehr, als der Stein durch die Grösse seines Umfanges die Arbeit und Mühe bedeutend erschwerte. Schade, dass sich auf diesem Steine von so ungewöhnlicher Schönheit und Grösse nicht der Name des Künstlers findet.

Eine tanzende weibliche Figur. Chalcedonyx, von zwei Lagen, 1 Zoll 6 Linien hoch, 1 Zoll 2 Linien breit, oval, die untere Lage hell durchscheinend, und so zart, dass sie kaum die Dicke eines Papiers erreicht, die obere Lage weiss. Die weibliche Figur bewegt sich in einer Art von Aufregung nach rechts, sie hat den Kopf zurückgeworfen, und trägt in der Linken das Tympanum, welches sie mit der rechten Hand schlägt. Ihr Oberleib ist von einem flatternden Gewande nur leicht bekleidet. Der Unterleib und die Füsse sind von einem feinen vielfaltigen Kleide verhüllt, welches bis zu den Knöcheln herabfällt. Das gegen den Himmel gerichtete Profil zeigt eine Schönheit und Feinheit der Züge, die mit jenen der Tochter der Niobe vollkommen wetteifern könnten, und dabei besitzt es einen so klaren Ausdruck von Fröhlichkeit, dass man sich in der That nichts vollendeteres und Edleres denken kann. Das etwas lose gewordene Haar, aus welchem vier Palmblätter empor ragen, scheint sich im Tanze noch mehr lösen zu wollen, und eine Partie desselben, fällt wie im Schwunge in den Nacken herab. Der, wie schon angedeutet, fast nackte Oberleib zeigt die ganze Weichheit weiblicher Formen, und zugleich jene Beweglichkeit, die nur einer geübten Tänzerin zukommt. Die Falten der Drapperie sind durchaus fliessend, zart und scheinen wie von der Luft bewegt zu sein. Besonders schön ist das Unterkleid gegeben, in dem man hier trotz der Weite des Gewandes die Füsse vollkommen durchsieht, wie dieses eben auch bei den ausgezeichnetsten antiken Statuen der Fall ist. Die ganze Gestalt erinnert überhaupt in Zeichnung, Anordnung und Schwung an die reizendsten Darstellungen ähnlicher Gegenstände aus der besten Epoche der griechischen Kunst. Schnitt und Politur erreichen das Höchste, was man verlangen kann, und es ist beinahe unbegreiflich, mit welcher Vorsicht der Künstler zu Werke gieng, um bei der hellen Politur die unendlich feine untere Lage nicht zu durchbrechen. Betrachtet man den Stein von rückwärts, so erscheint die Figur mit ihren reinen Umrissen auf dem durchsichtigen Grunde wie eine weisse Silhouette. Die Zartheit der unteren Lage mochte den Künstler bewogen haben, seinen Namen nicht einzuschneiden, da durch diesen Vorgang der Stein nur zu leicht einen Sprung bekommen haben würde, wodurch die ganze mühevolle Arbeit vernichtet worden wäre. Ich kann mich nicht erinnern, irgend eine ähnliche Camee gesehen zu haben.

Bildniss **Alexanders des Grossen. Orientalischer Onyx.** Der König der Macedonier ist hier in Profil und zwar nach rechts gewendet, und als Jupiter-Ammon vorgestellt. Der Stein besteht aus drei Lagen, die unterste ist braun und bildet den Grund; die mittlere ist weisslicht und aus dieser ist das Bildniss geschnitten; die dritte ist hellbraun, durchscheinend und wurde vom Künstler, zur Darstellung des Ammonhornes und eines leisen Anfluges von Röthe auf der Wange des Bildnisses benützt. Die Porträte Alexanders sind so allgemein bekannt, dass es nicht nöthig sein dürfte, die Züge einzeln zu beschreiben. Was das vorliegende Porträt von allen bekannten ausgezeichnet, ist, dass diese Züge auf eine Weise gegeben sind, die sich nicht mehr vortrefflicher denken lässt. Der ganze Kopf vom Kinn bis zum Scheitel misst nur 4 Linien, er gehört also zu den kleinen Porträt-Cameen. Betrachten wir aber dieses Auge, in welchem ein deutlicher Zug jener Schwermuth liegt, von welcher dieser Fürst zuweilen überfallen wurde, untersuchen wir diese feine Nase, den kleinen schönen Mund, der gleichfalls einen Zug von Wehmuth zeigt, dieses zarte gerundete Kinn, diese mehr magere als volle Wange mit dem leisen Hauch von Röthe, so meinen wir diesen Heros der Vergangenheit in einem von Niemand wieder zu erreichenden Nachbilde vor uns zu sehen. Das Auge scheint zu blicken, und der Mund wircklich zu athmen. Man kann dieses Alles erst dann vollkommen geniessen, und wird die Hand des Künstlers um so mehr anstaunen, wenn man eine Lupe von ganz ungewöhnlicher Vergrösserung zur Betrachtung dieses einzig in seiner Art dastehenden Kunstwerkes benützt. Es ist ganz unmöglich, dass eine grössere Feinheit, eine grössere Delicatesse und eine lebendigere Wahrheit aller einzelnen Theile des Angesicht's in so kleinem Maassstabe wie hier ausgeführt werden könne. Selbst die Wahl des Steines zeugt von dem grossen Geschmacke des Künstlers, denn das Profil des Antlitzes hebt sich vollkommen rein und bestimmt von der untern dunkeln Lage ab, ohne dass dadurch die mindeste Schärfe entstünde, und dabei gibt, wie schon angedeutet, die 3. Lage jenen Hauch von erwärmendem Ton. Das Haar, ebenso fein gearbeitet, wie das Angesicht, fällt in grossen Partien in den Nacken. Eine Locke entspringt an der Schläfe, begibt sich gegen das Ohr und verschwindet, höchst ästhetisch gedacht, in dem Ammons-Horn, welches hier nur als künstlerisches Attribut beigegeben ist, um göttliche Kraft und Macht anzuzeigen, aber nicht, wie bei ähnlichen Bildnissen dieses Königs, aus dem Kopf selbst hervorgewachsen zu sein scheint, wodurch sich der Adel der Arbeit in seiner vollen Höhe zeigt. Dass man bei einer so ungewöhnlich schönen Arbeit sogleich nach dem Meister fragt, ist ganz natürlich und fast thut es leid, dass sich kein Name, ja nicht einmal ein einzelner Buchstabe, in den Stein geschnitten findet. Indessen helfen hier andere Kriterien aus, erstens waren es nicht immer die grössten Meister, welche ihre Namen*) auf ihre Werke setzten, und zweitens ist es bekannt und am gehörigen Orte angeführt, dass der König von Macedonien im Bewusstsein seiner Hoheit nicht nur allen mittelmässigen, sondern überhaupt allen Künstlern verboten hatte sein Bildniss zu fertigen. Er hatte sich hierzu nur die drei grössten Meister gewählt, nämlich unter den Malern: Apelles, unter den Erzgiessern: Lysippus, und unter den Edelsteinschneidern: Pyrgoteles. Wer könnte da, bei einer solchen Vollkommenheit der Arbeit, und bei einem so genauen Zusammentreffen der historischen Umstände, auch nur einen Moment daran zweifeln, dass das vorliegende Bildniss von einer andern, als der

---

*) Unter den geschnittenen Steinen, welche bisher dem Pyrgoteles zugeschrieben wurden, trägt keiner seinen Namen, diejenigen aber, bei welchen dieser Name gefunden wird, sind entweder ganz gefälscht, oder die Schrift wurde erst von späterer Hand hineingeschnitten, weil man glaubte, dass das Kunstwerk dann bei Nichtkennern einen höheren Werth finden würde.

Meisterhand des Pyrgoteles geschnitten sei. Dieser Stein gehört unstreitig zu den Sternen erster Grösse meiner Sammlung, da sich überhaupt in allen Sammlungen, welche ich zu sehen Gelegenheit hatte, kein Ringstein findet, der eine grössere Vollendung zeigte. Dass Schnitt und Politur von der äussersten Vortrefflichkeit sind, versteht sich bei einer solchen Camee von selbst.

Ein **kniender Krieger. Orientalischer Onyx**, von 5 Lagen, 9 Linien hoch, 6 Linien breit. Die Gestalten kniender Krieger erscheinen, besonders auf Cameen nichts weniger als häufig; ich selbst besitze nur noch einen unter meinen Intaglien (siehe daselbst). Der Krieger hat den griechischen Helm mit einem Rosshaarbusch auf dem Haupte, von welchem das Haar nach rückwärts in den Nacken gestrichen ist. Er hält in der Rechten eine Wurflanze, die nur desshalb so kurz erscheint, weil es der Umfang des Steines nicht zuliess, sie in ihrer ganzen Länge darzustellen. In der Linken trägt er einen kreisrunden Schild mit dem Haupte der Medusa, seine Schenkel sind in einen Schienenharnisch und seine Unterschenkel in die bekannten griechischen Beinschienen gehüllt. In der ganzen Gestalt ist eine gewisse Ehrfurcht ausgedrückt, die sich sogar in dem natürlicher Weise sehr klein geschnittenen Antlitze des Kriegers ausdrückt. Die Arbeit ist von der ausgezeichnetsten Feinheit und zwei Gegenstände sind vorzüglich zu berücksichtigen. Erstens nämlich der Kopf der Gorgone, und zweitens die Behandlung des Steines in Betreff seiner fünf Lagen. Das Gorgonenhaupt, welches in seiner ganzen Höhe nur sehr wenig über 2 Linien misst, ist nicht nur an und für sich auf das Ausserordentlichste vollendet, sondern besitzt, trotz seiner Kleinheit, einen höchst merkwürdigen Ausdruck von Schmerz und Starrheit, was zugleich den Beweis liefert, dass der Stein von sehr alter Arbeit ist, wie denn überhaupt Anordnung, Costume und Technik deutlich auf die Epoche des Phidias hinweisen. Die Benützung der Lagen ist folgende: der braune Grund ist nicht vollkommen flach, sondern etwas wellig. Von der zweiten reinsten Lage wird die Hauptmasse der Figur gebildet; aus der dritten schwach bräunlichen und etwas durchscheinenden Lage schnitt der Künstler den

Schild und die Schienen des rechten Schenkels. Aus der vierten Lage bildete er das Schlangenhaar, die Kinnbinde und die Flügel des Medusenhauptes, und die fünfte Lage endlich, welche wieder bleichbräunlich und durchscheinend ist, benützte er zur Darstellung des Angesichtes der Gorgone. Man kann sich also denken, mit welchen Schwierigkeiten der Künstler zu kämpfen hatten und wie sehr er nachdenken musste, um diese 5 Lagen so zweckmässig als möglich zu benützen. Die Politur ist in allen Theilen vortrefflich und von schönstem Glanz.

Amor, sitzend, an eine Säule gebunden. **Chalcedonyx** von 2 Lagen. Die untere durchscheinend hellbraun, die obere weisslich. Schnitt fein, Politur ausgezeichnet.

Zwei Löwen von einem Genius oder Amor gelenkt, welcher in einer Biga steht. **Onyx** von 4 Lagen. Die unterste Lage (der Grund) ist braun, die zweite Schichte, aus welcher der Löwe in Profil geschnitten wurde, ist weiss, die dritte; der Genius, die Biga und der Leib des vordern Löwen sind bläulich-milchig, und die oberste Schichte von durchscheinend brauner Farbe, wurde zu dem Kopf des vorderen Löwen verwendet. Man kann in seiner Art nicht leicht etwas Ausgezeichneteres sehen, als die Köpfe der beiden Löwen, jener im Profil schnaubt, das Auge ist weit aufgerissen, und trotz der Kleinheit, noch der Augenstern zu sehen. Der Kopf des andern Löwen ist aus der Camee heraus, d. i. gegen den Beschauer gewendet, so dass man seine rechte und linke Seite sieht, und er den höchsten fast freistehenden Theil dieses merkwürdigen Schnittes bildet. Der Künstler scheint diesen Löwenkopf als den Glanzpunkt des Steines betrachtet und ihn desshalb mit besonderer Vorliebe behandelt zu haben. Man muss, um diesen Löwenkopf vollkommen zu würdigen den Stein nach der Seite hin halten, um die Ausarbeitung des Profiles deutlich wahrnehmen zu können, welches an Feinheit und Vollendung nichts zu wünschen übrig lässt, indem es die kleinsten Details zeigt. Politur der unteren Schichte hellglänzend, im übrigen mild.

Eine **Chimära. Chalcedonyx** von zwei Lagen, die untere grau die obere weiss. Die Chimära ist aus 4 Köpfen zusammengesetzt, das zuerst ins Auge fallende, nach rechts gewendete Profil ist das eines jugendlich schönen Frauenkopfes, das nach oben gerichtete Profil hingegen zeigt einen bärtigen Mann, das nach links gewendete, das Antlitz eines Satyr, und nach unten hin zeigt sich die Schnauze eines Widders, dessen Horn gewissermassen den Mittelpunkt der Chimära bildet. Die Arbeit ist sehr fein und die Zusammensetzung der 4 Köpfe eine seltene.

Eine **trauernde weibliche Figur**, eine Urne tragend. **Chalcedonyx** von zwei Lagen. Die untere ist gelblich durchscheinend, die obere weisslich. Der Uebergang zwischen beiden Lagen wurde von dem Künstler theils zum Kopf, theils zum Mantel benützt. Die Trauernde ist von schlanker Gestalt und bis an den Hals, und den entblössten Vorderarm in Kleider gehüllt. Obwohl die Figur nur 7 Linien misst, ist die Gewandung doch sehr fleissig ausgeführt und mit Geschmack und Einfachheit angeordnet. Schnitt und Politur sind ausgezeichnet.

Medusenhaupt, **Onyx** von 2 Lagen. Die untere braun, die obere stark erhobene, weiss. Das Haupt der Gorgo ist wie gewöhnlich en face vorgestellt. Es trägt den Ausdruck des grössten stillen Schmerzes, die Stirne ist gefaltet und in den Augen, in welchen der Künstler sogar die Augensterne anbrachte, liegt eine tiefe Wehmuth, um den Mund spielt ein mattes, leichenähnliches Lächeln, die Haare wogen in Bogenlinien herab, zeigen aber keine Schlangen. Die Flügel auf dem Scheitel sind klein, und verlieren sich in das Haar. Grund glänzend, das Angesicht matter.

Männliches Bildniss. **Achat-Onyx** von 2 Lagen, die untere durchscheinend braun, die obere weiss. Das sehr ausdrucksvolle ernste Profil mit einer Adlernase ist nach rechts gewendet, das Haupt, am Scheitel kahl, hat an den Schläfen und im Nacken geringeltes Haar. Das Auge, in welches der Augenstern vertieft eingeschnitten ist, zeigt einen lebhaften Blick. Die Modellirung ist weich, ohne dadurch an Bestimmtheit zu verlieren. Grund stark glänzend, der Kopf nur sanft polirt, um nicht durch grelle Glanzlichter an Weichheit und Zartheit zu verlieren.

Kopf des **jugendlichen Herkules**. **Carneol-Achat** von 2 Lagen, der Grund röthlich, die obere Lage milchig weiss. Das Profil ist nach links gewendet, und zeigt die feinen, aber doch kräftigen Züge des jungen Heros. Sein kurzes gekraustes Haar ist von einem Lorbeerkranze umwunden, um den Nacken schlingt sich ein Stück der Löwenhaut. Die Modellirung ist durchaus sehr weich, die Politur in allen Theilen prachtvoll glänzend.

Kopf des **Plato**. **Chalcedonyx** von 2 Lagen. Untere Lage graulich, obere weiss. Die Modellirung ist weich und vollendet. die Politur bis in die kleinsten Theile ausgezeichnet.

Bildniss der **Julia**, mit ihrem bekannten Kopfputze. **Carneol-Achat** von 2 Lagen, untere Lage roth, obere weiss. Das Profil ist nach rechts gewendet, die Züge sind fein, und zeigen einen gewissen Ernst. Das Haar ist mit ganz besonderer Sorgfalt gearbeitet. Politur auf beiden Lagen vollkommen glänzend.

Kopf eines **Kriegers** en face, mit dem Helme auf dem Haupte, die Augäpfel sind tief hineingebohrt, so dass sie schwarz erscheinen. **Onyx** von zwei Lagen, die untere braunroth, die obere weisslich.

Ein **Frauenkopf**, Profil nach links gewendet, das weiche Haar von zwei Binden festgehalten. **Onyx** von zwei Lagen.

Männlicher Kopf, unbärtig. Profil nach links gewendet. **Onyx** von zwei Lagen.

Kopf der **Psyche** nach links gewendet, und etwas geneigt. An der Binde des Haares ist der Schmetterlingsflügel angebracht. Der Ausdruck des Angesichtes ist mild und schüchtern. **Onyx** von zwei Lagen. Schnitt weich, Politur glänzend.

Bärtiger **männlicher Kopf**, mit kahler Stirne. **Türkis**, von glänzender Politur.

Ein unbekannter **Frauenkopf**. **Niljaspis** von zwei Lagen. Bräunlich und lichtbraun, das Profil ist nach rechts gewendet, das Haar an den Schläfen hinaufgeschlagen, und durch eine Binde festgehalten. Die Arbeit ist durchaus zierlich, Schnitt und Politur sehr fein.

Sokrateskopf. **Onyx** von zwei Lagen, der Grund dunkel, der Kopf weiss. Die Ausführung dieses Bildnisses ist von höchst seltener Feinheit, das Auge, der Bart, das Haar und ganz besonders das Ohr, sind mit einer Vollendung und Naturwahrheit gegeben, wie sich das nicht leicht auf einem Steine wieder findet. Der Kopf ist ziemlich erhoben geschnitten, und die durch die grössere Wölbung verstärkten Schatten, geben ihm einen besonderen Ausdruck von Lebendigkeit. Schnitt und Politur lassen nichts zu wünschen übrig.

Sokrateskopf, Profil nach rechts gewendet. **Chalcedonyx**, in zwei Lagen. Der Grund graubraun, das Bildniss milchweiss. Die Arbeit sehr fleissig, Schnitt vollkommen rein, Politur der unteren Lage sehr glänzend. Am Kopfe mild, damit die zu starken Glanzlichter vermieden werden.

Sokrateskopf, das Profil nach rechts gewendet. **Chalcedonyx.** Sehr fleissige Arbeit, Grund glänzend, das Bildniss matter polirt, wodurch dasselbe eine grössere Weichheit bekommt.

Kopf der **Ariadne**. **Chalcedonyx**, das Profil ist nach links gewendet, zart, lieblich und fein. Das reiche Haar wird von einer Epheuranke fest gehalten, bildet am Hinterhaupte zwei grosse Flechten, und fällt in einigen Locken in den Nacken. Der Kopf hebt sich sanft von dem dunklen Grunde. Der Grund glänzend, der Kopf matt polirt.

Brustbild des **Augustus**. **Achat-Onyx**, von drei Lagen. Grund und Draperie durchsichtig braun, der Kopf weisslich, und an den höheren Stellen fleischfarb. Profil nach links gewendet. Das Angesicht hat einen ernsten Ausdruck, das kurze wellige Haar wird von einem Lorbeerkranz zusammengehalten. Schnitt und Politur ausgezeichnet.

Römische Intaglien.

Victoria. Smaragd-Plasma.

Ein **Bacchant. Onyx** von 2 Lagen.

Ceres. Smaragd-Plasma, sehr kleiner Stein.

Ein **Bacchant**, er trägt auf der rechten Achsel einen Stab mit 2 Gefässen, und in der linken den Pinienapfel. **Smaragd-Plasma.**

Ein **Krieger, Sardonyx.**

Ein **Krieger**, welcher nach seiner Wunde greift.

Ein **Krieger**, in der Rechten eine Lanze haltend, mit der Linken ein Pferd führend, kleiner Stein. **Carneol**, sehr alt.

Ein **hüpfender Amor**, sehr kleiner Stein, von hohem Alter. **Smaragd-Plasma.**

Ein **Bacchant** mit einer Ziege, sehr kleiner Stein. **Sardonyx.**

Ceres, sehr kleiner Stein. **Sardonyx.**

Pomona mit dem Füllhorn, einer der kleinsten geschnittenen Steine, indem die Figur nur eine Linie hoch ist. **Onyx.**

Omphale, Carneol.

Eine **männliche Figur**, einen Krug ausleerend. **Carneol.**

Amor ein Pferd zähmend. **Brauner Sarder.**

Ein **Fischer** in einem Kahn. **Antiker rother Jaspis.**

Hygiea, mit der Schlange in der Rechten. **Sardonyx.**

Venus und **Amor. Brauner Sarder.**

Ein **Krieger**, eine Trophäe tragend. **Sardonyx.**

Ein **Krieger** mit seiner Lanze, die rechte Hand auf seinen Schild gestützt. **Sardonyx.**

Amor mit einem **Kranz** von Mohnköpfen. **Sardonyx.**

Sitzender Faun. Sardonyx.

Bachus. Carneol.

Ein **Genius** auf einer Biga. **Sardonyx.**

Jupiter auf dem Thron. **Chalcedon.**

Die **geflügelte Victoria. Carneol.**

Jupiter, zu seinen Füssen der Adler. **Chalcedon.**

Pomona stehend, mit Füllhorn und Pflug. **Carneol.**

Ceres mit Früchten. **Carneol.**

Ein **Silen. Sardonyx.**

Eine **geflügelte Victoria. Smaragd-Plasma.**

Eine **Victoria** mit zwei Kornähren und einem Pflug in der Hand. **Sardonyx.**

Aeskulap sitzend. **Carneol.**

Aeskulap stehend, mit einer Schlange in der Hand. **Carneol.**

Kopf der **Ariadne** nach links gewendet. **Sardonyx**, sehr kleiner Stein, von ausgezeichnet feiner Arbeit. Politur bis in die grössten Tiefen glänzend.

Kopf des **Pompejus. Carneol.**

Kopf des **Drusus. Carneol.**

Kopf des **Germanicus. Carneol.**

Kopf des **Claudius. Carneol.**

Kopf der **Agrippina. Carneol.**

Ein **weiblicher Kopf**. **Amethyst**.

Ein **männlicher Kopf** mit kurzem gekrausten Haar und Bart. **Amethyst**.

Kopf des **Merkur**, kleiner Stein. **Onyx**.

Kopf des **Hermes**. **Sardonyx**.

Pegasus, sehr kleiner Stein. **Onyx**.

Sphinx, sehr kleiner Stein, von hohem Alter. **Onyx**.

Ein **Greif** im Kampfe mit einer Schlange. **Onyx**.

Ein **springender Löwe**. **Sardonyx**. Ober dem Löwen die drei Buchstaben M. B. L., unter demselben die griechischen Buchstaben *EPA*.

Ein **Schiff**, **Carneol**, sehr alte Arbeit.

Die **Attribute des Merkur**. Oben ist der Caduceus, in der Mitte die beiden Sandalenflügel und unten der Geldbeutel angebracht. Rückwärts sieht man noch zwei Palmzweige. **Sardonyx**.

Römische Cameen.

Amor stehend. **Türkis** von 7 Linien Höhe und 4 Linien Breite.

Grosser Sardonyx. 2 Zoll 5 Linien hoch, 1 Zoll 9 Linien breit. (7 Linien dick.) **Bildniss eines römischen Consuls** im $^{3}/_{4}$ Profil, aus dem Stein heraussehend, ein Kopf mit markigen charakteristischen Zügen, kurzem geringelten Haar, einem um das Kinn herumlaufenden römischen Bart, und einem kurzen Schnurbart an der Oberlippe, der Hals ist entblösst, aber um die Schultern schmiegt sich die Toga. Der Schnitt zeugt von einer ungewöhnlich grossen Technik, indem Alles breit angelegt ist, doch sind auch alle einzelnen Theile mit Sorgfalt vollendet. Die Politur erreicht den höchsten Grad von Vollkommenheit. Der Stein gehört schon wegen seiner Grösse und Hautreliefs zu den seltenen römischen Arbeiten.

Kopf eines **Satyrs**, 1 Zoll 3 Linien hoch, 11 Linien breit. (7 Linien Dicke.) Das Angesicht des Satyrs ist im $^{3}/_{4}$ Profil herausgewendet, und von charakteristischem, etwas komischem Ausdruck. Um den Kopf schlingt sich eine Epheuranke. Der Stein (**Onyx**) besteht aus 3 Lagen, die unterste ist braun, die mittlere weiss und die dritte tritt an verschiedenen Stellen hervor. Der Schnitt ist kräftig und sicher.

Portrait eines **römischen Senators**. **Carneol-Achat**, von zwei Lagen, einer carneolrothen als Grund, und einer fleischfarbenen für den Kopf. Der Schnitt ist fleissig und fein, die Politur hellglänzend.

Kopf eines **römischen Imperators**, mit Lorbeer gekrönt. **Chalcedonyx** von 2 Lagen.

Kopf des **Flora**, **Jaspis** von 3 Lagen. Die untere (Grund) roth, Gesicht und Haare grau, wolkig, die Rosenguirlande im Haar roth.

Bildniss des **Seneca**, **Bandjaspis**. Politur sehr glänzend.

Medusenhaupt, beinahe en face. **Onyx** von zwei Lagen.

Bildniss eines **vornehmen Römers**. **Onyx** von 2 Lagen, sehr schöne Politur.

Weiblicher Kopf, en face. **Türkis**, $7\frac{1}{2}$ Linien hoch, 5 Linien breit, sehr glänzende Politur. Erhielt durch das hohe Alter bereits eine grünliche Farbe.

Brustbild der **Psyche**, **Onyx** von 3 Lagen. Grund grau, Gesicht und Hals weiss, die Höhen der Haare und der Gewandung gelblich.

Ceres. **Carneol**.

Jupiter. **Sardonyx**.

Merkur. **Carneol**.

Ein **Ziegenbock**, ober ihm eine Vase und ein Füllhorn. **Carneol**.

Ein **Pferd**. **Sardonyx**.

Ein **Löwe**, ein Schwein zerreissend. **Onyx**.

Ein **Schwan**. **Carneol**.

Ein **Hahn**. **Carneol**.

Ein **Storch**. **Carneol**.

Ein **Rabe**. **Carneol**.

Ein **Papagei**. **Vielfärbiger Onyx**. Der Grund ist lichtbraun. Das merkwürdigste an diesem Schnitt ist die geschickte Benützung der verschiedenen Farben des Steines zur Darstellung der mancherlei Federn.

Ich habe hier noch einer merkwürdigen Camee zu erwähnen, sie ist aus einem Onyx von 2 Lagen geschnitten, die untere bräunlich, die obere bläulich, und zeigt das nach rechts gewendete Brustbild eines griechischen Kriegers. Er trägt einen Helm mit einem Rosshaarbusch, und dem Nasale (Schirmblatt für die Nase), welches letztere man an vielen Helmen sieht, die auf etruskischen Vasen abgebildet sind. Der Grundtypus des Angesichtes erinnert, soweit es nämlich durch den Helm nicht verhüllt ist, an die Aegineten. Der Schnitt ist noch unvollendet, aber gerade desshalb höchst interessant. Man sieht, wie der Künstler gewissermassen die ersten Grundlinien zog, um die Hauptformen anzudeuten. Mag er nun durch irgend einen Umstand von der gänzlichen Vollendung abgehalten worden sein, so bleibt gerade diess, dass die sämmtlichen Einschnitte so dastehen, wie sie durch das Rad erzeugt wurden, d. h. dass sie durchaus keine Politur erhielten, für den Kunstforscher von grosser Wichtigkeit und der Stein verdiente daher in einer grossen Sammlung aufgestellt zu werden, weil sich durch ihn am leichtesten die antike Technik des Steinschneidens nachweisen lässt. Dass er von sehr hohem Alter ist, wird schon von der oben erwähnten Form des Helmes vollkommen belegt. Es ist mir noch kein solcher Stein vorgekommen, und er dürfte wahrscheinlich der Einzige in seiner Art sein.

Griechische Schriftsteine.

(Cameen.)

A. **Onyx** von zwei Lagen. Der Stein trägt, eben als Camee, in erhobenen Buchstaben das Wort: *ΕΛΠ ΙΔΙ* (von ἐλπίς, Hoffnung), welches von einem Kreis eingefasst ist. Buchstaben und der Kreis sind blaugrau, der Grund braun.

B. **Carneol-Achat**, von zwei Lagen, er trägt die Schrift: *ΚΕΙΝ ΑΘΗΝ* (in Athen will ich ruhen) und ist ebenfalls wie der Obige von einem Kreis umgeben. Die Buchstaben und der Kreis sind weissröthlich, der Grund roth.

C. **Carneol-Achat**, mit vier Schriftzeilen. Die Charaktere dieser Schrift sind sehr klein, und die genauesten Nachforschungen konnten nicht klar machen welcher Sprache sie angehören, indem mehrere derselben den Runen, andere wieder gothischen und altgriechischen Schriftzeichen ähnlich sind. Es scheint daher, dass man, um den Stein recht mysteriös zu machen, Zeichen aus mehreren Sprachen zusammenstellte, damit Niemand das Geheimniss dieses Talismans lösen könne, denn ein solcher scheint er unzweifelhaft gewesen zu sein. Die Schriftlänge beträgt 4½ Linien die Höhe eines jeden Buchstaben nur eine halbe Linie, und die 4 Zeilen enthalten 42 Buchstaben.

Inschriftsteine mit erhobenen geschnittenen Buchstaben sind überhaupt selten, indem sich selbst in den berühmtesten Cabineten nur wenige vorfinden, und ich kann mich nicht erinnern, einen ähnlichen mit so kleinen Buchstaben, und derartig gemischten Schriftzeichen gesehen zu haben. Er würde dem Alterthumskundigen einen reichen Stoff zu Forschungen bieten.

(Intaglio.)

A. **Smaragd-Plasma** mit der Inschrift

ΨΤΑΑΞΕ
ΓΑΡ CΑΤΑΝΑ
ΚΙϾ ΑΤѠΡ
ΦΙΑϾ ΝΤΟΥΑΝ

wahrscheinlich ein Amulet.

Lateinischer Schriftsstein.

(Intaglio.)

Siegelstein, von **antikem rothen Jaspis**, mit den Worten:

KASSICI
CRASSI

(Cassitius Crassus).

Abraxas-Gemmen.

(Mystische Darstellungen.)

Trübes Plasma. Auf einem niederen Piedestal ringelt sich eine grosse Schlange mit einem Löwenkopfe, der von acht Strahlen umgeben ist. Diese Schlange ist das Sinnbild des Demiurg und Herkules, unter derselben steht das Wort: XNOYBIC. Die Rückseite des Steines trägt ein magisches Zeichen.

Smaragd-Plasma. Eine sich aufrichtende **Schlange**, mit einem Löwenhaupt, von welchem sechs Strahlen ausgehen. Die Rückseite des Steines trägt ein magisches Zeichen. Ober diesem befinden sich die Buchstaben:

XNOY

und unter demselben die Buchstaben:

MIC

welche an einander gefügt, wieder das Wort: *κνουβις*, hier aber eigentlich *χνουμις* geben.

Ein **mystisches Thier**, mit dem Kopfe eines Adlers, kurzen Mähnen, und dem Leib einer Eidechse. Ober demselben erhebt sich ein Vogel mit 4 Flügeln. Auf der Rückseite des Steines befinden sich vier Zeilen mit folgenden Buchstaben:

ΜΕΣΗ
ΝΧΜΥΚΙΦ
ΓΝΩ ΥΛΛΥ
ΕΥΚΛΛΙ.

Trübes Plasma. Eine mystische **männliche Figur**, nach rechts gewendet. Der Mann trägt auf seinem Kopfe einen Helm, aus welchem drei Nägel hervorragen. Auf seinem Leibe hat er 6 ovale Flecke, welche eigenthümliche Zierathen sein mögen. Seine Schürze bildet steife gerade Falten. Er hält in der rechten Hand ein Gefäss, und in der linken ein Pflug-Scepter, auf dieselbe Art wie es ägyptische Herrscher führen. Auf der Rückseite des Steines stehen in sechs Zeilen folgende Buchstaben:

ΦΛΞΓΛ
ΩCΛΜΛΙ
CΕΚΔΙΧΙ
ΡΙΔΛΚΛΣ
ΠΙΠΕΠ
ΤΕΤΚΙ.

Talisman, von **grünem Jaspis**, mit zwei Reihen höchst wunderlicher Charaktere bezeichnet, deren Enträthselung eine vergebliche Mühe wäre, wenn sie nicht allenfalls, da sie eben die Zahl zwölf ausmachen, auf die zwölf Himmelszeichen deuten sollen, welche öfter bei solchen mystischen Gegenständen angewendet wurden.

XIII. Jahrhundert.

Weibliches Brustbild. **Onyx** von drei Lagen. Die untere grau, die zweite weiss, die dritte gelblicht. Das Profil ist nach rechts gewendet, das Haar sehr fein zurückgekämmt, und im Nacken zu einem Zopf verschlungen. Der Hals ist frei, und die Brust von einer Draperie verhüllt. Der Schnitt des Steines ist äusserst fein, ja sogar ängstlich, das Angesicht mit dem grossen Auge, und den feinen aber ernsten Zügen, die Anordnung des Haares, so wie die ganz weichen Falten des Gewandes, welche geradezu an die Draperien der Byzantiner erinnern, dürften diesen Stein als eine der frühesten Arbeiten des Mittelalters bezeichnen. Die Politur ist sowohl im Grunde als am Kopfe äusserst glänzend, und ich erinnere mich nicht, in irgend einer Sammlung einen Stein von einer ähnlichen frühern Arbeit gesehen zu haben. Er ist um so merkwürdiger, als er in jene Epoche gehört, in welcher sich die Plastik in Europa zu entwickeln begann, und aus welcher auch die Bildhauerarbeiten an den Kirchen von St. Denis, Rheims, Chatres, u. s. w. stammen, bei welchen sich eine ganz ähnliche Behandlung des Haares und der Gewandung findet.

Ein **männlicher bärtiger Kopf** nach links gewendet. **Jaspis, Camee** 2 Zoll, 6 Linien hoch, 2 Zoll breit. Offenbar eine Arbeit aus der Zeit des Verfalles der römischen Steinschneidekunst, und desshalb kunsthistorisch merkwürdig.

Ein **Begräbniss.** Zwei männliche Figuren in langen Kleidern, tragen den Leichnam, hinter welchem sich 4 Klagefrauen befinden. **Carneol.** Die Arbeit gehört ebenfalls in die Zeit des Verfalles der Kunst, ist aber durch ihre ausgezeichnete Politur merkwürdig.

Cinquecenten.

(Intaglien.)

Coriolan's Abschied von seiner Gemalin Volumnia. **Carneol.** Composition von 12 Figuren, unter deren Basis sich noch eine Victoria befindet. Die Geschichte Coriolan's ist zu bekannt, als dass sie hier bis ins Einzelne durchgeführt werde, und wir wollen uns damit begnügen, die vorgestellte Scene für sich allein zu betrachten. Coriolan leuchtet sogleich als Hauptfigur hervor, sein gehobener linker Arm zeigt die innere Erregung, mit welcher er spricht. Ihm gegenüber steht seine Gattin Volumnia, und neben dieser seine Mutter Veturia, beide in sichtbar aufhorchender Stellung. Rechts vom Feldherrn befindet sich ein Krieger, welcher das Streitross hält, das Coriolan im nächsten Augenblicke besteigen soll, indem sich schon zwei der Krieger abwenden, als ob sie zum Kampfe gehen wollten. Hinter der Hauptgruppe befinden sich vier Krieger mit Adlern und Legionszeichen, und an dem rechten Rande des Steines sind noch zwei Soldaten mit Lanzen und Schildern angebracht. Es ist kaum glaublich, wie bei einer so geringen Grösse des Steines (er misst nur 9 Linien Breite, und 6 Linien Höhe) eine so bedeutende Anzahl von Figuren Raum finden konnte, und man kann sich denken, welcher ungemein feinen Räder sich der Künstler bedienen musste, um alle Details so vollkommen auszudrücken, indem man nicht nur in den Gewändern, sondern sogar in den Köpfchen, sehr feine Einzelnheiten bemerkt. Die ganze Anordnung der Composition erinnert an den allbekannten Siegelring Michel Angelo's [1]). Auch hier stehen die Figuren auf einer horizontalen Basis, und so wie bei dem Ringe Michel Angelo's unter derselben ein Fischer angebracht ist, so zeigt sich hier die schon erwähnte Victoria auf einer Biga. Beide Steine gehören also in eine und dieselbe Epoche, und zur nämlichen Schule, was den Vergleich unter ihnen nur um so interessanter macht. Dass der Schnitt dieses Intaglio äusserst fein ist, wurde schon oben ausgesprochen, ebenso lässt die Politur nichts zu wünschen übrig.

Ein **Opfer**. Zwei weibliche Figuren stehen vor einer Säule, auf welcher sich die Büste einer Gottheit befindet, auf der andern Seite steht eine männliche Figur, welche die rechte Hand gegen jene Gottheit emporhebt. **Carneol**. Schnitt und Politur sehr glänzend.

Ein **Opfer** des Priapus. Die Herme dieses Gottes ist von fünf Personen umgeben, welche auf einer kleinen flammenden Ara ihre Weihegaben darbringen. **Carneol**. Schnitt und Politur glänzend.

Zug des Silen. Carneol. Voraus geht ein Satyr, mit einem Gefäss, dann folgt der trunkene Silen auf einem Esel, neben welchem ein Faun mit einem Trinkhorn geht. Den Schluss der Gruppe bildet wieder ein Faun. Die Politur, besonders in den Tiefen, ist ganz ausgezeichnet.

(Cameen.)

Ein **Triton** steht auf einem Delphin, und hält ein Tuch, wie ein Segel gewölbt über sich. Rechts von ihm reitet ein zweiter Triton auf einem Delphin, und links bläst einer das Muschelhorn. **Chalcedonyx** von 2 Lagen, 2 Linien breit, 7 Linien hoch. Die Politur des Grundes äusserst glänzend.

Weiblicher Kopf in $^3/_4$ Profil. **Chalcedonyx** von 2 Lagen, die obere weiss. Ein freundliches mildes Angesicht. Das reiche Haar bildet eine Fülle von einzelnen Partien. Der Schnitt ist fein und weich, die Politur ausgezeichnet.

Brustbild der Ariadne. **Carneol-Achat** von 2 Lagen. Die obere weiss, die untere röthlich. Das Profil ist nach links gewendet, das ungewöhnlich reiche Haar fällt in grossen Locken in den Nacken, und ist von einer Epheuranke durchflochten. Die linke Achsel und Brust sind entblösst. Die Modellirung ist weich und kräftig. Schnitt und Politur glänzend.

XVI. Jahrhundert.

(Cameen.)

Ein **männlicher** und ein **weiblicher Kopf. Jaspis** von 3 Lagen. Die unterste schwarzgrünlich, die 2., in welche der Kopf des Mannes geschnitten ist, olivenbraun, die 3., mit dem weiblichen Kopf, kastanienbraun. Die Arbeit ist einfach und gehört in die erste Periode des 16. Jahrhunderts.

Weibliches Bildniss. Chalcedonyx von 2 Lagen, die obere weiss. Die Kleidung ist mit dem grössten Fleisse ausgeführt, und erinnert an die Tracht der venezianischen Frauen, im Anbeginne des 16. Jahrhunderts.

Bildniss einer **Dame. Chalcedonyx** von 2 Lagen, die obere weiss. Die Halskrause und das gestickte Kleid erinnern ebenfalls an venezianische Frauentracht, aus der ersten Hälfte des 16. Jahrhunderts.

Brustbild einer **Frau. Chalcedonyx** von 2 Lagen, die obere weiss. Die Halskrause und Kleid, so wie die ganze Arbeit deuten auf die Mitte des 16. Jahrhunderts.

Frauenkopf. Chalcedonyx von 2 Lagen, die obere weiss. Die Dame trägt auf dem Kopf ein niederes Barett. Halskrause und die Achselkette deuten auf das letzte Viertel des 16. Jahrhunderts

Weibliches Bildniss. Onyx-Carneol, in 5 abwechselnd braunen, weissen und rothen Lagen. Der Kopf ist in $^{3}/_{4}$ Profil. Das Haar wird von einer hohen Mütze verhüllt, auf welcher sich eine grosse Agraffe befindet, die Brust wird von einem feinfaltigen Hemde bedeckt, welches durch ein gesticktes Mieder begränzt wird. Das Costüm erinnert an die Tracht der Frauen zu Zeiten König Heinrichs des VIII. von England.

Kopf der **Omphale. Achat-Onyx** in drei Lagen. Die untere grau, die mittlere weisslich, die obere braun. Das zarte Profil ist von einem rosigen Hauch umzogen, der schon zu der obersten Lage des Steines gehört. Das reich behaarte Haupt ist mit der Löwenhaut bedeckt, und diese und das Gewand sind ganz aus der braunen Lage geschnitten. Schnitt und Politur sind gleich schön, die Arbeit scheint der Mitte des 16. Jahrhunderts anzugehören.

Brustbild der **Omphale. Onyx** von 4 Lagen. Die untere ist braun, die zweite, aus welchen das hübsche Antlitz geschnitten ist milchweiss, die dritte, mit dem Haar gelblichweiss und die vierte, die Löwenhaut darstellend, braun. Ein schon wegen seiner Lagen interessanter, sehr fein geschnittener Stein, von vorzüglicher Politur.

Eine **Bacchantin. Camee, Carneol,** 1 Zoll 6 Linien hoch, 1 Zoll 6 Linien breit. Die Figur ist en face dargestellt, das liebliche Antlitz ist von einer reichen Fülle von Haar umgeben, welches mit Weinlaub und Trauben geschmückt ist. Ueber die Schultern der Bacchantin hängt das Pantherfell, welches bis gegen die Hüften hinabreicht. Sie hält in ihrer Linken einen Becher, und in ihrer Rechten befindet sich ein Thyrsus. Der Schnitt ist fein und die Politur von ganz ausgezeichnetem Glanz; die Arbeit gehört dem Ende des 16. Jahrhunderts an.

XVII. Jahrhundert.

(Cameen.)

Brustbild der **Flora. Jaspis-Achat** in drei Lagen. Untere roth, mittlere weiss, oberste roth. 2 Zoll hoch, 1 Zoll 7 Linien breit, und 9 Linien dick. Das Antlitz der Göttin zeigt sich en face, sie hält mit beiden Armen einen Blumenkranz empor, ihre Brust ist zur Hälfte entblösst. An diesem Stein ist vor allem die Technik ins Auge zu fassen, da sich hier der Künstler die Aufgabe stellte, nicht nur bis zum Hautrelief, sondern bis zum vollkommen Runden zu schreiten, und demgemäss heben sich die beiden Arme und der Kranz vollkommen frei von dem Steine ab. Man kann sich denken, welche Zeit und Mühe diese in ihrer Art ganz eigenthümliche Arbeit kostete, indem der Kranz in einer Breite von 7 Linien unterarbeitet werden musste.

Weibliches Bildniss. Achat-Onyx von zwei Lagen, die untere braun, die obere milchweiss. Costüm und Arbeit deuten auf den Anfang des 17. Jahrhunderts.

Ein **gefesselter Amor. Onyx** von zwei Lagen, untere braun, obere weisslich.

Ein **männliches** und ein **weibliches Bildniss. Achat-Onyx** von zwei Lagen.

Kopf des **Theseus. Achat-Onyx** von drei Lagen. Die untere ist braun, die mittlere weissliche wurde zu den Fleischtheilen benützt, und die dritte lichtbraune bildet das Haar. Politur sehr glänzend.

Chimära, aus einem weiblichen, einem männlichen, einem Satyr Angesicht und einem Widderkopf zusammen gesetzt. **Chalcedonyx** von drei Lagen.

Das **Gorgonenhaupt. Sarder.** Ausgezeichnet feiner Schnitt, vorzügliche Politur.

Kopf des **Diogenes** en face. **Onyx** von 2 Lagen, sehr glänzende Politur.

Weiblicher Kopf, mit einer Epheuranke im Haar. **Achat-Onyx** von drei Lagen, grau, weiss und braun.

Ein **hüpfender Amor**. **Onyx** von 2 Lagen.

Kleiner **Frauenkopf**, nach links gewendet, mit einer Binde im Haar. **Onyx** von 3 Lagen, mit sehr schöner Politur.

Kopf des **Paris**. **Onyx** von 3 Lagen. Untere grau, mittlere mit den Fleischpartien weisslich, die obere mit dem Haar, und der phrygischen Mütze braun. Politur sehr glänzend.

XVIII. Jahrhundert.

(Intaglien.)

Ein **Feldherr** mit 4 Begleitern. Ausgezeichnete Politur. **Sardonyx**. — **Omphale**. Sehr schöne Politur. **Sardonyx**. — **Amor** einen Korb tragend. **Onyx**. — Eine **sitzende Figur**. **Carneol** — Die **drei Grazien**. **Carneol**. — **Judith** mit dem Haupte des Holofernes, ganze Figur. **Heliotrop**, 1 Zoll 11 Linien hoch, 1 Zoll 5 Linien breit, unter der Vorstellung steht die Schrift ORISGOTIS. VXOR. CETVRIO (Centurio?) Ausgezeichnete Politur. — Die **Figur der Freigebigkeit**, vor einem brennenden Altar, ober derselben steht LIBERALITAS. **Heliotrop**, von ausgezeichneter Politur. — Die **Figur der Freundschaft**, auf einem Altar sitzend. Ein Geyer trägt einen Hasen herbei, rechts steht das Wort: AMICITIA. **Heliotrop**, von ausgezeichneter Politur. — **Frauenkopf**, nach links gewendet, mit einer breiten Binde im Haar. Politur von vorzüglichem Glanz, bezeichnet mit: *ΠΙΧΛΕΡ*. (Ant. Pichler.) **Hyacinth**. — Kopf der **Omphale** mit der Löwenhaut. Aeusserst schönes Profil nach links gewendet. **Sardonyx** von prachtvoller Politur. Bezeichnet mit: *ΠΙΧΛΕ Ρ*. (Giov. Pichler.) — **Brustbild eines Mannes**. **Carneol**. Sehr schöne Politur. — **Brustbild einer Nymphe**. **Carneol**. Bezeichnet mit: BURCH. — Kopf der **Minerva**, nach links gewendet. — **Carneol** von sehr schöner Politur. Bezeichnet mit: HECKER. — **Männlicher bärtiger Kopf**. **Carneol**. Schöne Politur. — Kopf des **Nero**. **Sardonyx**. Sehr schöne Politur. — **Portrait eines bärtigen Mannes** mit einer Mütze, in $^3/_4$ Profil. **Carneol**. — Ein **männlicher Kopf**. **Carneol**. Sehr schöne Politur. — **Bildniss**, **Kaiser Josefs des II.**, Profil. **Bergkrystall**. Ausgezeichnete Politur. — **Portrait eines Mannes**, mit einer Perrüke. **Carneol**. — Kopf eines **jugendlichen Herkules**. **Sardonyx**. — **Männlicher Kopf** mit einem

Lorbeerzweig. **Carneol.** — Kopf eines **Imperators.** Schöne Politur. **Carneol.** — **Brustbild eines Faun. Onyx** von 3 Lagen, grau, weiss und oben carneolroth. Sehr schöne Politur, 1 Zoll 6 Linien hoch, 1 Zoll 1 Linie breit. — **Männlicher und weiblicher Kopf. Jaspis,** — Kopf einer **Mohrin. Onyx.** — Kopf eines **Philosophen. Chrysopras.** — **Männlicher Hopf. Chalcedon.** — Kopf des **Diogenes. Jaspis.** — Kopf des **Homer. Jaspis.** — **Männliches Portrait. Chalcedon.** — Kopf eines Kindes. **Chalcedon.** — **Jupiter, Amor. Onyx.** — Kopf eines **Jünglings. Chalcedon.** — **Männlicher Kopf. Onyx.** — **Männlicher Kopf. Onyx.** Sehr kleiner Stein. — Kopf der **Ariadne. Onyx.** — Kopf der **Minerva. Chalcedon** sehr klein. — Kopf eines **Philosophen. Onyx.** Kopf des **Euripides. Onyx.** — Kopf des **Cicero. Onyx.** — Kopf einer **Muse. Carneol.** — Kopf des **Hanibal. Onyx.** — Kopf des **Menelaus. Onyx.** — **Gorgonenhaupt. Jaspis.** — **Venus** (die mediceische). **Onyx.** — Die **Göttin des Schweigens,** halbe Figur. **Chalcedonyx** von zwei Lagen. Schöne Politur.

(Cameen.)

Eine **trauernde weibliche Figur. Jaspis** von zwei Lagen. Schöne Politur. — **Vorstellung des Winters,** eine in lange Kleider gehüllte Frau wärmt sich an der Flamme eines Altars. **Jaspis** von zwei Lagen. — **Leda** mit dem Schwan. **Carneol-Achat** von zwei Lagen. — Der **gefesselte Amor. Onyx.** — Der **gefesselte Amor Chalcedon.** — Eine **weibliche Gestalt** mit einer Kugel (Fortuna). **Achat-Onyx,** schön polirt, von zwei Lagen. — Kopf des **Apollo** von Belvedere, 2″ 1‴ hoch, 1″ 6‴ breit. **Onyx** von zwei Lagen. Sehr fleissige Arbeit. — **Brustbild der Flora. Onyx** von fünf Lagen. Der Grund ist hellbraun, das nach rechts gewendete Angesicht weiss. Haar und Draperie braun, die Blätter des Rosenzweiges, welcher sich in den Haaren befindet, sind graulich und die Rosen selbst roth. Der Stein ist schon seiner seltenen Lagen wegen merkwürdig. — **Bildniss des Papstes Pius VII. Onyx** von zwei Lagen. Grund braun, Portrait weiss, Politur sehr glänzend. — Kopf eines **jungen Römers** mit der Toga. **Carneol.** — Kopf der **Psyche** mit den Schmetterlingsflügeln in den Haaren. **Chalcedonyx** von zwei Lagen. Grund durchscheinend, Kopf gelblich, bezeichnet mit: HECKER. — Kopf eines **Philosophen. Berg-**

krystall. — Kopf der **Sappho. Onyx** von zwei Lagen. Grund schwarz, Kopf weiss. Diese sehr zierliche und mit vielem Fleiss vollendete Arbeit, von besonders schöner Politur, ist bezeichnet mit: CERBARA. — **Weibliches Brustbild. Onyx** von zwei Lagen, kleiner Stein, schöne Politur. — **Portrait eines Philosophen. Bergkrystall.** — Kopf des **Apollo Musagetes. Onyx** in drei Lagen, sehr schöne Politur. — **Jupiterkopf** en face. **Onyx** mit zwei Lagen. — **Frauenkopf. Onyx** von zwei Lagen. — Kopf einer **Bacchantin. Onyx** von fünf Lagen. Der Grund braun, Angesicht und Hals milchweiss, das Haar braun, die Blätter der Weinranke schwarz, die Traube auf der Ranke abermals milchweiss. Sehr mühsame Arbeit. — Kopf eines **Philosophen. Granat.** — **Frauenkopf. Aquamarin.** — **Frauenkopf** mit einem Kranze und einem Diadem in den Haaren. **Chalcedonyx** von zwei Lagen. — Kopf des **Jupiter**, mit Lorbeer bekränzt. **Onyx** von drei Lagen. — **Bildniss des Papstes Pius VII. Onyx** von drei Lagen. Der Grund schwarz, Angesicht und Kleidung weiss, das Haar und die Zierathen der Stola braun. Glänzende Politur. — Kopf der **Minerva. Onyx** von zwei Lagen. — Kopf eines **Philosophen. Chalcedonyx.** — Kopf eines **Jünglings. Carneol - Achat** von zwei Lagen. — **Frauenkopf. Chalcedonyx.** — **Apollokopf. Onyx** von drei Lagen. — **Weibliches Brustbild** mit einem Bande im Haar. **Chalcedonyx.** — Kopf der **Iole**, mit der Löwenhaut. **Onyx** von drei Lagen. — **Brustbild der Kleopatra** mit der Schlange am Busen. **Achat - Onyx** von zwei Lagen und sehr schöner Politur. — **Brustbild der Flora. Carneol-Achat** in drei Lagen. Die untere röthlichbraun, die mittlere weiss und die oberste, aus welcher die Blumen geschnitten sind, roth. — **Mohrenkopf** in $^3/_4$ Profil, sehr schön polirt. — Kopf einer **Mohrin**, Gegenstück zu dem Vorigen. **Brauner Sarder**, sehr schön polirt. — Kopf eines **Philosophen**, nach links gewendet. **Chalcedonyx** von zwei Lagen, die untere grau, die obere fleischfarb. — **Hebe** mit der Schale, Profil nach rechts gewendet. **Onyx** in zwei Lagen. Modellirung sehr weich, Politur vollkommen glänzend. — Kopf eines **Philosophen** nach rechts gewendet. **Onyx** von zwei Lagen. — **Weibliches Brustbild** en face. **Chalcedonyx** von zwei Lagen. — **Portrait eines ältlichen Mannes, Chalcedonyx**, nach rechts gewendet. — Kopf eines **indischen Fürsten**, en face, mit einer Federkrone. **Jaspis** von fünf Lagen. — Kopf eines **Philosophen**, nach links gewendet. **Onyx**. von zwei Lagen, die obere roth, die untere braun. — Kopf eines **Imperators**, nach rechts gewendet. **Achat-Onyx** von zwei Lagen. — **Bildniss eines Bischofs**. Profil nach rechts gewendet, um den Hals ein breites Band, woran das Kreuz. **Achat-Onyx** von zwei Lagen. — Kopf eines **Philosophen**, nach links gewendet. **Onyx** von zwei Lagen. — Kopf eines **Mohrenhäuptlings** mit der Federkrone. **Brauner Sarder**, schön polirt. — Kopf einer **Mohrin**, Gegenstück zu dem Vorigen. **Brauner Sarder**, schön polirt. — Kopf eines **Poeten**, mit Lorbeer gekrönt. **Jaspis** von 2 Lagen. — Kopf des **Homer**. **Carneol**. — Kopf des **Sokrates**. **Carneol**. — Kopf eines **bärtigen Mannes**. **Carneol**. — Kopf eines **Poeten**, mit Lorbeer gekrönt. **Carneol**. — **Friedrich August**, Churfürst von Sachsen, mit seiner Gemalin. Brustbild nach rechts gewendet. **Bergkrystall**, 2 Zoll hoch, 1 Zoll 8 Linien breit, 6 Linien dick. sehr schöner glänzender Schnitt. — Zwei **Schweine**. **Chalcedonyx** von drei Lagen. — Zwei **Hasen**. **Onyx** in drei Lagen.

XIX. Jahrhundert.

(Intaglien.)

Stehender **Herkules**, in der rechten die Keule, in der linken Hand die Aepfel der Hesperiden haltend. Figur von schöner Zeichnung, Modellirung und sehr feiner Ausführung. Ausgezeichnete Politur. **Sardonyx**. Bezeichnet mit: *Λ. ΠΙΧΛΕΡ.* — **Galathea** in einer Muschel stehend, welche von 2 Delphinen gezogen wird. Gegenstück zu dem Vorigen. Ausgezeichnete Politur. **Sardonyx**. Bezeichnet mit: *Λ. ΠΙΧΛΕΡ.* — Entführung der **Dejanira**. **Carneol**. — **Eros** mit einem Palmzweig. **Carneol**. — **Amor** auf einer Biga, welche von zwei Hunden gezogen wird. **Carneol**. — **Amor** mit Pfeil und Bogen. **Carneol**. — **Amor** die Doppelflöte blasend. **Carneol**. — Kopf eines **Philosophen**. **Sardonyx**. Bezeichnet mit: JEVFFROY. 1789. — Kopf einer **Bacchantin**. Sehr seltener orientalischer **Onyx**, von zwei Lagen, unten weiss, oben braun. Ausgezeichnete Politur. Bezeichnet mit: *Λ. Π.* (Luigi Pichler.) Auf diesem Stein befand sich früher ein Hirsch von schlechter **antiker** Arbeit, Pichler dem es leid that einen so schönen Stein so schlecht benützt zu sehen, schnitt für mich den Kopf der Bacchantin darauf. — **Christuskopf**, in $^3/_4$ Profil. **Sardonyx**. Bezeichnet mit: *Λ. Π.* (Luigi Pichler.) — **Venus** aus dem Bade steigend. **Carneol**. Bezeichnet mit: SANTARELLI. — Ein **tanzender Merkur**. Sehr schöne Politur. **Hyacinth**. Bezeichnet mit: MARCHANT. F. — Eine sitzende **Bacchantin**. **Sardonyx**. Von sehr schöner Politur. Bezeichnet mit: MARCHANT. F. — **Hebe**, dem Adler Nektar reichend. **Chalcedonyx** von zwei Lagen, Grund grau, Figur weiss. — Die **Göttin** des **Schweigens**, halbe Figur. **Chalcedonyx** von zwei Lagen und schöner Politur. — Eine **nackte weibliche Figur**, stehend mit einer Schale in der Hand. **Chalcedon**, schöne Politur. — **Perseus** mit dem abgehauenen Medusenhaupt, in der Rechten ein kurzes Schwert. **Sardonyx** mit einer Einfassung nach Art der etruskischen Steine. — **Bacchus** mit dem Thyrsus. Schlanke Rückenfigur. **Brauner Sarder** von schöner Politur. — **Kanopus**. **Sardonyx**. — **Amor** mit der Fackel. **Carneol**. — Ein **Satyr** den Amor tragend. **Carneol**. — Ein **Geharnischter** zu Pferd. **Carneol**. — **Venus** aus dem Bade steigend. **Carneol**. — Eine badende **Nymphe**. **Carneol**. — **Männliches Portrait**. Sehr glänzende Politur. **Chalcedon**. Bezeichnet mit: SANTARELLI. — **Frauenkopf**. **Carneol**. Bezeichnet mit: BERINI. — Kopf der **Sappho** **Carneol**. Der Schnitt ist sehr fleissig und zart, die Politur aber ganz ausgezeichnet, wahrscheinlich eine Arbeit des Giuseppe Pichler. — **Brustbild** der **Pallas**, Copie nach Haller. Eine Arbeit von besonderem Fleiss und sehr schöner Technik. Schnitt und Politur ausgezeichnet. **Carneol** von 1 Zoll 8 Linien Höhe, 1 Zoll 1 Linie Breite. — **Brustbild** der **Pallas**. **Carneol**. — **Frauenkopf**, **Carneol**. — Kopf der **heiligen Maria**. **Sardonyx**. — Kopf des **Apollo**. **Sardonyx**. — Kopf eines **Imperators**. **Carneol**. — Bildniss **Newtons**, rückwärts ein Komet. **Carneol**. — **Männlicher Kopf** mit einem Lorbeerkranz. **Carneol**. — Brustbild des **Aeskulap**. **Carneol**. — Zwei männliche **Profilköpfe**. **Carneol**. — Portrait eines **jungen Mannes**. **Chalcedon**. — **Herkuleskopf**. **Bergkrystall**. — **Männlicher Kopf** mit Lorbeer. **Carneol**. — Ein **Löwe**. **Carneol-Onyx**. Sehr seltener Stein. — Ein **Huhn** und eine **Henne**. **Carneol**. — Eine **Eule**. **Smaragd**. — Persischer **Inschriftstein**. **Carneol**. Die Schrift bedeutet im Deutschen „Diener Gottes.“ — **Arabischer Inschriftstein**. **Chalcedon**. Die eingebrannte Schrift lautet: lillahi el-melik (Gott und dem König).

(Cameen.)

Grosse Camee. Brustbild einer **Bacchantin. Onyx** von 5 Lagen. 2 Zoll, 7 Linien hoch, 2 Zoll 1 Linie breit. Der Kopf der Bacchantin ist wie in Begeisterung aufwärts gerichtet, und das Profil nach rechts gewendet. Das Haar ist am Scheitel in Locken zusammen gebunden, auf ähnliche Art, wie diess Canova bei mehreren seiner weiblichen Statuen anzuordnen pflegte. Um das Haar schlingt sich eine Weinranke, der Nacken ist frei, um die Schultern jedoch hängt ein Widderfell. Die Arbeit ist ungemein fleissig und sorgfältig, so dass man in dieser Beziehung nichts Schöneres sehen kann, und namentlich muss die grosse Sorgfalt bemerkt werden, mit welcher die Weinblätter und das Horn des Widders geschnitten ist. Ebenso ist der Künstler in Beziehung auf die Benützung der mannigfachen Lagen zu bewundern. Die unterste schwarze Lage bildet den Grund. Aus der 2. (weissen) Lage sind Angesicht, Nacken, Achsel und Haar geschnitten. Die 3. (braune) Lage diente zur Darstellung des Widderkopfes, und eines Theiles des Fells, die 4. (schwarze) Lage wurde für die Blätter der Weinranke benützt, und aus der 5. (weissen) endlich schnitt der Künstler die Traube und das Horn des Widders. Die ganze Technik ist im höchsten Grade meisterlich, und die Politur von ausserordentlichem Glanze.

Bildniss des **Cardinal Fesch. Onyx** in 3 Lagen, 1' 7''' hoch, 1' 2" breit. Das Antlitz des Cardinals ist nach links gewendet, und das Profil desselben mit ungemein vieler Feinheit und Empfindung gezeichnet. Alle Formen sind äusserst naturgetreu aufgefasst, und mit grosser Wahrheit bis in die geringsten Einzelheiten ausgeführt, so dass man sogar die Haare der Augenbrauen sieht. Am lebendigsten erscheint der Mund, dessen Lippen mit besonders feinem Gefühl wiedergegeben sind. Mit demselben Fleiss, wie das Angesicht, ist auch das Haar geschnitten, an welchem sich nach unten eine grosse Querlocke zeigt. Der Cardinal ist im einfachen Hauscostüme, mit Kragen und dem goldenen Kreuze dargestellt, und trägt auf dem Kopfe das Käppchen. Auch die Gewandung ist mit demselben Fleisse, und derselben Naturwahrheit gearbeitet, wie alles Uebrige. Ist die Technik ausgezeichnet, so muss auch noch des guten Geschmackes erwähnt werden, mit welchem der Künstler die 3 verschiedenen Lagen des Steins zu benützen verstand. Die unterste (braune) Lage bildet den Grund und das Käppchen, die 2. (weisse) wurde für das Bildniss benützt, und die 3. (rosige) liegt wie ein zarter Hauch, auf den höheren Stellen des Angesichtes, des Haares und der Achsel. Diese Porträt-Camee, welche unstreitig zu den vorzüglichsten ihrer Art gehört, ist bezeichnet mit: MORELLI, und es ist kein Zweifel, dass sie überhaupt eine der besten Arbeiten dieses Künstlers sei. Politur ausgezeichnet.

Brustbild einer Bacchantin, **Onyx** von vier Lagen, 1″ 10‴ hoch, ist schwarz, das Angesicht, der Hals und das Haar sind weiss, 1″ 6‴ breit. Der Grund, die Weinblätter und der Widderkopf schwarz, die Trauben auf jenen Blättern sind milchweiss. Die Arbeit ist sehr fleissig, Politur ausgezeichnet. — Kopf einer **Bacchantin**. **Onyx** in fünf Lagen. Die untere Lage (der Grund) ist röthlichgrau, die Fleischtheile (zweite Lage) milchweiss, die dritte Lage, das Haar bildend, ist lichtbraun, die vierte Lage, aus welcher die Blätter und das Widderfell geschnitten sind, ist weisslich, und die fünfte endlich, welche zur Darstellung der Trauben diente, ist dunkelbraun. Der Schnitt ist sehr fein, Politur glänzend. — Kopf eines **Imperators**. **Onyx** von zwei Lagen, und sehr glänzender Politur. — Kopf des **Paris**. **Chalcedon**, sehr reiner Schnitt, glänzende Politur. — **Bildniss eines bartlosen Mannes**. **Onyx** von zwei Lagen. Dieser Stein ist sehr fleissig gearbeitet, und besitzt eine ausgezeichnet schöne Politur. — Kopf der **Ceres** mit einem Diadem und Kornähren in den Haaren. **Chalcedonyx** von zwei Lagen, und ganz ausgezeichneter Politur. — Kopf der **Minerva** mit dem Helm. **Onyx** von zwei Lagen, und schöner Politur. — Kopf des **Nero**. **Jaspis** von zwei Lagen. — **Brustbild der Psyche**. **Onyx** von drei Lagen. Der Grund bräunlich, der Kopf weiss, die Schmetterlingsflügel im Haar und der Knopf des Gewandes sind bräunlich. Sehr schöne Politur. — Kopf eines **Philosophen**. **Onyx** von zwei Lagen. — **Frauenkopf**. **Onyx** von zwei Lagen. — **Männliches Bildniss**. **Onyx** von zwei

Lagen. Sehr fleissige Arbeit, schöne Politur. Der Stein ist bezeichnet mit: DUBOIS, F. — Kopf des **Amor. Onyx** von zwei Lagen, sehr zierliche feine Arbeit, und schöne Politur. — Kopf des **Jupiter Ammon**, en face. **Jaspis** von zwei sehr seltenen Lagen, der Grund blutroth, der Kopf dunkelgrün. — Kopf des **Apollo**, daneben eine kleine Lyra. **Onyx** von drei Lagen. Der Grund ist bräunlich durchscheinend, die Fleischtheile milchweiss, das Haar bleichbraun. Fleissige Arbeit, sehr schöne Politur. — **Frauenkopf. Sardonyx.** — Kopf eines **römischen Kriegers** in $^3/_4$ Profil. **Jaspis** von zwei Lagen. — Kopf einer **Bacchantin. Onyx** von vier Lagen. Der Grund schwarz, der Kopf weiss, die Weinblätter im Haar schwarz und die auf diesen liegende Traube weiss. Fleissige Arbeit, glänzende Politur. — Kopf der **Flora. Onyx** von drei Lagen. Der Grund röthlich, der Kopf grauweiss, die Rosen im Haar röthlich. Politur glänzend. — **Brustbild der Pallas. Onyx** von drei Lagen. Der Grund bräunlich, das Angesicht, Helm und Brust weiss, und auf den höchsten Stellen des Steines ein röthlicher Anflug der dritten Schichte. Sehr fleissige Arbeit, glänzende Politur. Der Stein ist bezeichnet mit: MORELLI. — **Portrait** eines Mannes. **Jaspis** von zwei Lagen. — Köpfe des **Ptolomeus** und seiner Gemalin. **Onyx** von 3 Lagen. Unterste Lage lichtbraun durchscheinend, zweite weiss, den Frauenkopf bildend, dritte Fleischfarb, und hieraus der Kopf des Ptolomeus geschnitten. Politur glänzend. — **Frauenkopf** von sehr fleissiger Arbeit, **Onyx** von zwei Lagen. Grund schwarz, der Kopf weiss, sehr schöne Politur. — Kopf des **Paris** mit der phrygischen Mütze, **Onyx** von drei Lagen. Grund grau durchscheinend, Kopf weiss, und von der dritten Lage ist nur eine Stelle von der phrygischen Mütze angebracht. Politur glänzend. Kopf der **Juno** mit einem Diadem. Profil. **Onyx** von zwei Lagen. Schnitt fleissig, Politur glänzend. — **Jupiterkopf. Onyx** von zwei Lagen, Gegenstück zu dem Vorigen, und von gleicher Arbeit. — Kopf des **Paris. Sarder.** Sehr schöne Politur. — Kopf des **Paris** nach rechts gewendet. **Sarder.** Sehr schöne Politur. — Kopf des **Mercurs** mit der geflügelten Mütze. **Carneol.** Sehr schöne Politur. — **Chimära,** aus vier Köpfen zusammengesetzt, nämlich einem weiblichen, einem männlichen mit einem Bart, einem Satyr und einem Widderkopfe. Die Mitte des Ganzen bildet das Widderhorn. **Onyx** von drei Lagen bezeichnet mit: JANNVZZI. — Eine ähnliche **Chimära** aus vier Köpfen bestehend, sehr kleiner **Onyx** von drei Lagen. — Kopf einer **Bacchantin**. **Onyx** mit drei Lagen. 1 Zoll 9 Linien hoch, 1 Zoll 2 Linien breit. — **Brustbild des Achilles**. **Onyx** von zwei Lagen, 1 Zoll 9 Linien hoch, 1 Zoll 2 Linien breit. — Kopf einer **Muse**. **Onyx** von 3 Lagen. — Kopf einer **Bacchantin**. **Malachit**. — Kopf einer **Bacchantin**. **Onyx** von drei Lagen. — Kopf der **Sappho**. **Onyx** von zwei Lagen. — Ein **Scorpion**. **Jaspis**.

Inschriftstein.

Onyx von zwei Lagen.
SEMPER D. PUIOS
MEMINERIT JOVY
SCULPTOR DOMI
FRA. REGIS *
OB. 14 7bre 1788

Ausser den hier angezeigten Gemmen besitze ich noch fünfzig bis sechsig geschnittene Steine von minderer Wichtigkeit die ich hier anzuführen nicht für nöthig erachte.